BLが開く扉

変容するアジアのセクシュアリティとジェンダー

ジェームズ・ウェルカー［編著］

BL OPENING DOORS

SEXUALITY AND GENDER TRANSFIGURED IN ASIA

青土社

ＢＬが開く扉——変容するアジアのセクシュアリティとジェンダー＊目次

第Ⅱ部

LGBT（Q）とBL

不調和な情熱

ＢＬが開く扉——変容するアジアのセクシュアリティとジェンダー

※神奈川大学で開催した「クィアな変容・変貌・変化《トランスフィギュレーション》——アジアにおけるボーイズラブ（ＢＬ）メディアに関する国際シンポジウム」で発表され、ハワイ大学出版から近刊予定の *Queer Transfigurations: Boys Love Media in Asia*（仮題）収録の章は、章末に英語版タイトルを記した。なお、キム・ヒョジンはシンポジウム発表とは別論文を書き下ろした。

※中国、韓国、タイに関する章では、読解や検索に必要と思われる原語を補った。なお、それぞれの言語と日本語の関係によって、表示形式を若干変更した。

【記号説明】

・翻訳において原注は★印、訳注は☆印で示した。

・翻訳において〔　〕は著者による言葉の補い、［　］は訳者による言葉の補いである。

序章　ボーイズラブ（ＢＬ）とそのアジアにおける変容《トランスフィギュレーション》・変貌・変化

ジェームズ・ウェルカー
佐藤まな訳

日本国内外における「マンガ」と「アニメ」の重要性は、日本に住んでいない人々の間でも広く認識されている。また「オタク」――すなわちマンガやアニメとその関連グッズやメディア（とりわけゲーム）の情熱的なファン――について聞いたことがある人も多いだろう。だがこの幅広いメディアの領域内に、男性同士の恋愛・性的関係を描く女性向けのメディア（主にマンガ、小説、アニメ）の一ジャンルがあることは、マンガとアニメのファン以外、日本の外ではあまり知られていない。このジャンルは「ボーイズラブ」もしくは「ＢＬ」と呼ばれ、一九七〇年代初頭までさかのぼる歴史をもつと考えられる。ＢＬファンは「腐女子」を自称し、外部からもそう呼ばれる。それは「婦女子」を元にした自嘲的な言葉遊びだ。現代日本では、腐女子たちが熱狂的に生産したり、消費したりするＢＬは一般に普及し、広く人気を誇っている。この一〇年に限って言えば、ＢＬ関連のマンガ、ライトノベル、アニメのＤＶＤ、ドラマＣＤ、同人誌、ゲーム、コスプレ商品などの売り上げは、日本国内で例年、二一〇億から二二〇億円規模にのぼると推定されている。[★1]

遅くとも一九八〇年代から、ＢＬメディアのファンとクリエイターは海外にも少しずつ広がりつつあった。[★2] 文化的・地理的近さのゆえか、ＢＬはアジア各所、とりわけ東・東南アジアで熱く受け入れられ、そこで新たな意味を引き受け、発祥の地におけるそれとは違ったファンダムを築き、異なる文化的影響を与えてきた。本書『ＢＬが開く扉――変容するアジアのセクシュアリティとジェンダー』が焦点とするのは、このアジアの文脈におけるＢＬ現象だ。アジアを焦点にしても、指摘するべきなのは、アジア各国・地域のＢＬファンダムは、アジア内外の他のＢＬファンダムと無関係な、孤立した存在ではないということだ。本書のいくつかの章で描かれるとおり、アジアのＢＬファンたちはしばしば国家・地域・文化の境界を越え、英語や中国語、日本語、そしてもちろんＢＬのイメージを通して通じ合うのである。

本書の着想の元になったのは、筆者が二〇一七年七月、神奈川大学で開催した「クィアな変容・変貌・変化《トランスフィギュレーション》――アジアにおけるボーイズラブ（ＢＬ）メディアに関する国際シンポジウム」（Queer Transfigurations: International Symposium on Boys Love Media in Asia）である。このシンポジウムでは、日本のみならず世界中から集まった二〇人以上の研究者たちが、東・東南・南アジアの一二の国々におけるＢＬメディアとそのファンをめぐって議論を交わした。本書『ＢＬが開く扉』には、このシンポジウムの発表を柱としつつ日本におけるＢＬの専門家たちが執筆した章もあり、重要な文脈の提

示や比較がなされるとともに、アジアにおけるBL現象について日本からの知見が示されている。[★3]

筆者はアジアにおけるBLファンダムとメディアを、日本のBLメディアとファンダムの「クィアなトランスフィギュレーション」としてまとめたい。実際のところ、この世界に関わっているファンやアーティストの大多数は、ヘテロセクシュアルを自認するシスジェンダー（トランスジェンダーの反対で、身体の性別と性自認が一致している人のこと）の少女や女性だ。だが筆者は、社会規範に逆らうような、あるいは少しずつ転覆しさえするようなジェンダーとセクシュアリティにまつわる表現・行為を指して「クィア」という言葉を用いる。これはカルチュラル・スタディーズにおける通例であり、また本書の執筆者の多くがとっている立場でもある。BLの起源は一九七〇年代日本の少女文化にあると考えられているが、これは女性の性的主体性というものがようやく公の場で認識され始めたばかりの時代であった。表向きはシスジェンダーかつヘテロセクシュアルである思春期の少女たちをターゲットに、男性同士の恋愛・セクシュアリティを描くコンテンツは、その頃から既に、女性のセクシュアリティ規範を揺るがす――あるいは「クィアする」――意図的試みとして制作され流通していた。[★4]また、元々B

★1　矢野経済研究所、「「オタク」市場に関する調査を実施（二〇一七年）」、プレスリリース、二〇一七年一一月五日、https://www.yano.co.jp/press/press.php/001773。

★2　James Welker, "Boys Love (Yaoi) and the Global Circulation of," in *Global Encyclopedia of Lesbian, Gay, Bisexual, Transgender, and Queer History*, ed. Howard Chiang, Anjali Arondekar, Marc Epprecht, Jennifer Evans, Ross Forman, Hanadi al-Samman, Emily Skidmore, and Zeb Tortorici (New York: Charles Scribner & Sons, 2019), 265–267.

★3　本書に加え、現在英語でも本を編集中である（仮題：*Queer Transfigurations: Boys Love Media in Asia*, University of Hawaiʻi Press）。この本にはシンポジウムでの発表がほぼ全て収録される予定であり、本書に収められた章のほとんどに加え、新規の章もいくつか追加される。

Lには読者に同性愛や自分のジェンダーを試してみることを助長・奨励する意図はなかったものの、必ずしもシスジェンダーや異性愛者ではない個人たちは、このメディアとそのファンダムの世界を通して、ほっと息をつける場を見つけられたのだ。[★5] その意味で言えば、BLは二重にクィアなのだ。本書のいくつかの章が鮮やかに描き出しているとおり、BLとLGBT(Q)メディアの間には明確な境界線はない。BLはますますクィアになっていくばかりだ！（なお英語使用国では「LGBTQ」〔レズビアン、ゲイ、バイセクシュアル、トランスジェンダー、クィアの頭文字をとった語〕は性的マイノリティ一般を指して使われることが多い。またアジアのほとんどでは「クィア」という語はそれほど一般的に用いられておらず、ローカルには通常、LGBTの語が使われる。本章ではこれら両方の用法を同時に指してLGBT(Q)の語を用いる。）

日本国内において、BLメディアとそのファン、それからLGBT(Q)メディアとそのファンとの間にある境界線が日本国外では曖昧になっている。このことは、BLがアジア全域でいかに「変容・変貌・変化された《トランスフィギュア》」かを明白に示す一例だ。「トランスフィギュレーション」という語を筆者は、ある文化から別の文化への移行過程で起こる変化を指して用いる。筆者はこの語をとりわけ日本の文脈について述べるために用い、ローカライゼーションやグローカライゼーション、文化のハイブリッド化、トランスカルチュレーションなどといった一連の概念の使用を避けている。なぜならこれらの概念は、アカデミアではとりわけ、ポストコロニアル研究に理論的起源をもち、甚大な権力の不均衡や多分に一方的な文化の流れを含意するからだ。[★6]

これまでの日本と「西洋」、とりわけアメリカ合衆国との関係性は決して平等なものではなかったが、日本の経験を主としてポストコロニアルなものとまとめてしまうのは不正確だろう。念のため記しておくと、日本政府は「クールジャパン」のお題目のもと、自国のポピュラー文化をソフトパワーの一形態として積極利用し、アジアを含む世界中で日本の影響力をもっと「ソフトに」アピールすることを狙ってきた。[★7] そして無論だが、本書で取り上げる国々のほとんどはポストコロニアルと表現できる。それどころかその大多数が日本に植民地化されたか、あるいは少なくとも占領された国なのである。だが非常にマイナーなジャンルであり、アジアのほとんどではアンダーグラウンド的なものであるBLがいかに流通し、またファンとクリエイターの手によっていかに変容してきたかを見ていくと、ポストコロニアルの人々と旧宗主国の文化との関わりをめぐる予想は時に裏切られる。シュウ・ヤンルイ（徐艶蕊）とヤン・リン（杨玲）はそれゆえに、中国の文脈におけるBLの流通を「下からの文化的グローバリゼーション」として描く。[★8] アンドレア・ウッドも同様に、BLファンダムを「グローバルな対抗的公共圏」

★4　James Welker, "Beautiful, Borrowed, and Bent: 'Boys' Love' as Girls' Love in *Shōjo* Manga," *Signs* 31, no. 3 (2006); James Welker, "A Brief History of *Shōnen'ai*, *Yaoi*, and Boys Love," in *Boys Love Manga and Beyond: History, Culture, and Community in Japan*, ed. Mark McLelland, Kazumi Nagaike, Katsuhiko Suganuma, and James Welker (Jackson: University Press of Mississippi, 2015).

★5　Welker, "Beautiful, Borrowed, and Bent"; James Welker, "Lilies of the Margin: Beautiful Boys and Queer Female Identities in Japan," in *AsiaPacifQueer: Rethinking Genders and Sexualities*, ed. Fran Martin, Peter A. Jackson, Mark McLelland, and Audrey Yue (Urbana: University of Illinois Press, 2008).

★6　James Welker, *Transfigurations: Feminists, Lesbians, and Shōjo Manga Fans in Late Twentieth-Century Japan* (University of Hawaiʻi Press: 近刊予定) 参照。

★7　日本政府が日本を「クール」としてブランド化すべく続けている試みについては、例えばKatja Valaskivi, "A Brand New Future? Cool Japan and the Social Imaginary of the Branded Nation," *Japan Forum* 25, no. 4 (2013) などを参照。

と説明している。[★9] ウッドの研究は主に英語話者のファンに着目したものだったが、本書の各章からわかるとおり、彼女の記述はアジアのファンダムにも当てはまるものだ。アジアのＢＬファンは、マイケル・ワーナーによる「対抗的公共圏」の定義を借りて言うならば、ＢＬファンダムのメンバーとしての自らが社会で占める低い地位、そしてそのファンダムへの参与が自らのアイデンティティの形成と変容にあたって果たす役割、そのいずれをも鋭く認識しているのである。[★10]

以上が本書の枠組みとなる主題と焦点である。ここからは各章ならびに神奈川大学でのシンポジウムにおける発表であがった論点に省察を加え、各章の詳細な紹介に代えたいと思う。簡単に言えば、アジアにおけるＢＬメディアとファンダムをめぐるこれらの研究は、四つの主要かつ互いに重なり合うテーマを浮き彫りにすると考えられる。これらのテーマはいずれも私が既に言及したものだ。第一に「ＢＬはトランスナショナルなメディア現象である」こと。第二に「ＢＬは性的規範を揺るがすのに有用なツールである」こと。それゆえにこそ「ＢＬからＬＧＢＴ（Ｑ）をめぐる問題を分離することはできない」ことが第三のテーマであり、ここで言うＬＧＢＴ（Ｑ）の問題には政治も含まれる。これらを踏まえ、最終的に「ＢＬは政治的である」と言える。日本にフォーカスしたＢＬ研究に既に親しんでいる読者にとっては、これらのテーマはおそらくさほど驚くには当たらないだろう。だがアジアにおけるＢＬの研究は、ＢＬメディアとファンダムがアジア全域で、そしてさらにその先へと動き変容していく過程で、その影響力が新しく、時には全く予想外の形で、さまざまに立ち現れることを解き明かしてくれるのだ。

トランスナショナル――国境横断的メディア現象としてのBL

BLは本質的に国家越境的《トランスナショナル》かつ文化越境的《トランスカルチュラル》なメディアである。これは日本の文脈においてさえ言えることだ。BLは日本で、少女マンガという形で初めて具現化したが、これは明治時代にさかのぼるトランスナショナルでトランスカルチュラルな借用とトランスフィギュレーションの地層の上に築かれたものだった。★11 また、あらゆる文化においてBLを介してジェンダーとセクシュアリティに異議申し立てがなされ弄ばれるさまざまの方法、それら自体が既にトランスナショナルでトランスカルチュラルな構築物であることは言うまでもない。本書の各章はまさしく、アジアにおいてジェンダーとセクシュアリティをめぐるローカルな理解が絶え間なく再検討され再形成される数多の複合的プロセスの一部がBLメディアによって担われていることを、さまざまな形で見せてくれる。

BLメディアは最初、本であれデジタルであれ、とにかくマンガの形で日本から他のアジア諸国へ持ち込まれたようだ。これらのマンガはしばしば、生まれたてのファンダムのメンバー自らの手で翻訳されていた。BLが東アジアに入ったのは遅くとも一九八〇年代末のことだ。例えば、まだ十分な学問的

★8　Ling Yang and Yanrui Xu, "Chinese *Danmei* Fandom and Cultural Globalization from Below," in *Boys' Love, Cosplay, and Androgynous Idols: Queer Fan Cultures in Mainland China, Hong Kong, and Taiwan*, ed. Maud Lavin, Ling Yang, and Jing Jamie Zhao (Hong Kong: Hong Kong University Press, 2017).

★9　Andrea Wood, "'Straight' Women, Queer Texts: Boy-Love Manga and the Rise of a Global Counterpublic," *Women's Studies Quarterly* 34, no. 1/2 (Spring 2006).

★10　Michael Warner, *Publics and Counterpublics* (New York: Zone Books, 2002), 121.

★11　Welker, "A Brief History."

立証はないものの、BL作品が初めて台湾に持ち込まれたのは一九七〇年代末、商業少女マンガの海賊版翻訳を通してのことか、[12]あるいはその一〇年後、『聖闘士星矢』などの人気少年マンガをベースにしたホモエロティックなナラティブを主題とする日本の同人誌の翻訳を通してのことではないかと考えられている。[13]韓国におけるBL文化もまた、一九八〇年代に同人誌の制作・消費の中から生まれたようだ。ただし日本の商業BL作品の海賊版翻訳を機にした「やおい」ブームが同国で起こったのは、一九九〇年代初頭のことであると見られる。[14]

ヤン・リンとシュウ・ヤンルイは、中国に海賊版BLマンガがもたらされたのも同じく一九九〇年代初頭であると見ている。これは日本から中国へさまざまな種類のマンガが流入した時代であった。[15]中国におけるBLは一般的に「耽美《ダンメイ》」と呼ばれ、オンラインで発表される小説が中心となっている。オンライン耽美小説のファンおよびクリエイターのコミュニティは、中国本土、台湾、香港、マカオの人々、そしてその他各地のディアスポラ華人コミュニティを含み込む。[16]齋藤朝子パトリシアの章で示されるとおり、中国語BLメディアの制作と流通は時に日本へとつながって戻ってくる。中国、日本、台湾の「BLコミュニティにおける継続的なテクストの循環」が照らし出すのは、齋藤の言葉を借りれば、「各コミュニティを別個のものであるとしたり、テクストを特定の場所の原産物であると捉えたりする」ことの困難さである。例えばシュウとヤンは本書で、時を追うごとに拡大する耽美というカテゴリーが、もはやこれまで日本起源のBLとして理解されていたものと同義ではなくなっていることを示している。この理由のひとつは、耽美と英語スラッシュ・フィクションとの境界が曖昧になったことだ。

BLの起源は日本と想定されてきたが、起源の境界が浸食され曖昧になることは、中国語圏以外の場でも異なる形で起こっている。例えば同じく一九八〇年代末にBLが入ってきたと思われるタイである。[17]

本書でカン＝グエン・ビュンジュ・ドレッジが述べるところによれば、「タイはアジア各地におけるBLの盛り上がりの中で中継点的な役割を果たしており、ポピュラー文化が現地化され再構築され、そして中国、台湾、ベトナム、インドネシア、フィリピン、南米、さらには〔中略〕韓国や日本といった国での消費を媒介するハブとなっている」。タイの文化的イマジネーションの中においてはまた、韓国と日本の境界自体が曖昧になっている。タイのファンたちは時に、韓国文化と日本文化――カンの言葉を借りれば「コリパニーズ」文化――をBLの集合的起源と見なす。タイではこの一〇年、BLメディア文化がブームとなっており、とりわけ二〇一〇年代半ばごろから公開・放映され始めたBLがテーマの実写映画やテレビシリーズが注目に値する。★18 このメディアは、LGBT（Q）メディアならびにそのファンダムと同化し始めている。本書の藤本由香里による章では、日本でも最近になって同様の現象が展開しつつあることがテレビドラマ『おっさんずラブ』の考察を通して示されるが、これは日本のBL

★12 Fran Martin, "Girls Who Love Boys' Love: Japanese Homoerotic Manga as Trans-National Taiwan Culture," *Inter-Asia Cultural Studies* 13, no. 3 (2012): 367.
★13 本書のワン・ペイティによる章を参照。
★14 本書のキム・ヒョジンによる章を参照。またキム・ヒョジン（金孝眞）「「他者」としてのヤオイ――一九九〇年代における韓国同人文化の変容をめぐって」ジャクリーヌ・ベルント・山中千恵・任蕙貞編『日韓漫画研究』国際マンガ研究3、京都精華大学国際マンガ研究センター、二〇一三年、一〇九―一三三頁をも参照。
★15 Yang and Xu, "Chinese *Danmei* Fandom," 4.
★16 Yang and Xu, "Chinese *Danmei* Fandom," 11-14.
★17 Poowin Bunyavejchewin, "The Queer if Limited Effects of Boys Love Manga Fandom in Thailand," in Welker, *Queer Transfigurations*.
★18 Bunyavejchewin, "The Queen if Limited Effects."

文化においては注目すべき変化であり、アジアの他地域からの影響を示すものでもあるかもしれない。
　昨今のタイではまた、ＢＬがちょっとしたセレブリティのファンダムという形をとっており、その中には実際のゲイカップルのファンとなることも含まれている。この現象については本書のカンによる章を参照されたい。タイのＢＬファンのように現実のゲイカップルを追いかけることは、日本を含む他国のＢＬファンのほとんどにとっては絶対にあってはならないことだろう。これらの国々におけるファン実践は、英語を含むいくつかの言語で「シッピング（shipping）」——relationshipping の略である——と呼ばれる行為を伴うのがはるかに一般的なのだが、これは表面上ヘテロセクシュアルのキャラクターや有名人をカップルにすることを指す。このシッピング——日本語では「カップリング」——の実践と機能は、守如子による章で、ＢＬの歴史の文脈に位置づけて詳細に論じられる。日本国外では、現地のファンたちがそれぞれにさまざまなＢＬのパターンや定型表現を翻案しているのだが、シッピング／カップリングはそのほんの一例だ。例えば中国では「互攻文《フーゴンウェン》」という新たな耽美小説の一ジャンルが生まれた。このジャンルでは「攻《ゴン》」（攻め）と「受《ショウ》」（受け）の代わりに「攻」二人がカップリングされるのである。[★19]
　ＢＬはアジア全域にわたってインターネット上で流通し続けており、同性愛描写を含む、あるいは性的に露骨なコンテンツを糾弾・禁止するローカルな規範を時にすり抜けていく。ローカルな価値観や規制の存在にも関わらず、ＢＬファンとクリエイターがファンコンベンションでＢＬ作品を共有できることもある。こういったコンベンションの参加者やアーティストたちは当該地域全体から広く集まることもあるし、場合によってはもっと遠くからはるばる足を運んでくる。ＢＬに限らずあらゆるジャンルを取り扱うシンガポールのコンベンションでは、参加者たちが当局や公衆とのトラブルを避けるべく、きわどい作品を「テーブルの下に」隠すなどといった戦略がとられる。[★20]またマニラのBLush(「BL」+「blush」:BLを見て顔が真っ赤になること)というコンベンションのように、数年にわたって運営され続けてきたBLオンリーのイベントもある。あるいは、ギタ・プラムディタ・プラメスワリによる章で紹介されるジャカルタのロイヤル・ボーイズラブ・コンベンションなど、現地の法規制や宗教的・文化的規範に基づく対立ゆえに、告知後まもなくトラブルに見舞われたイベントもある。BLはこれらの場所において性的規範を揺るがしつつあるように見えるものの、乗り越えるべきものは未だ多いのだ。

変容的《トランスフォーマティブ》――性的規範を揺るがすものとしてのBL

実のところ、BLは常にジェンダー規範を揺るがすことを重視してきた。一九七〇年代初頭の日本でBL(当時は「少年愛」と呼ばれていた)を生み出したのは新世代の若き女性少女マンガ家たちだったが、これはもっぱら男性マンガ家の手によるものだった商業少女マンガを、より成熟した文学的なものに昇華しようという試みの一環だったのだ。[★21]この新しいジャンルはとりわけ、思春期の少女読者の前で性的表現を規制しようとする強固な家父長制的規範を回避するために作られたのだった。

★19 Xi Lin, "Breaking the Structural Silence: The Sociological Function of *Danmei* Novels in Contemporary China," in Welker, *Queer Transfigurations*.
★20 Aerin Lai, "Docile BL Bodies: Boys Love under State and Societal Censorship in Singapore," in Welker, *Queer Transfigurations*.
★21 この点については石田美紀『密やかな教育――〈やおい・ボーイズラブ〉前史』洛北出版、二〇〇八年所収の増山法恵に対するインタビューと竹宮恵子に対するインタビューで言及されている。

BLは他の国々でも、ヘテロセクシュアル女性とゲイ男性の両方にとって、同様の効果を発揮している。例えばトリシア・アビゲイル・サントス・フェルミンは、フィリピンの概ね中産階級から成る女性BLファン層を考察し、このファンたちはBLにおけるどちらかといえば中性的な男性キャラクターや男性同士の関係のあり方を、「男性性のみならず親密な関係性の新しいモデル」と見なしていると述べる。[★22]これといくらか共通しているが、リン・シ（林曦）は中国における先述の「互攻文」について、男性的な攻め同士をカップリングすることとは、関係性において従来とは異なる形で平等を達成するためのモデルを示してくれるとしている。[★23]

BLはまた、それを消費するヘテロセクシュアル自認の男性のジェンダーならびにセクシュアリティの実践を形作っている可能性もある。本書でこの点に切り込むのは長池一美による章である。長池は「BLのような女性のエロスを表現したナラティブが、社会的に構築された男性性のステレオタイプから逃れたい男性」にとって、セックスで主導的な役割を担わなければならないという抑圧的な不安から逃れさせてくれる、ある種の「救済」となっているという仮説を立てている。

解放的——LGBT（Q）をめぐる問題を再考するツールとしてのBL

日本は同性愛に対し、他国・地域と比べて文化的にオープンだとされ、その理由として伝統的宗教観に基づく同性愛禁止がさほど強くないことがしばしばあげられる。日本において同性愛者あるいはトランスジェンダーであることがタブー視されるとき、それは罪の意識よりむしろ文化的規範からの逸脱の感覚に根差している。BLはかつて日本でタブー扱いされており、今も程度の差こそあれその雰囲気は残っている。だがそれはＢＬというコンテンツが特に男性同士のセクシュアリティを焦点としているからではなく、そもそもセクシュアリティを焦点とし、しかも基本的に女性によって女性のために制作され、その女性たちがファン実践を通して男性を積極的に性的対象化しているからなのだ。

　だがアジアの他地域においては、道徳的観点（宗教的信条に根差していることが多い）から同性愛（およびトランスジェンダー）が糾弾されており、日本よりもはるかに大きな文化的力となっている。このような動きとＢＬおよびＢＬファンダムとの関係はアジアの多くの地域で中心課題となっている。そして時には、男性同士の親密性をめぐるファンタジーへの関心を、ＬＧＢＴ（Ｑ）をめぐる問題への意識や感覚を磨くことにつなげてゆくファンたちもいる。ギタ・プラムディタ・プラメスワリは本書において、中産階級出身で大学在学中あるいは卒業後の若いインドネシア人女性たちにインタビューし、彼女たちにとっては、ＢＬが同性愛という概念との出会いの場になることが多かったと述べている。ラクシュミ・メノンによる章でも、インドの小さなＢＬファンコミュニティで同様の現象が起こっていることが描かれる。メノンはさらに、一部のＢＬファンたちが現地のクィア・コミュニティの直面する問題について思いを巡らせた結果、かつて石田仁が一九九〇年代から二〇〇〇年代初頭の日本のＢＬの文脈を指してゲイ男性の「表象の横奪」と呼んだ[★24]のと同じ問題に気づいたことを述べている。しかし本書

★22　Tricia Abigail Santos Fermin, "BL Coupling in a Different Light: Filipino Fans Envisioning an Alternative Model of Intimacy," in Welker, *Queer Transfigurations*.
★23　Xi Lin, "Breaking the Structural Silence."
★24　石田仁「「ほっといてください」という表明をめぐって――やおい／ＢＬの自律性と表象の横奪」『ユリイカ』第三九巻第一六号、二〇〇七年一二月、総特集「ＢＬスタディーズ」一一四―一二三頁。

で石田が記すところによれば、もっと最近のBL作品は実際のゲイ男性と彼らが出会う問題をよりリアルに表象する方向へとシフトしているという。一部の女性BLファンはまた、BLを通して、ゲイ男性やその他の性的マイノリティについての意識を育み、それを以てより積極的にLGBT（Q）アクティビズムに関わるようになった。例えば台湾では近年、一部の「腐女子《フーニュズー》」（台湾では腐女《フーニュ》と略することもある）が、国内における同性婚合法化のための運動に関わっている。これについては本書でワン・ペイティ（王佩迪）が論じている。

他方、トーマス・ボーディネットの章では、ゲイ自認の男性BLファンたちの経験がインタビューを通して描かれる。このファンたちは当初、BLの影響で、日本を非現実的なほど肯定的に見ていたという。しかし、中でも情熱的なファンたちが日本語を学ぶ決意をして日本にやってきたとき、彼らは日本におけるLGBT（Q）の人々の生の現実やゲイ・コミュニティ内のレイシズムに直面し、ほとんどすぐにその憧れを捨て去ることになってしまった。

政治的――世界を変える術としてのBL

著名なBL研究者・溝口彰子は著書『BL進化論』において、「社会を動かす」革新的な力こそがBLであるとした。★25 とはいえ日本のBLファンやクリエイターたちは、おおむね政治からは距離を取ってきた。だが一部の腐女子は時に、自らの「腐《フ》ィルター」――腐女子が世界を見るフィルター――を政治に向けてきた。一例として、利用者の多い作品投稿サイトPixiv《ピクシブ》で検索すれば、ドナルド・トランプと安倍晋三をカップリングしたイラストがいくつか出てくる。このカップリングは二〇一七年二月の安倍による訪米、そして同年一一月と二〇一九年五月のトランプ訪日前後の時期にTwitterの一部で話題になっていたものだ。だが典型的なＢＬファン活動やメディアでは、ＢＬをこのように政治に応用する例はあまり見受けられない。日本のＢＬファンが少しでも政治に関わる場面があるとしたら、その関心が向くのはおそらく環太平洋パートナーシップ協定（ＴＰＰ）が二次創作に与えうる影響、そして性的コンテンツの規制を進めようという動きについてだろう。これらは日本だけでなく、他国のファンコミュニティにおいても広く懸念されていることだ。★26 だが要するに日本では今のところ、ＢＬファン言説の中で政治は目立たず、またＢＬも政治的言説の中で目立つ存在ではないのだ。

だが世界中どこでも同じ状況だというわけではない。現に近年、きわめて重要な政治的舞台において、ＢＬが目に見える形で用いられているのだ。例えば香港では、カトリーン・ヤコブズとホリー・ホーが二〇一七年のシンポジウムにて発表したとおり、ちょっと見た感じではかなり弱い立場にあるにもかかわらず、「ＢＬファンダムは〔中略〕ファンが現地で制作したイメージとのかかわり方を一歩先へ進めて、香港の政治と公民権をめぐる論争についてコメントするため、自分たちのクィアな想像力を用いてきた」。民主派アクティビストに率いられた二〇一四年後半から二〇一五年初頭にかけての雨傘運動も例外ではない。ヤコブズとホーが研究対象としたファンの一部は「ＢＬは単なる娯楽であり、〔政治〕から逃避する場を提供すべきものだ」としていたものの、オンラインで「痛烈な政治風刺および／または露骨な性表現のある画像を含む中国語のＢＬ投稿」を行い、「より大規模な政治危機についてそっと

★25　溝口彰子『ＢＬ進化論——ボーイズラブが社会を動かす』太田出版、二〇一五年。
★26　表現の自由支持の観点からの最新の展望については、山田太郎・荻野幸太郎・坂井崇俊・永山薫『manga《マンガ》の自由——平成から令和へ』表現規制史出版界、二〇一九年を参照。

意見を述べ、またこの危機を和らげる」方法として、ハンサムな若い男性アクティビストや政敵同士をカップリングするという、一種の政治批評を行うファンたちもいたのだ。

当然ながら、政治という領域は政治家と政府に限られるものではない。フェミニズム運動を含む社会運動は、広義および狭義の政治と絡み合いうるのだ。例えば二〇一六年半ばには、韓国である論争が勃発した。このときBLアーティストやファンたち、あるいはフジョシ（韓国語で「腐女子」）たちが、フェミニストと並んで、男性オドック（オタク）と闘うことを余儀なくされたのである。自分たちが女性によって脅威に晒されているという認識を抱いたオドックたちは、エロティックなBLコンテンツを警察と宗教保守派に報告し、女性の声および女性のメディアに沈黙を強いようとしたのだ――男性たち自身のポルノグラフィ・コンテンツも規制されるかもしれないというリスクも顧みずに。[★27] より最近では、キム・ヒョジン（金孝眞）の章にあるとおり、多くの腐女子が「脱BLする」ことを選んでいる。これは一九九〇年代初頭にさかのぼって日本で交わされていた批判を彷彿とさせる現象だ。[★28] キムが示すとおり、フェミニズムはBLとそれを捨てようという運動、いずれの擁護のためにもツールとして用いられているのだ。そこにあるのは、女性が基本的に不可視のジャンルであるBLが、韓国社会における女性の地位という問題に対していかなる意味をもちうるのか、ということへの関心である。だが韓国ならびに日本で腐女子がゲイ男性と形成してきたアライ（支援者）関係を思えば、BLには、溝口の示唆するとおり「社会を動かす」力が内在しているように思われる。

結論

『BLが開く扉――変容するアジアのセクシュアリティとジェンダー』の各章は、約言すれば、BLがアジア中でさまざまに展開してきたトランスフィギュレーションの検証を通して、ボーイズラブがきわめて大きな可能性をもつトランスナショナルなメディアの一ジャンルであることを示している。BLはジェンダーの問題に対する意識を喚起し、それにより、若い女性BLファンの性的表現の解放だけでなく、必ずしもファンではないシスジェンダー・ヘテロセクシュアル男性のそれをも促すポテンシャルをもっている。その目標に向け、性的規範に直接反逆するだけでなく、いずれ反逆につながる道も拓き、LGBT（Q）の個人が少しでも息をしやすい空間を作るという意味において、BLはクィアでもある。BLはまた、シスジェンダー・ヘテロセクシュアルのファンに、LGBT（Q）コミュニティの人々の権利と社会的地位について改めて考えることを促してきた。BLはまたファンたちにとって、アクティビズムの道に進む動機づけにすらなりうるのだ。そういった意味において、そして他にもたくさんの意味において、BLは政治的だ。思い出されるのは一九七〇年、奇しくもBL誕生と同じ年に初めて印刷物に現れたフェミニズムのスローガン「個人的なことは政治的なこと」である。[★29] そして、そういうこと

★27 Hyojin Kim, "Boys Love Is a Battlefield: Recent Conflicts within the South Korean Otaku/Fujoshi Community," paper presented at "Queer Transfigurations: International Symposium on Boys Love Media in Asia," Kanagawa University, Yokohama, Japan, July 1-2, 2017.

★28 石田仁「「ほっといてください」という表明をめぐって」。

★29 このスローガンの歴史については、Frances Rogan and Shelley Budgeon "The Personal is Political: Assessing Feminist Fundamentals in the Digital Age," *Social Sciences* 7, no. 8 (2018) を参照。

ならば――台北や東京、バンドンやバンガロール、あるいはそれらの都市をつなぐインターネット上のどこかでめぐり合うテクストやアーティストやファンたちについて言うならば、愛し合い欲望し合う男二人のナラティブを読みまた書くという実践を語るならば、また実践としてのＢＬによって個人が自らの人生とそれを取り巻く世界に新たなまなざしを向けられるようになることを言うならば――つまるところ、ＢＬは個人的でもあるのだ。

第Ⅰ部

ＢＬの意味と欲望

BLとスラッシュのはざまで

現代中国の「耽美」フィクション、文化越境的媒介、変化するジェンダー規範

シュウ・ヤンルイ（徐 艶蕊）／ヤン・リン（杨 玲）

佐藤まな訳

「耽美《ダンメイ》」とは中国語で、女性と性的マイノリティのため、そして女性と性的マイノリティによって作られた、オリジナルまたは他作品から派生した男性同士の恋愛物語をまとめて指す言葉だ。[★1] 初めて中国で書かれた耽美小説がインターネット上に投稿されたのは、一九九八年ごろのことである。以来、耽美はウェブ文学の中で主だったジャンルに成長し、[★2] インターネットを基盤とした若者文化とファンカルチャーの重要な構成要素となって、[★3] 中国国内で大きな経済的・文化的影響力を誇るものへと発展した。[★4] 近年は、中国で書かれたオリジナルの耽美小説やこれらの小説を他メディアに翻案した作品が、台湾や韓国、ベトナムで人気を博している。この人気ぶりを見れば、耽美とは、中国国内で続く検閲をものと

もせず、海外市場にも足場を築き上げ、ことによれば中国のソフトパワーの強化さえ成し遂げた、数少ない中国産の文化的製品のひとつとさえ言えるだろう。[★5]

耽美が中国とアジア地域で目立つようになってきたのと時期を同じくして、耽美を日本と西洋における類似のジャンルと対比させた研究者が二人いる。例えばアラン・ウィリアムズは、「先駆者である一九七〇年代から一九八〇年代の日本の同人誌と、ポスト一九九〇年のグローカルなメディアとを一貫した歴史的な線でつなぐ」[★6]ため、「やおい／耽美」という複合語を作った。だが彼は耽美を、単なるやおいの中国版であり、日本のブランド・ナショナリズムと無意識の共犯関係にあるものとしか見なしていないようだ。またディォン・シーチン（郑熙青）は、中国のファンカルチャーをテーマとした博士論文において、「女性が作り女性が消費する男性同士のラブストーリーであり、スラッシュ・フィクション、やおい／BL／少年愛、耽美を含むがこれらに限られない」ものを指すため、「グローバルなホモロマンス」という語を作った。彼女は、これらのジャンルが互いに等しい存在ではないことを認識しながらも、「やおいと耽美はおおよそ同一の存在で、どちらも少しずつスラッシュとは異なっている」[★7]と述べている。

本章では、中国の耽美、日本のBL、そして西洋のスラッシュ・フィクションの関係をめぐる近年の学問的議論に参入したい。筆者らは、三つのジャンルを簡単に一つの箱に押し込める、または耽美を他二つのカテゴリーの下位に包含されるものとする代わりに、耽美が日本のBLや西洋のスラッシュの一般的な特徴との間でいかに複雑に関わり合い、交渉しているか、そしてそれらの特徴をいかに変容させてきたかを整理してみたい。中国のファンたちがBLとスラッシュの両ジャンルから有用な要素を採って自分たちのものとし、それらの要素の間に食い違いが生じれば熟慮し、自国の読者のニーズに合わせて創造的に混ぜ合わせていく中で、耽美というジャンルそれ自体が、ＢＬとスラッシュが相互作用する生産的な接触領域として機能してきた、というのが筆者らの主張である。耽美がＢＬやスラッシュといかに相互作用してきたかを探ることで、耽美の発展過程だけでなく、変化しつつある現代中国女性たちのジェンダー規範も解き明かすことができる。中国の読者が初めてＢＬに触れたときのことについては別稿で論じたため、★8 本章では、紙幅の都合により、中国におけるスラッシュの広がりと、中国耽美文化の支柱であるオリジナル耽美フィクションに与えた影響を主に検討したい。

★1 ファン創作は「耽美同人《ダンメイトンレン》」と呼ばれることが多い。「耽美ファン作品」の意。

★2 耽美フィクションと中国のウェブ文学の関係については、Jin Feng, *Romancing the Internet: Producing and Consuming Chinese Web Romance* (Boston, MA: Brill, 2013)、とりわけ第三章を参照。

★3 Ling Yang, "Platforms, Practices, and Politics: A Snapshot of Networked Fan Communities in China," in *The Routledge Companion to Global Internet Histories*, ed. Gerard Goggin and Mark McLelland (New York: Routledge, 2017); Xiqing Zheng, "Borderless Fandom and Contemporary Popular Cultural Scene in Chinese Cyberspace" (PhD diss., University of Washington, 2016)、とりわけ第四章および第五章、Shuyan Zhou, "From Online BL Fandom to the CCTV Spring Festival Gala: The Transforming Power of Online Carnival," in *Boys' Love, Cosplay, and Androgynous Idols: Queer Fan Cultures in Mainland China, Hong Kong, and Taiwan*, ed. Maud Lavin, Ling Yang, and Jing Jamie Zhao (Hong Kong: Hong Kong University Press, 2017) などを参照。

★4 Ling Yang and Yanrui Xu, "Danmei and Cultural Globalization from Below," in *Boys' Love, Cosplay, and Androgynous Idols*.

★5 Jing Jamie Zhao, Ling Yang, and Maud Lavin, "Introduction," in *Boys' Love, Cosplay, and Androgynous Idols*, xix.

★6 Alan Williams, "Rethinking Yaoi on the Regional and Global Scale," *Intersections: Gender and Sexuality in Asia and the Pacific* no. 37 (2015), http://intersections.anu.edu.au/issue37/williams.htm.

★7 Zheng, "Borderless Fandom," 161, 162, 169.

スラッシュをめぐる三度の転機

スラッシュが初めて中国にもたらされたのは二〇〇〇年、『ハリー・ポッター』シリーズ第一巻の公式出版が「ハリポタブーム」に火をつけて、何百万人という若者たちの心をつかんだときにさかのぼる。[★9]『ハリー・ポッター』シリーズの人気ぶりは中国市場に何種類もの偽本が出回る事態をもたらしたが、[★10]それだけでなく、たくさんのファンフィクション〔二次創作小説〕が翻訳・執筆される引き金となり、オンラインで一連のファンフォーラムが開設されるきっかけともなった。中国における『ハリー・ポッター』ファンフィクションの多くは「gen」(general audiences＝一般読者向けの意。つまり性描写が少ないか、または全く含まれない)および「het」(heterosexual＝異性愛)のカテゴリーに入るが、一方で「晋江文学城《ジンジィアンウェンシュエチォン》」(jjwxc. net. 二〇〇三年〜)、「myfreshnet.com」(二〇〇〇年〜二〇一四年)などの文芸ウェブサイトや、「银青色的荆棘路《インチンスエア・デエア・ジンジールー》」(silvergreen.org: 二〇〇三年〜二〇一六年)、「猫爪《マオヂュア》」(luvharry. net: 二〇〇四年〜)などの『ハリー・ポッター』専門オンラインフォーラムには、相当数のスラッシュ・ファンフィクションが投稿されている。ここに挙げたフォーラムのうち、「银青色的荆棘路」はセブルス・スネイプとスリザリン寮の寮生に特化している。「猫爪」は現在、中国の『ハリー・ポッター』フォーラムの中で最大の人気を誇っており、カップリングにおいてハリーを受け(中国語では「受《ショウ》」)とするファンフィクションのみを受けつけている。[★11]

ファンフィクションの一ジャンルであるスラッシュは特定のファンダムと密接につながっており、ファンによる作品を十分に楽しむためには、事前に丸ごと一通りのファン知識を身につけておかなければならない。そのため、スラッシュの読者層はオリジナルの耽美／BL作品よりもかなり小規模になることが多い。だが二〇〇四年ごろ、「クライチェックという魚（一条名叫Krycek的魚）」（一九九七年）と「24／7」（一九九九年）という二本の翻訳スラッシュ作品が、ファンフィクションの制約を迂回して、中国の耽美読者の間に広まった。これらの作品は、高評価を受けているにも関わらず中国ではあまり放映されてこなかった米国のSFテレビドラマ『Xファイル（*The X Files*）』（一九九三～二〇〇二年）をベースとしたAU（alternative universe：別世界もの）小説であり、ドラマそのものについて全く知らなくても、ほぼオリジナル作品として読めるようなものだった。「クライチェックという魚」は海洋生物学者のモルダーと、モルダーに救われた手負いの人魚クライチェックとの間の種族を超えた恋愛を描く作品であり、「24／7」はBDSM[☆1]エロティシズムと複雑な心理描写を惜しげもなく詰め込んだ主人／奴隷ものの小説だ。設定全般が斬新であり、セックスシーンの描写も巧みだったこれら二本のファンフィクションは、今なお新しい耽美読者を惹きつけている。

中でも「24／7」は、「新しい世界への扉を開いてくれた」として賞賛されている。耽美読者たちは、

★8 Yanrui Xu and Ling Yang. "Forbidden Love: Incest, Generational Conflict, and the Erotics of Power in Chinese BL Fiction." *Journal of Graphic Novels and Comics* 4, no.1 (2013): 30-32.

★9 John Nguyet Erni. "Enchanted: Harry Potter and Magical Capitalism in Urban China." *Chinese Journal of Communication* 1, no. 2 (2008): 138-155.

★10 Lena Henningsen, *Copyright Matters: Imitation, Creativity and Authenticity in Contemporary Chinese Literature* (Cambridge, U.K.: Intersentia, 2010), chapter 4.

★11 葡萄教「国内外哈利波特同人论坛简介」https://tieba.baidu.com/p/2901668087（最終更新二〇一四年三月一九日。後日、投稿がBaidu Tiebaによって削除された）。

☆1 BDSMは嗜虐的な性嗜好の総称であり、bondage（拘束）、discipline（躾・調教）、sadism and masochism（サディズム&マゾヒズム）の頭文字を取ったもの。

スラッシュに触れるようになって一番ためになったことを語るとき、しばしばこの言葉を口にする。ある耽美作品レビューサイトでは、「24／7」読者のひとりが、日本のBDSM小説はドム[☆2]が支配的立場を確立するためサブを辱める過程に主眼を置くのに対し、「24／7」は、本当のドム／サブ関係は互いの信頼と受容の上に築かれなければならないものであることを描いていると評価している。また、この物語はBDSMにおける論理やルール、愛のあり方をわかりやすく説明しており、サドマゾヒズムに対する誤解を解く一助となってくれる[★12]と述べている読者たちもいる。二〇〇五年三月には、この作品の人気が昂じて、QQ[☆3]のチャットルームで、英国人の作者ザンシー（Xanthe）と中国人読者のオンラインミーティングが実現した。ミーティングの内容は、中国語圏で最も高名な耽美フォーラム「闲情《シィエンチン》」で同時配信された[★13]。

　スラッシュに触れるハードルは次第に下がりつつあった。それにも関わらず、スラッシュ・ファンフィクションは、しばらくの間、熱心なファンたちが作る比較的小さなグループの中で読まれるばかりだった。欧米スラッシュ圏《チュエン》[★14]が中国の耽美の世界でより大きな役割を果たすようになるのは、二〇一〇年、中国の耽美ファンたちが揃ってBBCの短期連続ドラマ『SHERLOCK』（二〇一〇年～）の魔法にかけられてからだ。これまで、オリジナル耽美小説読者や、日本のマンガ・アニメ、韓国のポップアイドルなどのファンたちは、欧米のメディアコンテンツを元にしたファン創作にはほとんど関心をもたなかった。だが『SHERLOCK』の影響で、これら何千人にも及ぶ人々が、喜んでスラッシュを受け入れるようになったのだ。耽美ファンたちの心をとりわけ惹きつけているのは、ドラマの創造的な筋書きや迫力の視覚効果、ダイナミックな演技などもさることながら、シャーロックと相棒のジョン・ワトソンとの間の熱いホモソーシャルな関係である。インターネット上の投稿では、ある『SHERLOCK』ファンが、これほど強く、長く続く絆で結ばれた二人は、他のドラマや映画でも現実世界でも見たことがないと断言している。曰く、シャーロックとジョンが共有しているのは「二つの魂の間の純粋なコミュニケーション」から生じる幸福で、それは普通の人間がセックスから得る快感をはるかに超越しているというのだ。[★15]

このBBCのドラマに耽美ファンたちがこれほど熱狂したのは、サー・アーサー・コナン・ドイルと彼の書いたシャーロック・ホームズ・シリーズが、現代中国における西洋文学・文化受容の歴史の中で、長いこと例外的なほどに優遇されてきたことにも関係している。ホームズ作品が初めて中国で翻訳されたのは一八九六年にさかのぼるが、これはホームズ・シリーズの第一作『緋色の研究』が英国で出版されたわずか九年後のことである。[★16] 二〇一六年の時点で、中国の書籍市場には、バージョン違い

★12 扫文小院「对24／7的全部评论」http://saowen.net/readstatuses/novelReviews/441（本ウェブサイトは登録済みのユーザーのみが使用できる）。

★13 晋江「XANTHE见面会直播贴」http://bbs.jjwxc.net/showmsg.php?board=3&keyword=Xanthe&id=64623（最終更新二〇一三年五月五日）。

★14 中国の耽美は、幅広いファンの「圈《チュエン》」、あるいはコミュニティから成っている。これらの「圈」についての詳細な議論はYang and Xu, "Danmei and Cultural Globalization from Below," 8-11を参照。

★15 _Goodmango「谈侦探和军医为何打动我之——〈再也没有这样的一对〉」http://tieba.baidu.com/p/3049384157（最終更新二〇一四年一〇月七日）。

★16 Eva Hung, "Sherlock Holmes in Early Twentieth Century China (1896–1916)—Popular Fiction as an Education Tool," in *Translators' Strategies and Creativity*, ed. Ann Beylard-Ozeroff, Jana Králová, and Barbara Moser-Mercer (Amsterdam: John Benjamins Publishing Company, 1998), 74.

☆2 ドムとサブはそれぞれ、日本で言う「S」と「M」に相当する。

☆3 QQは、中国で広く使われているインスタントメッセンジャーソフト。

のホームズ作品が五八〇も存在していた。中国でこれほど多くのバージョンが出ている作品は他にない。中国で書かれた作品も、他の海外翻訳作品も、『唐詩』や『論語』といった中国古典すらも、ホームズ・シリーズのバージョン数には及ばないのだ。[★17] 中国の大衆がホームズ物語の原作に親しんでいたおかげで、中国国内における『SHERLOCK』のファンフィクション創作には大きな弾みがついた。中国の『SHERLOCK』ファンダムでは、中国人作家たちが書いたシャーロックとジョン・ワトソンをカップリングする（「ジョンロック」）小説のうち、必読の名作として扱われている作品が二作ほどある。これらの作品はさらに、普通は英語から翻訳されたファンフィクションの方が国内の作品より重んじられる欧米圏全体でも、名作と見なされるようになった。これは、ここまでの議論を省みれば、決して驚くには当たらないことだ。

議論と変容

欧米圏が急速に拡大し、大量のスラッシュ・ファンフィクションが中国語に翻訳されるようになると、多くの中国人耽美ファンが、スラッシュとBL／耽美の間の違いに気づき始めた。最も顕著な違いの一つはもちろん、BL／耽美では攻め（攻《ゴン》、「トップ」）／受けの定型表現が普遍的に用いられるのに対し、西洋のスラッシュではこれがあまり見受けられないという点だ。欧米圏最大のオンラインフォーラムである「随缘居《スェイユェンジュ》」（mtslash.org: 二〇〇五年〜）では、二〇一四年から二〇一五年にかけ、この定型表現の正当性をめぐって、三〇〇人ほどのスラッシュファンによる盛んな議論が繰り広げられた。[★18] 議論のきっかけとなったのは、あるゲイ男性のスラッシュファンによる問いだった。彼が提示した疑問は、男性同士をカップリングするにあたって特定の攻め／受けの序列にこだわり、役割の交代を一切受け入れようとしないファンがいるのはなぜなのか、というものだった。西洋のスラッシュファンの一部は、攻め／受けの定型表現を「やおい／ＢＬの最悪の特徴」★19と見なすのだが、これと同じように、相当数の中国人スラッシュファンが、攻め／受けは日本のＢＬから引き継がれた、古臭くて時代に逆行する遺物だと非難した。この定型表現は同性愛のナラティブに男女関係のジェンダー・ステレオタイプを投影しており、ゲイの現実における性的流動性を反映していないというのが、批判側の主張だった。

だが、批判者たちの決めつけるような姿勢や、自分たちの方が倫理的に優れていると言わんばかりの態度は、この定型表現を支持している人々を苛立たせた。支持者たちは、ファンフィクションで攻め／受けの組み合わせを固定するという自分たちの嗜好を、断固として弁護した。支持者たちは例えば、特定の性交体位を強く好む中国人男性が多いことに言及した。また、攻め／受けという役割は性交体位だけを示しているのではなく、カップルの身体的外見や、それぞれが関係においてどれだけの権力をもっているかにも言及しているのだと指摘する者たちもいた。最も注目に値する理論を提示したのは、mortalcatというハンドルネームを用いたファンである。彼女は自らのカップリングの好みを振り

★17 杨育芬「从ＣＩＰ数据看近几年图书重复出版现象」http://www.cptoday.cn/news/detail/1995（最終更新二〇一六年一〇月一三日）。

★18 yuezhifeng「为何会有ＣＰ不可逆的心理?..」www.mtslash.me/forum.php?mod=viewthread&tid=119166&extra=&highlight=%CE%AA%BA%CE%BB%E1%D3%D0CP%B2%BB%BF%C9%C4%E6&page=1（最終更新二〇一四年五月一三日）。

★19 Jessica Bauwens-Sugimoto, "Subverting Masculinity, Misogyny, and Reproductive Technology in Sex Pistols," *Image & Narrative* 12, no. 1 (2011): 5.

返り、「セックスとは権力の問題」であって、攻め／受け式のカップリングはその権力のバランスを取ることなのだと論じた。年齢や社会的地位、人格などが異なるキャラクター二人をカップルにする場合、攻め／受けの役割は、恋愛関係のバランスを保つための重要な重りなのだ。例えばキャラクターAが年齢、社会的地位、人格の全てにおいてキャラクターBを上回っている場合、ファンガールたちはAを受け、Bを攻めとして、Aに権力勾配が傾きすぎないようにするのだという。[★20] このような攻め／受けの解釈路線は、日本人研究者・渡辺由美子の意見を鋭く掘り下げたもののようにも見える。渡辺は、キャラクターに割り当てられる攻め／受けの役割について、「「社会」「肉体」「精神」――この三つのモノサシをひとりのキャラクターに対してそれぞれ設定していくことで、〔中略〕絶妙なパワーバランスを持った豊かな人間関係が構築されるのだ[★21]」と述べている。言い換えれば、「攻め／受け」の定型表現は、思想的に誤ったヘテロノーマティビティの再生産というよりも、階層的な社会に内在する権力の不均衡を象徴的に解消し、差異を通して平等を達成するためのツールとしての役割を果たしうるものなのだ。

今日に至るまで、中国のスラッシュ圏は、西洋のスラッシュ・ファンフィクションと密接な関係をもちながらも、ファン作品では攻め／受けのダイナミクスを使い続けている。「好きな子は受けにしろ」という、耽美の世界で広く知られた格言は、多くのスラッシュファンにとっても今なお、真実を語る言葉なのだ。おそらくだがそれは、カトリーン・ヤコブズが述べているように「虐げられるという状態を心理的に解釈する中国独特の方法として、苦しむ受けと共感する[★22]」ことができるから、または攻めと自己同一化して、受けを所有し犯すことができるからだろう。先に挙げた「猫爪」のようなよく知られたスラッシュ・フォーラムの一部は、主要キャラクターの性交における役割に厳しい規制を課し続けている。比較的ゆるい「随缘居」などのフォーラムでも、ファンフィクションの書き手や翻訳者たちは、物語中のキャラクターたちが攻めか受けかを明示するため、適切なタグを使うよう求められている。オリジナル耽美圏でも、攻め／受けのダイナミクスが基本原理であることは変わらない。

中国におけるスラッシュブームは、耽美から攻め／受けの定型表現を捨て去るには至らなかった。だが、この定型表現がオリジナルの耽美フィクションでいかに用いられるかという点では、大きな変化をもたらした。二〇〇〇年代前半には、オリジナル耽美作家の多くが、木原音瀬や山藍紫姫子などといった日本のＢＬ作家を手本としていた。木原音瀬の小説では基本的に、マスキュリンでストレート男性的な外見の攻めが、すらりとして美しく繊細な受けとカップリングされる。山藍紫姫子の作品では、このような女性化された受けがなおさら目立つ。山藍の作品に登場する受けは、しばしば美しい女性に匹敵する女性的魅力をもっているのだ。このような日本のＢＬフィクションを模倣した初期のオリジナル耽美小説では、力強い攻めや弱い受けが登場し、そしてこれに相関して、主要なプロット装置であるレイプが用いられることがきわめて多かった。男らしい攻めの方が女々しい受けよりも肉体的に強靭であるため、攻めは受けを力でものにすることができるのだ。[★23]これら初期の作品におけるセックスシーンは、

★20 mortalcat. http://www.mtslash.me/thread-119166-18-1.html（最終更新二〇一五年六月一九日）。

★21 Fujimoto Yukari, "The Evolution of BL as 'Playing with Gender': Viewing the Genesis and Development of BL from a Contemporary Perspective," in *Boys Love Manga and Beyond: History, Culture, and Community in Japan*, ed. Mark McLelland, Kazumi Nagaike, Katsuhiko Suganuma, and James Welker (Jackson: University Press of Mississippi, 2015), 85による［和訳では上記Fujimoto 2015の引用元である「青少年漫画から見る「やおい」」『ユリイカ』第三九巻第七号、二〇〇七年六月、総特集「腐女子マンガ大系」七二頁から転載。英語原文に合わせて一部省略した］。

★22 Katrien Jacobs, *The Afterglow of Women's Pornography in Post-Digital China* (New York: Palgrave Macmillan, 2015), 134.

レイプ・ナラティブが多用されるのに加えて、強烈な罪と恥の感覚に満ちたものとなっていることが多い。これは同性愛にまつわる社会的タブーを強調するためであり、またポルノグラフィ的な題材の消費を通して性的感覚を表現することで女性の書き手や読み手が感じる罪悪感を反映するためでもある。

日本のBL作家は「胸のない受け」、つまり、胸が平らなことを除けば女性のような外見と振る舞いの若い受けキャラクターを好むのに対し、英語圏と中国のスラッシュ作家は、同等に強い男性二人の間の恋愛関係を好む。「晋江文学城」に投稿された『アイアンマン（*Iron Man*）』のスラッシュ・ファンフィクションを扱ったジョン・ウェイの研究によれば、これらの小説の中では、「少年的なかわいらしさは、しばしば大人らしさに取って代わられており、スーパーヒーローコンビはより成熟した恋愛関係を楽しめる可能性に開かれている」[★24]。スラッシュのカップルは同じような筋骨たくましい体格をしているので、カップルのどちらも力で無理やりセックスに持ち込むことはできない。結果として、彼らの性的関係は、お互いの欲望と合意に基づき、よりオープンなコミュニケーションを伴うものになることが多い。

スラッシュ作品における「成熟した関係性」パターンの影響で、オリジナル耽美作品でも、強い攻めを強い受けと組み合わせることがカップリングの主流派パターンになりつつある。このパターンはとりわけ、西洋を舞台にした作品で一般的になっている。耽美作品では、この新しいカップリング傾向のおかげで、合意のないセックスが以前ほどには描かれなくなった。反対に、主人公たちがお互いにセックスを楽しむ様子を描いた大胆なラブシーンを取り入れることが、ヒットへの鍵となっている。とはいえ、そのようなあからさまな性描写は、二〇一四年の反ポルノキャンペーン以来、主流の商業ウェブサイトからはほとんど消え失せてしまった[★25]。

スラッシュは、カップリングのパターンを大きく変化させただけでなく、オリジナルの耽美作品に、いくつかの新しい定型表現ももたらした。中でも特筆に値するのは、アルファ／ベータ／オメガ（A／B／O）ダイナミクスである。アルファ／ベータ／オメガの世界《ユニバース》、すなわち「オメガバース」では、全ての人間が男女に分けられたうえで、さらにアルファ、ベータ、オメガに区分される。アルファは体格が大きく、支配的で、オメガを妊娠させることができる。ベータは全く普通の一般的な人間で、オメガと子をもうけることができる場合も、できない場合もある。オメガは比較的小柄で、アルファやベータと比べて攻撃性に乏しく、妊娠させられる可能性がある。オメガは三日から一週間ほどにわたる発情期を定期的に迎えるのだが、その間は自分をほぼコントロールできなくなり、アルファとのセックスを乞い求めるようになってしまう。オメガは社会的ヒエラルキーの最下層に位置し、通常は二級市民として扱われて公共圏から閉め出されている。[★26]「オメガバース」の定型表現は、二〇一〇年の夏から翌二〇一一年の夏にかけて、米国のテレビドラマシリーズ『スーパーナチュラル（*Supernatural*）』のファンダムで生まれたものだ。[★27] これが初めて中国のスラッシュファンたちの目に留まったのは、二〇一一年

★23　耽美フィクションにおけるレイプ・プロットをめぐるさらに詳細な議論は、徐艳蕊／杨玲「中国耽美（BL）小说中的情欲书写与性／别政治」『台湾社会研究季刊』No. 100、二〇一五年、九一―一二二頁。

★24　John Wei, "Queer Encounters between Iron Man and Chinese Boys' Love Fandom," *Transformative Works and Cultures*. no. 17 (2014), http://dx.doi.org/10.3983/twc.2014.0561.

★25　反ポルノキャンペーンについて、詳しくはLing Yang and Yanrui Xu, "'The Love That Dare Not Speak Its Name': The Fate of Chinese Danmei Communities in the 2014 Anti-porn Campaign," in *The End of Cool Japan: Ethical, Legal, and Cultural Challenges to Japanese Popular Culture*, ed. Mark McLelland (London: Routledge, 2016) を参照。

★26　norabombay, "Alphas, Betas, Omegas: A Primer," http://archiveofourown.org/works/403644/chapters/665489?view_adult=true（最終更新二〇一二年九月二一日）。

一〇月ごろ、『SHERLOCK』のオメガバースもののファンフィクションの中国語訳が「随缘居」に投稿されたときである。[★28] オメガバースはすぐにスラッシュ圏から他の数々の耽美圏へと広がり、人気のオリジナル耽美小説にも登場するようになった。

オリジナルのオメガバースもの耽美フィクションは、概ね二つの主要なテーマをもつ。アルファとオメガの間のホルモンに駆り立てられた惹かれ合いと緊張関係、そしてオメガたちの生物学的運命に対する闘いである。ほとんどのオリジナル小説は、アルファとオメガの間の身体的差異を浮き彫りにするために、軍国的背景をもつ未来世界を舞台としている。例として、中国のオメガバースもので最も有名な作品のひとつである『军校生《ジュンシアオシォン》』[☆4] を見てみたい。[★29] 八〇万語近い長さに及ぶこのオリジナル小説の主人公は、帝国トップの軍事アカデミーで学ぶ、若く優秀な士官候補生、林远《リンユェン》だ。入学試験を満点で突破したベータの林远は、帝国の若い皇子であるアルファ、西泽《シーゼェア》のルームメイトとなる。林远は卓越した体力と精神力を発揮し、すぐに皇子の心をつかむ。だが皇子はやがて、林远が実はオメガであり、子供の頃からホルモン抑制剤を使わされていたのだということを知る。これは自由な人生を送るためには不可欠なことだった。帝国の法では、全てのオメガは特別な保護センターに送られ、一八歳になればアルファとつがわされて、繁殖の義務を果たすため家庭に縛りつけられることになっているからだ。林远の父親の一人である陵雨《リンユー》もオメガであり、ベータに身をやつして帝国軍最高司令官に上り詰めた人物である。だが真実が露見したとき、陵雨は全てを失い、逃亡生活を送らざるをえなくなる。やがて帝国軍の幹部が反乱を起こすが、陵雨と林远の父子は共に皇子を助け、反乱を鎮圧する。皇帝家はその後、オメガに平等な権利を保証する新法を施行し、オメガたちは公務に参加したり官職に就いたりできるようになる。

オメガの置かれた状況は一見、家父長制下の女性の経験と「危険なほど似て」いるため、オメガバースは「あからさまにヘテロノーマティブ」で、多くのスラッシュ作品で思い描かれている平等主義的なゲイトピアと相反するものとなってしまう。[★30] 厳格で階級的なセックス・ジェンダー役割分業や、合意のないセックスが描かれる可能性が高い点も、初期の耽美作品における強い攻めと弱い受けのカップリングパターンを思い起こさせる。だが『军校生』をていねいに読めば、実はこの作品のキャラクター造形とプロットは、強い攻めと強い受けのパターンによって支えられた、ラディカルな平等の理想を奉じていることがわかってくる。陵雨は、アルファである彼のパートナーに匹敵する、あるいは上回る軍事的才能をもっている。林远も同じように、彼のアルファである西泽以上の精神力をもっている。また陵雨が誤って発情したとき、つがい相手のアルファが陵雨の同意を得ないで行為に及ぶのだが、陵雨はその後、つがい相手を罰するために、一九年間にわたって彼との連絡を絶つのである。つまるところ、消し去ることのできないセックス・ジェンダー差を前にして、いかに平等な社会を作るべきかという問いこそが、この作品の核心なのだ。その解決策として、作中では、法制度改革、支配階層の姿勢の変化、被支配層の人々による組織的抵抗などが提示されている。

★27 netweight, "The Nonnies Made Them Do It!," http://archiveofourown.org/works/1022303/chapters/2033841(最終更新二〇一三年一〇月二八日)。
★28 Zheng, "Borderless Fandom," 195.
★29 蝶之灵『军校生』(二〇一三年一一月一一日〜二〇一四年一二月一二日)http://www.jjwxc.net/onebook.php?novelid=1954760。
★30 Zheng, "Borderless Fandom," 201, 202.
☆4 「士官候補生」の意。

結論

ジェームズ・ウェルカーは、日本における少年愛、やおい、ボーイズラブについて徹底した分析を行い、「BLマンガはその初期から、ハイカルチャーとローカルチャー、両方の要素が、時により異なる割合で混ぜ合わせられて成り立っている。そのカルチャーは日本、ヨーロッパ、アメリカのものだが、次第に他の場所のそれも増えている」[★31]と指摘している。同様に、中国における耽美の発展も、地理的に異なるさまざまな現場からの文化的影響によって形作られてきた。特に大きな影響源となったのは、形成期には日本のBLマンガ・小説、そして近年は欧米のスラッシュ・ファンフィクションだ。一般に、BLとスラッシュはいずれも一九七〇年代に、それぞれ独立して発展したものとされており、これら二つのジャンルをめぐる比較研究はきわめて少ないのが現状だ。これら二ジャンルが耽美において収斂し、オリジナル耽美フィクション制作に影響を与えたということは、耽美の並外れたハイブリッド性と包摂力の証明であるだけでなく、メディアと文化コンテンツが中核から周縁へといかに流れるか、そのトランスナショナルな流れをローカルな行為者がいかに媒介しているか、そしてイマニュエル・ウォーラーステインの用語をざっくりと拝借して言うならば、女性に向けられた男性ホモエロティックなナラティブの「世界システム」がいかに生じうるかを明らかにしてくれる[★32]。

耽美がスラッシュ・ファンカルチャーといかに関わってきたかをたどり、二〇〇〇年代が始まってからオリジナルの耽美フィクションに取り入れられたスラッシュの定型表現や特徴を分析する中で、耽美の発展には二つの顕著な傾向があるということが見えてきた。まずは、耽美の書き手たちが、ジェンダー平等や対等な者同士の恋愛という理想を、より率直に表明するようになっていることである。耽美においてイメージされてきた男性間の恋愛関係は、伝統的な恋愛物語で描かれるヘテロセクシュアルな関係と比べれば、常に平等主義的だった。だが攻め／受けのダイナミクスは、かつてはかなり不平等な権力関係を伴うことが多かった。初期の耽美作品では、受けは年齢や社会的地位、肉体的強さなどにおいて攻めより劣る存在として描写されるのが普通で、二人の関係で優位にあるのは、少なくとも最初のうちは攻めの方だった。だがここ一〇年のところ、攻めと受けを対等な地位に置き、二人の関係を相互の信頼と尊敬に基づくパートナーシップとして描こうと一生懸命努める耽美作品が、どんどん増えている。その結果、主流の耽美作品からは、「胸のない受け」像がほぼ消え失せた。受けは本質的に女性的存在、攻めは男性的存在として記号化されるのだとすれば、[★33]カップリング・パターンにおける変化は、最近の耽美作家たちが、女性的存在に力を与えたいと思っており、また仕事や恋愛など人生のさまざまな面において、女性が男性と対等であろうとするのは良いことだと考えている証拠と言えるだろう。

もうひとつの興味深い傾向は、耽美における性的表現が発するメッセージがより複雑かつアンビバレントになっていることだ。女性のためのポルノグラフィの一形態としての耽美では、官能的で型破りなセックスシーンが、ジャンルがもつ魅力の不可欠な一部分であり続けてきた。だが『军校生』で描かれているように、性的快楽そのものは自由をもたらすきっかけどころか、その妨げとなることがある。『军校生』では、読み手にとって「目の保養」であるアルファとオメガの間の情熱的なセックスシーン

★31　James Welker, "A Brief History of *Shonen'ai*, *Yaoi*, and Boys Love," in McLelland et al., *Boys Love Manga and Beyond*, 42.

★32　Immanuel Wallerstein, *World-Systems Analysis: An Introduction* (Durham: Duke University Press, 2004).

★33　Fujimoto, "The Evolution of BL," 84.

に紙幅が割かれているが、同時に、女性がエロティックな快楽を得ることは果たして解放につながるのかという疑問も呈されている。なぜならオメガは、まさにその生物学的本能を根拠に、社会の中で従属的地位に位置づけられているからだ。ゆえに、陵雨のように固い意志をもったオメガたちは、個人としての自由と平等な権利を手に入れるためならば性的な親密性を放棄してもいいと決意しているのだ。現実の世界では、専門性と高い志をもった多くの中国人女性たちが、根深いミソジニーを抱えた社会で自ら人生の舵を取るため、同じように親密な関係を手放したり、独身を貫いたり、結婚を遅らせたり、母親となることを拒否したりといった選択をしている。中国において耽美が莫大な人気を誇るのは、女性たちが心の最奥に抱えた欲望や欲求を語れるようにしてくれるという、その比類なき力によるところが大きい。ゆえに、耽美作品におけるこれら二つの傾向は、ジェンダー平等とセクシュアリティをめぐって、教育を受け都会に暮らす、新世代の若い中国人女性たちの姿勢が、いかに変わりつつあるかを示唆しているのではないだろうか。

〔英語版タイトル〕
Between BL and Slash: *Danmei* Fiction, Transcultural Mediation, and Changing Gender Norms in Contemporary China

フェミニズムの時代、ＢＬの意味を問い直す

二〇一〇年代韓国のインターネットにおける脱ＢＬ言説をめぐって

キム・ヒョジン（金　孝眞）

1　はじめに

韓国では一九九〇年代以降、ＢＬ[★1]が女性を中心に幅広く読まれてきた。一九八〇年代から韓国の同人文化[★2]をリードしたプロフェッショナル志向のマンガ家たちは日本の実験的な同人誌の影響を受けていたことを明らかにしており、特に一九九三年に尾崎南の『絶愛』『BRONZE』の海賊版が出版されることにより、韓国の一般的な女性マンガファンたちもＢＬを楽しむようになった。やがて日本からのＢＬ作品を楽しむだけではなく、韓国マンガ市場の発展とともにファン中心の同人文化が一九九〇年代半ばか

らマンガと小説の創作を中心に盛んになった。[★3] 同じく一九九八年には日本大衆文化が解禁され、さまざまな同人イベントが開かれるなど、韓国でＢＬは少なくとも三〇年以上の歴史をもつ、女性作家と女性読者が主流を占める大衆文化の一ジャンルとして成り立っている。

現在は二次創作を中心とした同人誌はもちろん、作家のオリジナル創作物である商業ＢＬもE-bookを中心とした市場を維持しており、またＫ-ＰＯＰの人気とともにアイドルファンフィクも非常に高い人気を誇っている。一九九八年の日本大衆文化の解禁以降、日本のＢＬ作品も正式に輸入されるようになり、韓国の成人女性の中ではＢＬに親しんでいる人も多くなってきた。

このような状況で、二〇一八年八月頃から韓国語ベースのTwitterを中心に「脱ＢＬ」（韓国語では「탈비엘《タルビエル》」「탈《タル》ＢＬ」と書く）という言葉をよく見かけるようになった。ここで言う脱ＢＬは文字どおり「ＢＬから脱出する・ＢＬを捨てる」という意味で、ＢＬのさまざまな問題を認識し、究極的にはＢＬの消費をやめるという意味合いをもつ。[★4] ハッシュタグをつけても使われる「脱ＢＬ」にTwitter検索をかけてみると、二〇一九年現在でも結構な数のツイートで脱ＢＬが議論されていることがわかる。具体的な事例を見てみよう。

二〇一九年一月からTwitterを始めている「フェミニズム総攻撃アカ（페미니즘총공계《フェミニズムチョンゴンゲ》、@e_femi_tyu337）」は「ミソジニーを無視できなくて作られたフェミ総攻アカ」であり、脱ＢＬに関して「#탈비엘」で検索してみると関連ツイートが多いアカウントである。フェミニズムに関するさまざまなツイートの中で、脱ＢＬの必要性について語っているものを見てみよう。

ＢＬはミソジニーそのものである。

女性の権利を高めることに全く役に立たないし、輪姦・レイプ要素も多すぎて現実の犯罪から離れていない上に、男たちがこれをブロマンスとして売っている。

私たちが女性の人権を考える以上、ＢＬは絶筆されるか、燃やされるべきジャンルになるのが妥当である。　#脱ＢＬ　#ＢＬはミソジニー　#ＢＬ絶筆（二〇一九年二月）[★5]

★1　ここで言うＢＬはboys loveの略語であり、韓国語ではハングルの発音である「비엘《ビエル》」とよく書かれる。ここでは二次創作としてのやおいも含む広義の意味でＢＬと表記している。

★2　日本では同人誌文化と言っているが、韓国では（1）インターネットを中心にした同人活動が多く、同人誌を実際作る機会が日本に比べて少なく、（2）日本同人誌文化の強い影響を受けているが、また韓国のコンテクストに基づく特性をもつもう一つのサブカルチャーという点を強調するため、韓国の場合は「同人文化」と表記する。詳しくは以下を参照のこと。キム・ヒョジン（金孝眞）「「他者」としてのヤオイ――一九九〇年代における韓国同人文化の変容をめぐって」ジャクリーヌ・ベルント・山中千恵・任蕙貞編『日韓漫画研究』国際マンガ研究3、京都精華大学国際マンガ研究センター、二〇一三年、キム・ヒョジン（金孝眞）「同人誌文化のグローバリゼーションと韓国の女性同人――二〇〇〇年代以降を中心に」大城房美編著『女性マンガ研究――欧米・日本・アジアをつなぐＭＡＮＧＡ』青弓社、二〇一五年。

★3　韓国の同人文化は一九八〇年代から本格的に始まったと言われているが、参加者の多くはプロマンガ家をめざしており、一九九〇年代半ばから盛んになったファン活動としての同人文化とはまた別の雰囲気と方向性をもっていた。詳しくはチュー・クッキ（秋菊姫）「失われた声を探って――軍事政権期における韓国の純情漫画作家たちの抵抗と権利付与」『越境するポピュラーカルチャー』青弓社、二〇〇九年を参照することをおすすめする。

★4　韓国語ベースのTwitterで「脱ＢＬ」を検索する際、（1）脱＋ＢＬの合成語である「탈ＢＬ」、（2）（1）をそのままハングルで表記する「탈비엘」、（3）（1）と（2）にハッシュを付け加え検索用のタグとして使う「#탈ＢＬ」「#탈비엘」の三種類をすべて検索した結果、（2）が一番多く使われていることがわかった。その内容と意味が違うケースは二〇一八年以前は数件見かけるが、二〇一八年以降はほぼ見当たらない。この論文では、この三つの検索語が同じ内容を意味していると見なし、議論していることを明記しておく。

ＢＬ自体がミソジニーだという宣言もそうだが、実際多くの女性作家と読者を抱え、立派な出版市場として成り立っているＢＬが絶筆されるべきという主張はあまりにも極端すぎるという印象を受けるだろう。しかし、脱ＢＬについてのツイートのほとんどが語調の違いはあれど、個人的にＢＬを読むことをやめるだけではなく、ＢＬジャンルの存在自体を問題視している。自分が今まで購入したＢＬ本とＢＬグッズなどを破ってその写真をアップしたり、元々ＢＬの書き手だった自分を反省しながら自分の考えるＢＬの問題点について長々と書いているケースが多いことからもこの事実が伺える。[★6]

もちろん、「脱ＢＬ」が入っているツイートのすべてがＢＬを批判する内容ではない。その中では、ＢＬを擁護する立場も少なくないし、ＢＬファンからの反論も時々入っている。[★7]ここで興味深いのは、まずこのやりとりがすべて「フェミニズム」という枠組みの中で行われていることである。脱ＢＬを主張する立場から見ると、ＢＬは現実社会のミソジニーを反映するだけの、問題の多いジャンルだ。その反面、ＢＬを擁護する立場から見ると、ＢＬこそ女性が主体的に創作し、消費するほぼ唯一のジャンルである。両方ともフェミニズムとジェンダー研究の枠組みでＢＬを考察する際、よく出てくるロジックである。しかし、韓国の一般人が使うTwitterなどのＳＮＳを中心に、単なるホモフォビアではないＢＬ批判、即ちフェミニズムのもとでＢＬを批判・擁護するやりとりが真剣に行われたのはここ一年のことである。

そしてもう一つ注目したいのは、このやりとり、即ち脱ＢＬをめぐる議論を始め、活発に参加しているのもすべて若い世代の女子（特に一〇代から二〇代まで）[★8]であるということだ。大衆ジャンルとしてのＢＬは女性が育て、支える文化的な実践としてその意義が高く評価される反面、その内容と表象をめぐってさまざまな批判を受けてきた。日本の場合、その批判はゲイによるやおい批判から始まった「やおい論争」★9として現れ、日本の腐女子はそれを回避するか、もしくはBLの重要性を強調するなど、真剣に反応してきた。しかし、現在盛んである韓国の脱BL言説はやおいファンダム、もしくは腐女子コミュニティの外部からの批判ではなく、あくまで同じ女性たち、またその多くが元腐女子によるフェミニズム的な自己省察の結果として現れているのが大きな特徴である。

なぜ韓国の若い女性たちは「フェミニズム」のもとで、BLは「燃やされるべき」ジャンルとして批判しているのか？ そしてこれは韓国で以前から存在した、家父長制とホモフォビアをもとにした宗教

★5 페미니즘총공계、@e_femi_tyu337、https://twitter.com/e_femi_tyu337/status/1093970632906235904, 2019/2/9。この論文で引用している韓国語の資料はすべて筆者の翻訳による。翻訳の間違いによる問題はすべて筆者の責任であることをここで明記しておく。

★6 具体的な事例はhttps://twitter.com/kkojak_hannam/status/1044905139499237376など。

★7 例えばカムジ（깜지、@blAck__pApEr）というユーザーは「もっぱら女性によって作られ、女性によって消費される、女性のためのジャンルがBLです。（驚き）BLはクイアとは別物として見なすべきである、ヘテロ女性のファンタジーに近いジャンルです。「かっこいい男性ら+恋愛」ミソジニー的な要素があったとしてもそれは全部女性が書いたものです。お疲れさま　#脱BL」（二〇一八年一〇月一九日、https://twitter.com/blAck__pApEr/status/1049669092632711168）と書いているが、これは明らかに最初に紹介しているような、脱BLを主張するツイートに対しての反論である。

★8 もちろん、ツイートのアカウント自体からは性別を判別できない。しかし、アカウントの内容から推測しても、そもそもBLについて批判できるほど、ある程度知識をもっているのは女性である可能性が圧倒的に多いということも否認できない。もし男性がこの内容についてツイートをしたとしても、このコンテクストの中ではあくまで「腐女子」として参加していると見なしていいだろう。

★9 溝口彰子『BL進化論――ボーイズラブが社会を動かす』太田出版、二〇一五年、第三章「ゲイの目線？――まぼろしの（ような）「やおい論争」を中心に」などで詳しく紹介されている。

的な保守派によるBL批判とはどのような違いがあるのか？　一見暴力的に見える脱BLが提起している「フェミニズム」的なBL批判からBL研究は何かを学び、考えることができるだろうか。

これらの質問に答えるためには、韓国の脱BL言説がどのようなコンテクストから始まっており、どのようなロジックで動いているのかを考える必要がある。この論文では、キリスト教と政治的保守派に基づいた既存のBL批判とは全く違うコンテクスト、特に二〇一五年以降の「フェミニズム・リブート（페미니즘 리부트）」[★10]と呼ばれる韓国の社会現象を探り、脱BLが生まれたコンテクストとそのロジックについて概観するのを目的とする。

一つ付け加えたいのは、脱BLはインターネット上のムーブメントとして現在も続いている流れであり、二〇一〇年代半ばから現れた韓国社会におけるフェミニズム・ムーブメントの一部であることだ。中心のないネット上のムーブメントとして脱BLは現在も進行中で時々刻々その内容と様子が変わりつつある。この論文はあくまで二〇一九年頭の時点で脱BLを分析していること、そしてこれからの変化についても研究者として注目していることをここで断っておく。

2　韓国社会におけるBLのイメージの変化

韓国で本格的にBLとやおいが受容され始めたのは軍部政権が終わり、民主化が本格的に始まった一九九三年に尾崎南の『絶愛』と『BRONZE』の海賊版が出版されたことがきっかけになったと言われている。[★11]もちろん韓国のマンガ作家の多くはさまざまなルーツで日本の同人誌文化にいち早く接し、その影響を受けてきたが、大衆的に日本のBLとやおいが受容されるようになったのはこの海賊版の影響が大きかった。そしてこの時期から韓国ではＰＣ通信が普及し、情報の共有がより容易になり、その時期まだ公式な輸入が禁じられていた日本大衆文化のさまざまなコンテンツについて若い世代を中心に関心が高まった。同じ時期、海外旅行が自由化され、多くの若者が日本のコンテンツを実際に手に入れたことも大きかっただろう。

日本のオタク文化コンテンツに関心をもつ若い世代、特に若い女性の中でＢＬは人気が高く、日本の創作ＢＬから二次創作まで幅広く好まれた。特に一九九〇年代、韓国のマンガ市場が活発だった時期にはプロ作家を志望する同人サークルが数多く活動していたが、その同人サークル参加者の多くは女性で、その時期日本でも本格的に展開されてきた商業ＢＬと二次創作の影響を強く受けた。また、韓国でも現在のＫ‐ＰＯＰ産業の始まりにあたるアイドル産業が盛んになり、ＰＣ通信とその時期普及し始めたインターネットをもとに、アイドルファンフィクが女子中高生を中心に大きな人気を集めた。

この流れに対し、韓国の主流社会は非常に批判的なスタンスを保ってきた。特に一九九八年までは日本の大衆文化がまだ解禁されていない時期にあたり、この時ＢＬは同性愛と性描写を扱うという点から「日本大衆文化の悪影響」として男性向けマンガの暴力と性描写とともに、主な批判の対象になっ

★10　フェミニスト・文化評論家のソン・ヒジョンが名づけた現象で、二〇一五年前後に韓国社会で若い女性を中心にフェミニズムの復興が起こった現象を意味している。詳しくはソン・ヒジョン（손희정）「フェミニズム・リブート——韓国映画を通じて見るポスト・フェミニズム、そしてその後（페미니즘 리부트——한국 영화를 통해 보는 포스트 - 페미니즘、그리고 그 이후）」『文化科学（문화과학）』秋号（가을호）、二〇一五年、一四—四七頁を参照すること。

★11　チャ・ヒョラ（차효라）「女性が選択したジャンル、ヤオイ（여성이 선택한 장르、야오이）」漫画集団ドゥゴボザ（만화집단 두고보자）『漫画世界征服（만화세계정복）』二〇〇三年、二三頁。

た[12]。また、日本大衆文化が解禁される直前にはこの傾向がより強くなり、「同性愛を扱うマンガはどうか。〔中略〕サディズム・マゾヒズム・殺人・セックスがごった煮になった日本風の人気マンガ[13]」というふうに批判された。

特に、キリスト教を中心にした保守派からの反発は大きく、二〇〇〇年代頭までは同性愛に関するコンテンツは「青少年有害媒体」として政府による、インターネット上における検閲の対象になっていたことからもわかるように（二〇〇四年廃棄）、宗教的な理由からのＢＬへの批判は今でも続いている。例えば、キリスト教系のインターネット新聞などでは、最近でも「インターネットでＧＬ・ＢＬなどの同性愛物があふれている……青少年のために韓国の教会が対策を作ろう[14]」という記事が出るなど、主流社会のＢＬを見る視線は依然冷たい[15]。

一方、二〇〇〇年代以降における韓国のコンテンツ産業の発展と世界的な展開を考える際、いわゆる「同性愛コード」を欠くことはできないだろう。Ｋ‐ＰＯＰアイドルはもちろん、韓国映画の多くが男たちのホモソーシャルな絆を描き、それを女性観客が支持する構図で成り立っているのも事実である。実際、同性愛など性的マイノリティに不寛容な社会的雰囲気とは裏腹に、二〇〇〇年代に入ってから韓国の映画市場では男性の同性愛をテーマにした映画が連続してヒットし、この現象の原因をＢＬに親しんだ「동인녀《ドンインニョ》（同人女）」たちのおかげだと評した映画評論家とマスメディアも少なくない[16]。また、海外における男性Ｋ‐ＰＯＰアイドルグループの人気については、アイドルファンフィクの人気とともに、グループメンバーの中でカップリングして、それをゲイ・カップルとして消費する傾向についてさまざまな分析が出ている。即ち、二〇〇〇年代における韓国の文化産業において男たちの同性愛コードを好む女性消費者の存在は大変貴重なものであり、その影響力は無視できないレベルに達したと言えるだろ

う。二〇〇〇年代ではじめて注目されるようになった同人女たちは男性の同性愛をテーマにしたコンテンツとそのコードに親近感をもっており、同人誌と関連コンテンツの生産と消費にも活発に参加したのが一つの特徴と言える。

それが二〇一〇年代に入り、新しくBLとアイドルファンフィク・同人文化に参入した若い世代の女性は「부녀자《ブニョジャ》」「후조시《フジョシ》」（腐女子を漢字で音読したものと日本語の発音をハングルで表記したもの）として自分を名乗るようになった。二〇〇〇年代に発展した二次創作としての同人文化とより結びついた世代は自ら「同人女」と名乗っていたが、二〇一〇年を前後に、日本から腐女子のライフスタイルを

★12 一九九四年頃から韓国の新聞記事に日本のマンガの問題点として暴力・性描写と同性愛があげられ始めるが、これはBLの海賊版が大衆的に受け入れられたことを示すと思われる。詳しくはキム・ヒョジン「「他者」としてのヤオイ」を参照すること。

★13 シン・サンオン（신상언）「無分別な大衆文化の輸入　今どき、世の中（무분별한 대중문화 수입 요즘세상）」『国民日報（국민일보）』、一九九七年二月一日。

★14 「インターネットでGL・BLなど同性愛物があふれる……青少年のため韓国教会の対策が必要（온라인에 GL BL 등 동성애물 넘쳐난다……청소년 위해 한국교회 대책 세워야）」『キリスト教日報（기독일보）』二〇一六年二月一六日：http://bitly.kr/zWqGfUN。

★15 実際、韓国社会における性的マイノリティへの偏見と差別は根深く、制度的な問題だけではなく、毎年行われているクィア文化祝祭もキリスト教をメインとする反対派の攻撃により、警察の厳重な保護を受ける状態で行われている。

★16 実際二〇〇六年、ゲイで映画評論家であるソ・ドンジン（서동진）は映画「王の男」のヒットについて、「同人女たちのおかげだ」と評している。またゲイで美術評論家のイ・ジョンウ（이정우）もまた同じような旨のことを自分の本の中で述べている。詳しくは、キム・ヒョジン（김효진）「「同人女」の発見と再現――韓国の純情漫画の事例を中心に（「동인녀（同人女）」의 발견과 재현――한국 순정만화의 사례를 중심으로）」ガチョン大学校アジア文化研究所（가천대학교 아시아문화연구소）『アジア文化研究（아시아문화연구）』第三〇集、二〇一三年を参照すること。

テーマにするさまざまな作品が紹介・翻訳出版され、腐女子という言葉も受容されるようになった。そして韓国の映画・アメリカとイギリスのドラマシリーズものを含めて、BLだけではなくさまざまなコンテンツを同性愛的なコードを通じて解析することがインターネットとUCC（user created contents）などの動画を中心に流行るようになった。一方、K-POPの人気が世界中に広がり、K-POPアイドルの女性ファンダムが好む同性愛的なコードが実際アイドル産業の戦略として採択されるようになったことの影響も大きいだろう。二〇〇〇年代からはマスメディアだけではなく、韓国のフェミニズムとジェンダー研究、マスメディア研究と文化人類学などからアイドルファンダム・同人文化・腐女子現象についてさまざまな学術論文も出版され、韓国の腐女子現象はますます注目を浴びるようになった。

　このような外部からの関心が高まるとともに、二〇一〇年代は韓国の腐女子たちによる腐女子に関する独立出版物がいくつか出て、韓国のオタクコミュニティで大きな話題を呼んだが、腐女子からの反応は必ずしも好意的なものではなかった。『雑誌フジョ（잡지후조）』[17]（二〇一五年）、『雑誌パスン（잡지빠순）』[18]（二〇一七年）、『メタフジョ（메타후조）』[19]（二〇一七年）へと続く腐女子自身による腐女子と腐女子文化についての考察は、韓国の腐女子コミュニティから猛烈な反発を買うことになったが、特に『メタフジョ』への反発が大きかった。なぜなら、『メタフジョ』はBL・アイドルファンフィクに登場するゲイの表象には実際の性的マイノリティへの配慮が足りないと批判し、自らの欲望を直視せよという、腐女子の自己省察を促すものだったからである。

　現在の脱BL言説を考える際にも、『メタフジョ』で提起された腐女子の自己省察には興味深いものがある。そもそも「メタフジョ」は英語からとったメタ（meta=메타）と腐女子のフジョ（후조）を合成したもので、「腐女子と腐女文化について、ある問題意識をもっているか、「批評的な距離をもつ」

スタンスを試みる一部の腐女子[20]」、より詳しくは「自分と自分がやること（腐女子的な実践）について、外部からそれを観察するもう一人の自分として監視の視点を設定し、自分のやることとの全体的な構図を俯瞰し、細部の項目に至っては事細かく批評する過程をもてる、もしくはこのような考え方に自然につながれるようにトレーニングされた腐女子[21]」と定義されている。そしてこのプロセスを経るからこそ「腐女子を語る腐女子、即ち自分が誰なのかを探求し、声を上げ始めた腐女子を呼び出し、発言の機会を作ることが腐女子に関する言説の活性化と同人文化の発展に肯定的な影響を与える[22]」ことができると見なしている[23]。

ここで、『メタフジョ』が強調している腐女子の自己省察には二つの意味があるということに注目したい。（1）腐女子文化が隣り合わせてきた現実のホモフォビアへの批判も重要だが、もう一つ、（2）BLは男性の表象を借りるという点でフェミニズム的に問題であるという指摘が繰り返されている[24]。こ

★17 この本は雑誌を名乗っているが基本的に自主出版としての評論同人誌に属すると言える。しかし同人誌即売会で配布されたわけではなく、クラウドファンディングの一種であるtumblebugでファンディングを募集し、そのリワードで本を配布するという方法で作られた。参加者は主にTwitterのユーザーであり、アマチュアが趣味で作った評論集という形を取っている：https://www.tumblbug.com/hujomagazine。

★18 https://www.tumblbug.com/ppassn.

★19 https://www.tumblbug.com/metafujo.

★20 トトメリ（토토메리）「メ・タ・フ・ジョ？——「メタ・フジョ」の定義と、なぜこのプロジェクトをはじめたかについて（메·타·후·조?——「메타·후조」의 정의와, 왜 이 프로젝트를 시작하게 되었는가에 대하여）」トトメリ編『メタフジョ（메타후조）』二八頁。

★21 トトメリ「メ・タ・フ・ジョ？」二〇頁。

★22 トトメリ「メ・タ・フ・ジョ？」二八頁。

の本の編集者はこう言っている。「「なぜ必ず男性の体を借りて自分は後ろからすべてを観照するポジションから性反転の欲望を実現させ、象徴権力を批判するのか」という問いは、基本的には〔中略〕腐女子としての自意識と、女性である自分を肯定し、積極的に押し出し、強化する当為をもつフェミニストとしての自意識が相いれないからこそ出てくる問題だ[★25]」。言い換えれば、腐女子としてのアイデンティティとフェミニストとしてのアイデンティティは根本的に矛盾・衝突するという認識であるが、これは他の参加者も指摘していることである。

たとえば、この本に含まれているエッセイ「腐女子の原罪――腐女子はなぜ現実のホモを知るべきか」はレズビアンの腐女子が作者だが、彼女はより過激に書いている。BLの肯定的な効果――ゲイの可視化に寄与する、性的マイノリティへの拒否感を減らす、女性の性欲を表現できるなど――について、彼女は「このような見方は恩きせがましいし、卑屈なだけではなく、すでに効用もなくなった」と断言する。なぜなら「女性が自分の性欲を表現するために男性の体を借りているのに、そこで「性欲の主体的な表現」などと言うことは滑稽で悲惨なこと」だからである[★26]。さらに、彼女は「やおいの中の同性愛のイメージだけを消費しながら実際の性的マイノリティについては知ろうとしない状態は、彼らについて歪曲されたイメージだけを学ぶことであり、これは一緒に生きている同僚市民〔fellow citizens〕の現実を無視したまま、彼らを他者化したイメージだけをポルノとして消費するホモフォビア的な状況に加担することです[★27]」と述べている。同僚市民としてゲイを尊重するというスタンスとともに、「〔BLのような〕性的なコンテンツでまで男性の体を女性のものより気楽に感じるという点で、フェミニズム的には屈辱的な欲望の方式を形作るジャンル[★28]」とまで批判している。

『メタフジョ』が指摘する「フェミニズムから見るBLの問題点」を理解するためには、二〇一五年以降の韓国におけるフェミニズム・リブートという流れを踏まえなければならないだろう。なぜならば、二〇〇〇年代において、韓国のフェミニズムとジェンダー研究はBLとアイドルファンフィクについて、女性の文化的な実践としてその意味を高く評価してきたからである。だが、二〇一〇年代のフェミニズムの流れの中で、この評価に疑問を呈する女性が増えてきた。韓国の文化産業が主なコンテンツの消費者として若い女性をターゲットにし、同性愛コードを利用してきたのは周知の事実で、ここでフェミニ

★23　なぜ『メタフジョ』は腐女子の自己省察を強調していたのか？　『メタフジョ』は二〇一五年の『雑誌フジョ』が二〇〇〇年代以降の韓国腐女子文化の概観というスタンスからより雑誌的な性格を強調していたのとは全く違うスタンスで、論調も韓国の腐女子文化に批判的なのが特徴である。ここにはさまざまな原因があげられるが、背景には二〇一〇年代半ばの韓国社会におけるフェミニズムと性的マイノリティ運動の影響があり、そしてより直接的な原因としては二〇一五年に開かれたジン・チェンチョン（진챙총）の展示「Fujoshi Manifesto」が考えられる。腐女子の世界を現代美術のコンテクストで再解析しようとしたこの展示は、作品が作家の許可なしに既存の二次創作イラストを盗用し、著作権を侵害したとして批判された。一方、作品の問題とは別に、この展示は腐女子の自己省察というテーマがベースになっており、韓国の腐女子コミュニティで腐女子文化をどう見るかをめぐって賛否両論が沸き起こった。日本語の記事は「【絵師さん必見】pixivのBL同人イラストを無断利用した個展が韓国で大炎上。SNSで公開した作品の意図せぬ転用を防ぐには？」https://kakeru.me/other/mko-pixiv-fujoshimanifesto/を参照のこと。

★24　実際『メタフジョ』が扱っているテーマは多岐にわたり、K-POPアイドルファンダムにおけるホモフォビア、韓国の創作BLに使われる表現の研究、韓国の創作BLの歴史、オタクコンテンツ関連企業の女性CEOとのインタビューなどが含まれている。

★25　トトメリ「メ・タ・フ・ジョ？」二九頁。

★26　ヨリサアン（요리사안）「腐女子の原罪——腐女子はなぜ現実のホモを知るべきか（후조시의 원죄——후조시는 왜 현실 호모에 대해 알아야 하는가）」『メタフジョ』八六頁。

★27　ヨリサアン「腐女子の原罪」八七頁。

★28　ヨリサアン「腐女子の原罪」八八頁。

ズムから批判が提起されたのである。

実際、先ほど紹介したソンの二〇一五年論文でも韓国の腐女子文化が結局女性を排除した文化コンテンツの量産に寄与しているのではないかという批判が展開されている。ソンによると、腐女子文化は解放的な意味をもつが、それはあくまで消費の領域に収まっているだけで、「それが市場を広げる以外にどのような役割を果たしたのか、そして実際女性の暮らしにおける根本的な変化を牽引できたのかについて積極的に問う必要がある」[★29]と評している。この評価はさまざまな面で問題がある――何より腐女子文化の意味を消費の領域に限られたものと見なしていること、そして巨大資本による文化産業における男性の表象と女性が中心の創作文化であるＢＬ・腐女子文化における男性の表象を一括りにし、両者が同じ性格のものとして見なされている点についてては批判の余地がある。しかし、皮肉なことに、二〇一五年を前後にした韓国のフェミニズム・ブームでキーワードになった「生物的な女性[★30]」への重視と相まって、ＢＬは女性が自ら「男性の体を借りた」結果、女性が排除されるジャンルとして厳しく批判されるようになった。

３　脱ＢＬ言説のロジックにおける三つのタイプとその内容

二〇一九年二月の時点で、脱ＢＬをめぐる言説は大きく三つのロジックに基づいている。まず、（１）ゲイとゲイ・セックスに対する嫌悪からの脱ＢＬ、（２）ＢＬの攻／受関係は挿入権力を中心にしており、現実の男女における権力関係を膠着化・強化しているという批判、（３）男性の表象がメインで、女性が排除されるジャンルだという批判の三つに分類できる。（１）と（２）については、日本でもやおい論争、フェミニズムからの批判などを含むさまざまな批判があるが、（3）の方は前の二つと比べ、BLに対してより根本的な問題を提起していると思われる。この節では脱BLのロジックについて詳しく分析するとともに、それらがBLに何を問いかけているのかについて考察する。

（1）ゲイとゲイ・セックスに対する嫌悪からの脱BL

このタイプは主にBLで描かれるゲイとゲイ・セックスが美化されていると主張し、現実では醜い男たちが汚いセックス、特にアナルセックスをしていると非難する。ゲイ・セックスが必ずしもアナルセックスだけではなく、またアナルセックスがゲイの専有物でもないのが事実であるが、それを意図的に無視し、ホモフォビアを煽り立てている。またゲイのオンラインコミュニティで投稿されるミソジニーな書き込みなどを紹介し、ゲイが女性を嫌悪している以上、女性もゲイを嫌悪するべきだと主張している。即ち、BLはゲイを美化し、女性たちが盲目的にゲイを追うように仕向けるジャンルであり、それゆえに女性たちは脱BLするべきだというロジックだ。具体的な事例を見てみよう。

하몽《ハモン》@___ha_monG
みなさん、脱BLして…現実のゲイたちがアナルセックスする時、ちんこにうんこがついたら何と呼ぶかわかる?.?.ポッキーというんだってさwwwすっごく汚くない?.肛門はうんこするところだよ…（二〇一九年二月）[★31]

★29　ソン・ヒジョン「フェミニズム・リブート」三五頁。
★30　女性の体に基づいた経験を重視し、トランスジェンダーを排除すべきだと主張する。

そしてこの類の脱ＢＬ主張は、宗教的な保守派が使うような悪意のあるアナルセックスのイメージを添付することも多い。一例ではあるが、たとえばつぎのツイートにも添付されている二つのイラストが二〇一八年夏からTwitterの脱ＢＬ言説の中で繰り返して使われていることも確認できる。

해치《ヘチ》 @H43CHI

私的には脱ＢＬはこの画像〔図1、2〕だけでも充分できたけど（二〇一九年一月）★32

日本に比べ、キリスト教の勢力が強く、性的に保守的な伝統をもつ韓国社会ではこのようなホモフォ

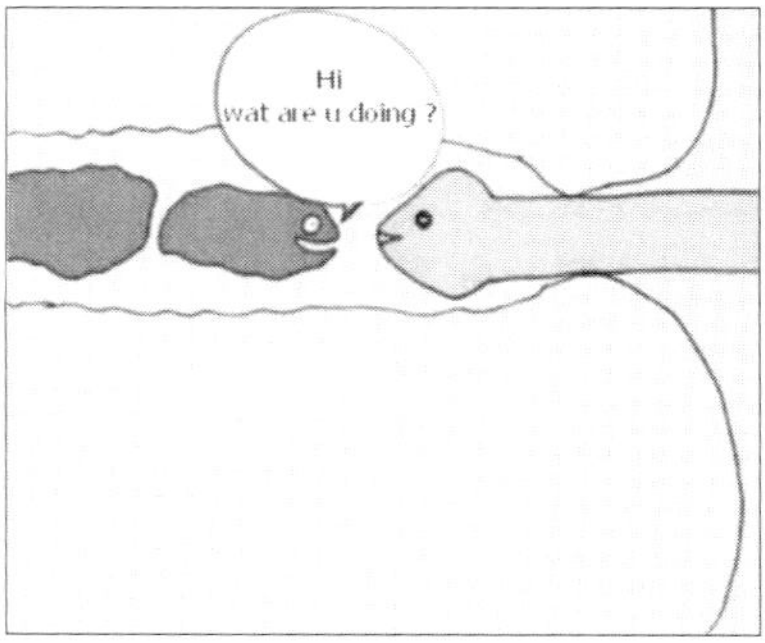

図１（上図）は腐女子がＢＬを読んで想像するゲイのイメージと現実のゲイを対比させている。想像の中で美少年たちは裸の上半身のまま、花を背景に手を握り合っているだけだが、下の方で描かれている「現実のゲイ」は醜い中年のゲイたちがセックスしており、さらに挿入されている方は女性化乳房を患っていると書かれている。
図２（下図）アナルセックスを滑稽に描いたイラストだが、英語で書かれていることを考えるとアメリカの宗教的保守派が流布させたものの可能性が高い。

ビアが蔓延しているのも事実だが、前述したように、韓国の同人女と腐女子が日本のＢＬを積極的に受容し、二〇〇〇年代に作られたゲイ監督の同性愛映画、もしくはゲイと同性愛を描く映画を熱烈に支持したのも周知の事実である。腐女子とゲイの連帯とも呼べるようなこの状況は、二〇一五年を前後にした韓国のインターネットにおけるフェミニズムの流れ、即ちフェミニズム・リブートがいわゆる女性だけのフェミニズム、詳しくは「生物的な女性」だけのフェミニズムを主張し、ゲイとトランスジェンダーなどの女性ではない性的マイノリティの排除、そして（男性）障がい者の排除などを強調する路線へと変更したことをきっかけに失われつつあると言えるだろう。韓国ではラディカル・フェミニズムと名乗るこの路線のフェミニズムは、ゲイとＭｔＦ（男性から女性への性別移行を希望する人）のトランスジェンダーを敵と見なしているが、その理由は彼らが結局は韓国の男性であり、家父長制的な国家と社会から男性として優遇されてきたのに、その特権には気づかず、女性たちの解放運動であるフェミニズム運動にフリーライド（ただ乗り）してきたからである。

もちろんこれはまだ一部の動きである。元々韓国のフェミニズムと性的マイノリティ運動は現在まで密接な関係をもって協力してきており、今でもさまざまな関連団体などは協力関係を結んでいる。韓国社会におけるマイノリティとして、女性とゲイをはじめとする性的マイノリティは共同の課題をもつと考えられてきた。しかし、若い世代の女性を中心としたネット上の過激なフェミニスト・コミュニティ[★33]は既存のフェミニズム団体と研究者たちが他のマイノリティを重視した結果、本当の課題である女性のことをないがしろにしてきたと批判している。そしてこれに火をつけたのは、一部の過激なフェミニス

★31　하몽@__ha_monG、https://twitter.com/__ha_monG/status/1093095978968596480, 2019/2/6。
★32　해치 @H43CHI、https://twitter.com/H43CHI/status/1087172918440644609, 2019/1/20。

トたちが、ネット上のゲイ・コミュニティで行われるミソジニー的な発言を集め、それを女性のコミュニティで暴露する事例が数多く行われたことである。また性的マイノリティ運動におけるゲイ／レズビアンの間の葛藤なども相まって、ゲイへの嫌悪がより広まるきっかけとなった。

これまで述べたように、ホモフォビアの観点から脱ＢＬを主張する言説は、まずゲイ・セックスをアナルセックスと同じものと見なし、アナルセックスは非倫理的でアブノーマルであり、何より排泄物のイメージを強調して汚れたセックスであると攻撃する。またファンタジーとしてのＢＬとは違い、現実のゲイは性欲ばかりの、汚く醜い存在であると断定する。もちろん冷静に考えてみると、この理屈が全く成り立たないものであることはすぐわかるだろう。しかし、このようにゲイ・セックスとゲイたちを非倫理的・アブノーマルな存在として罵ることはキリスト教の影響が強い韓国社会では一般人にアピールしやすく、嫌悪の社会的な生産を加速させている。二つのイラストだけで自分は脱ＢＬできたと宣言している二番目の事例が示すように、韓国社会にこれほどゲイを含める性的マイノリティへの根本的な嫌悪が蔓延していることを裏づけている。

（2）攻／受関係は挿入権力を中心にしており、現実の男女における権力関係を強化している

この立場からの脱ＢＬは、攻（공《ゴン》）／受（수《ス》）の構図は社会の男性と女性の権力関係をそのまま追っており、攻めはいつも受けより強く、挿入とそれに伴った権力を独占する、と批判する。このロジックによると、ＢＬの女性読者は攻めと受けの中で、より女性性に近い受けに感情移入し、攻めによる暴力的な性行為を自然に受け入れるようになると言う。ひいては、現実で起こっている男性による、女性へのレイプを正当化するロジックをも自然に受け入れるようになると言う。その証拠に、ＢＬで描かれる

セックスのほとんどはレイプであり、これはレイプの美化に繋がる恐れがあるし、受けは自分をレイプした攻めに振り回されるのも問題があるとしている。

事例としては、Twitterユーザーのヨイズ（여의주、@im_your_courage）[★34]による、次のようなツイートがあげられるだろう。

〔BLの〕一番の問題。大体の女性は自分を、女性性に近い（もともと女性性を元にして作られた）受けの役割に感情移入させる。暴力的な行為をセクシュアルなものとして認識する瞬間、いままでもっていなかったマゾヒズム的な性向が生まれ、暴力的な攻め＝男性へのファンタジー＝恋愛から逃れられないという、4B[★35]を解体させるところまで至る。

#脱ビエル（二〇一八年八月）[★36]

★33　WOMADは二〇一六年一月に誕生した女性優越主義・ミサンドリーのインターネットコミュニティであり、名前はWOMANとNOMADを合成して作られたと言われている。すべての男性を嫌悪し、（生物的な）女性だけを支援・擁護するというスタンスをもつ（https://ko.wikipedia.org/wiki/%EC%9B%8C%EB%A7%88%EB%93%9C）。

★34　このTwitterユーザーは二〇一八年七月、ラディカル・フェミニスト中心のwikiである「女性ウィキ（여성위키《ヨソンウィキ》）」(http://womwiki.com）の設立を宣言した人で、現在サイトは仮オープンのため、これまでの活動はヨソンウィキのTwitterアカウント（https://twitter.com/womwiki）を通じて見ることができる。もともと二〇一六年七月、ネット上のミソジニーへ対抗するべく、「フェミウィキ（페미위키）」が開設されたが、「生物学的な女性」を強調するラディカル・フェミニストたちとの対立の末、二〇一八年七月、ヨソンウィキの設立が宣言された。ここからも脱BLの多くが韓国のラディカル・フェミニストであることが伺える。

★35　ラディカル・フェミニストによる造語で、女性の人生における重要なイベントである恋愛・セックス・結婚・出産をやめるという意味をもつ。韓国語では非恋愛・非結婚・非セックス・非恋愛と書かれ、「非」を「ビ」と読むので、略して4Bと書く。

このツイートはスレッドの中で、「強圧的なセックス天才の攻め×受動的でよく感じる受け？　これってどこかでよく見かけた組み合わせではないか？　韓国の男たちがレイプを正当化する時に使う論理ではない？」という問いに繋げているが、ここからも攻め＝男性、受け＝女性と見なしていることがわかる。[★37] ＢＬは攻／受関係をベースに成り立っているジャンルである限り、この男女の権力問題は絶対消えることがないのである。また、引用でも指摘されているように、暴力的な攻めへの憧れは男性へのファンタジーに繋がるという点でも女性の男性崇拝を強化する恐れがあると批判している。

最後に、この立場が挿入セックスにおけるポジションによって権力関係が決まることを前提にしていることも興味深い。なぜなら、もし挿入セックスが攻／受の権力関係、ひいては男女の権力関係を表すとすると、挿入セックスが行われる限り、男女の権力関係に変化の可能性はないということになるからだ。挿入セックスにおける攻／受の権力関係に対する批判から始まった脱ＢＬが結局、男性の女性支配を生物学的に支持するロジックになってしまうのである。

（3）根本的に女性キャラクターを排除するジャンルとしてＢＬを批判する

（1）のロジックはフェミニズムを名乗りながらも、その内容はゲイとゲイのセクシュアリティに対する嫌悪であり、韓国の主流社会の性的マイノリティ嫌悪と繋がっていることを述べた。そして（2）のロジックはＢＬの攻／受関係は現実の男女関係を膠着化し、読者を男性崇拝へと導くということを主張している。両方とも初期ＢＬ、特に一九九〇年代に商業ＢＬが定着し始めたときのＢＬについてよく出てきた議論[★38]であり、それから三〇年近くの歴史が蓄積された二〇一九年のＢＬの現状をリアルタイムで反映しているとは言い難い。なぜなら日本では六〇年以上、韓国でも三〇年以上の歴史をもっているジャンルとしてBLはより裾が広がり、より性的マイノリティにやさしい、そしてより多様な関係性を探求するBLが手に入るようになったからである。特に（2）の場合は、BLの歴史と多様性を看過し、ステレオタイプ的なBL批判になっている感が否めない。

しかし、これから分析する（3）の立場はより複雑なもので、現在世界的な文化トレンドとなっているフェミニズムの流れに繋がっているという点でより注意が必要だ。（1）のように単なるホモフォビア、（2）で含まれているBLの変化への無知とは違い、コンテンツにおける女性の表象と女性のナラティブを強調する立場からの批判だからである。

この立場がBLの問題点として最も厳しく批判しているのは何より「女性の排除」、より正確には「女性キャラクターの排除」である。例えば、Twitterユーザーのドンネゴヨン（@man1company）はBLの一番の問題についてこのように述べている。「女性キャラクターが当然のこととしてエキストラとして存在するしかなく、この結果、女性のナラティブが現れる余地がない。男二人が恋愛し、セックスする話がBLの主な核心であり、ここで女性は当然排除される[★39]」から、BLは女性のジャンルとして問

★36 여의주、@im_your_courage、https://twitter.com/im_your_courage/status/1028708466603384832, 2018/8/12。
★37 興味深いのは、実際BLの攻めと受けにおける男性性と女性性の問題はBL研究において重要なものであるということだ。詳しくは永久保陽子『やおい小説論——女性のためのエロス表現』専修大学出版局、二〇〇五年を参照すること。
★38 溝口はこれを「定型BL」と名づけ、その問題点を分析している。詳しくは溝口彰子『BL進化論』を参照すること。
★39 ドンネゴヨン、@man1company、https://twitter.com/man1company/status/1028284931418382337, 2018/8/11。

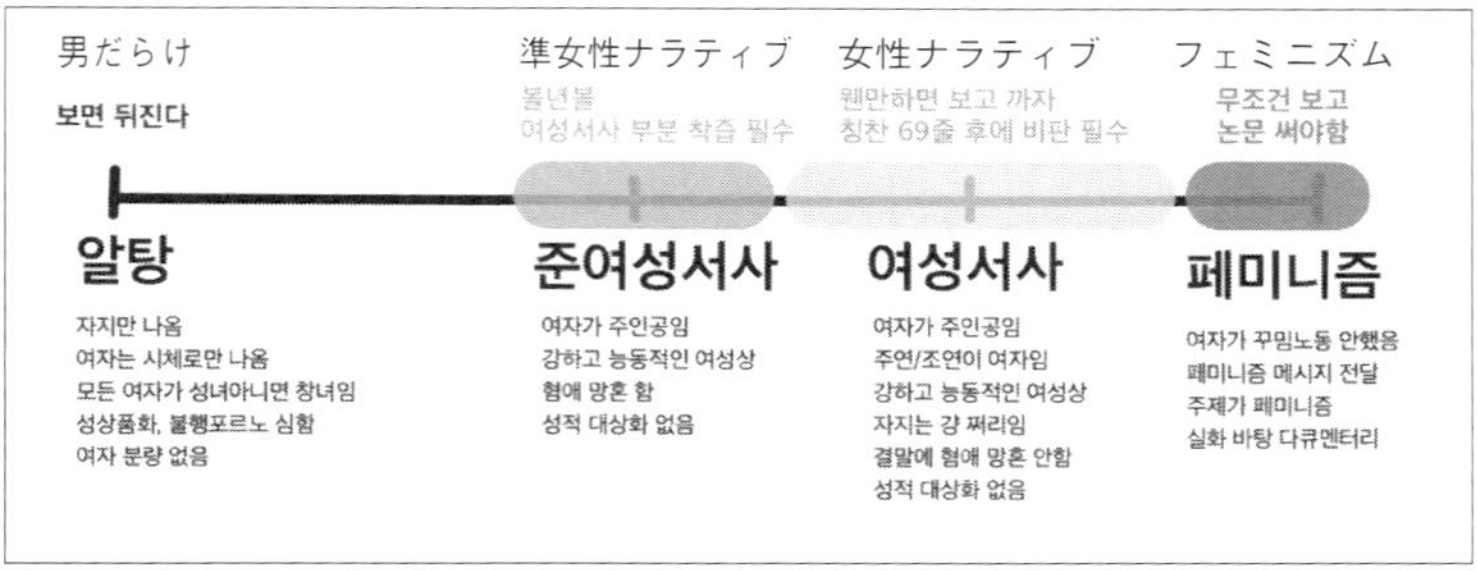

図3　2018年10月30日 @Designergoja（https://twitter.com/Designergoja/status/105724868 5828915201）（3, 000リツイート以上）

題だという。

もちろんこれは韓国の脱ＢＬ言説だけで提起される問題ではない。まず、やおい論争の中で栗原知代が提起した「駆け込み寺」としてのやおいの効用も、結局女性としての自分の欲望を認め、やおいを卒業するという結論を前提としている。また二〇一五年日本で出版され、話題を呼んだ『女子ＢＬ』[★40]も、ＢＬの中で女性の立ち位置は何かという問いがテーマのアンソロジーで、栗原の悩みとは形は違えど、ある程度共有されている考え方である。ただ、日本の場合、女性キャラクターに対して前より積極的な役割を与える作品が増えており、また女性キャラクターを主人公にしなくても女性作家と女性読者が支配的な出版市場として、ＢＬが女性の欲望を表す、女性のナラティブであることを疑う意見はまず少ない。

しかし、韓国の脱ＢＬ言説の場合、女性キャラクターの排除イコール女性ナラティブの失踪と考える傾向が強い。これは2で述べたように二〇〇〇年代以降、韓国の大衆文化コンテンツの多くが男たちのホモソーシャルな絆を描くことが非常に多かった事実と深く結びついている。フェミニスト研究者であるソン・ヒジョンが韓国の文化産業で作られる男性中心のコンテンツの主な消費者として、腐女子文化を批判するのはこのようなコンテクストに基づいたものである。

実はこのような流れは韓国に限った話ではない。性的マイノリティ運動とともに、欧米ではフェミニズムの流れがもう一度注目され、ハリウッドでの女性俳優への差別問題と#MeToo運動が大きな反響を呼んだ。また、男オタクたちの専有物とされてきたゲーム産業でもGamerGate問題[★41]など、女性創作者へのバッシングが社会的な批判に直面した。この流れで、女性キャラクターと性的マイノリティ・キャラクターがより多く登場し、主導的な役割を果たすナラティブへの要求も高まってきた。女性の表象がより政治的に正しいコンテストの上で活用されるような作品への需要が高まっている。

現在、韓国の脱ＢＬに賛同する女性の多くはまさしく上のような基準、即ち「女性キャラクターがどのような比重を占め、どれほど主体的に描写されているか」を基準に大衆文化コンテンツを判断していると言える。その結果、ＢＬは男性主人公の話だという点からすでに基準に達していないジャンルになってしまうのである。

それでは、脱ＢＬで望ましいとされる「女性のナラティブ」はどのようなものなのか？　ここで二〇一八年からネット上に広がっている「女性ナラティブ表」を参考にしてみよう。作成者は知られて

★40　参加した作家は次のとおりである――秀良子、志村貴子、ふみふみこ、西田東、はらだ、市川けい、小嶋めばる、糸井のぞ、ためこう、プルちょめ（『女子ＢＬ（シトロンアンソロジー）』リブレ出版、二〇一五年）。

★41　GamerGate問題とは、二〇一四年夏、ゲーム開発者の女性ゾーイ・クィンに対し、別れた彼氏であるゲーム開発者の男性が、クィンが自分のゲームのレビューを高く評価してもらうために、ゲームメディアなどの記者やゲーム開発者と不適切な関係をもったと中傷し、炎上した事件。最初は個人的なスキャンダルだったが、ゲームメディアへの批判とクィンへの脅迫がエスカレートし、ゲーマーのコミュニティが対立する結果になった。特に女性の立場から発言した他のゲーマーへの脅迫も頻繁に行われるようになり、男性中心のゲーム文化とフェミニズムの問題を浮き彫りにした事件。

いないが、この表は次のように構成されている（図3）。すべての作品はジャンルはともあれ、「フェミニズム」を基準にして四段階に分類されるが、最も問題のある「男だらけ」なジャンルから、一番望ましい「フェミニズム」ジャンルまで個別の特徴が提示されている。

まず、「男だらけ」ジャンルは「男だけ出演（原文：ちんこだけ出演）・女性は屍で登場・女性は聖女もしくは悪女・性商品化、不幸ポルノ・女性の登場場面が少ない」作品が属する。

それより上の段階は「準女性ナラティブ」である。「女性が主人公・強くて能動的な女性像・嫌愛と亡婚[42]する・性的対象化なし」という特徴をもつのがこの段階に当たる。この表によると、現在制作されているコンテンツのほとんどは「準女性ナラティブ」にも達しておらず、深刻な問題だと見なされている。

これより発展した段階は「女性ナラティブ」であり、「女性が主人公・主演と助演が女性・強くて能動的な女性像・男はしがない存在・結末に嫌愛と亡婚なし・性的対象化なし」が特徴で、一番望ましい段階の「フェミニズム」は「女性登場人物の飾り労働（化粧など）なし・フェミニズムのメッセージを伝える・テーマがフェミニズム・実話に基づいたドキュメンタリー」とされている。

この基準から考えると、BLはまさに「男だらけ」のジャンルに当たるだけではなく、女性キャラクターが悪役として出ることが多く、女性とフェミニズムへの悪影響という点では他の大衆文化コンテンツと何らの違いもない[43]。むしろBLは女性が好むジャンルとして、女性に自分の体を拒否し、男性、特にゲイに対する憧れを植えつける危険性があるので、もっと危ないのである。

このロジックをマンガで表現した脱BLウェブトゥーン（韓国のウェブコミック）をここで紹介しよう。「BL脱出記」（図4）は「격류 작가《ギョクリュウザッカ》（激流作家）」が自分のブログで二〇一九年一月二〇日アップ

ロードしたマンガで、自分がなぜ脱ＢＬしたのかを説明するウェブトゥーンである。このマンガで一番印象的な部分は作家が、あるネットコミュニティの書き込みを読んでＢＬに疑問をもつようになったと描いているところだ。その書き込みは、「男性は男性だけを同等な人間と見なしており、憧れたり愛するのもすべて男性である。女性は自分の成功を誇るトロフィー的な存在に過ぎない」と主張していた。それを読んだら、作家自身が今まで消費してきたブロマンス的な作品、もしくはＢＬに出てくる「女性キャラクターを排除し、男同士であれこれやる姿があまりにも現実味を帯びて見える」し、「ＢＬはファンタジーではなく、私たちの現実をあまりにもよく投影していた」と悟ったという部分だ。最後のカットのセリフはこう書かれている。

その結果、私にはもうＢＬが〔単なる〕ファンタジーには見えない
女性をメインから排除する
この社会をそのまま反映した

★42　「嫌愛」と「亡婚」は韓国のラディカル・フェミニストを名乗っているフェミニストグループが作った言葉で、男性との恋愛と結婚を意味する。家父長制のもとで男性との恋愛と結婚は女性の服従を前提としており、嫌悪されるべき制度であるという理由から、ネット上で「嫌愛（嫌悪されるべき恋愛）」と「亡婚（無くすべき結婚）」と表現されている。

★43　このTwitterユーザーは脱ＢＬすべき理由として、（1）女性（キャラクター）の排除から来る女性のナラティブ不足のほかにも、（2）ゲイに対する憐れみを促し、暴力的なセックス・ファンタジーを広げ、モラルを崩壊させる。その結果、女性が男性の体を憧れるように仕向け、女性を嫌悪するようにさせる問題がある、（3）ＢＬに中毒されてしまい、生産的な趣味をもてない。政治的に正しいコンテンツより、暴力的で加虐的なコンテンツを好むようになる、（4）男性支配者に憧れるようになる、シンデレラ・ストーリーを夢見るようになる、と主張している。

図4

極めつけの事実主義ではないだろうか……

もう〔BLを〕楽しむことはできなかった。

こうして私はBLを脱出した[★44]

（1）と（2）で紹介した脱BLのロジックがどちらかといえば、主流社会の偏見と差別に基づいたりBLの歴史と変化を無視したりしている点で、反論の余地があるのに対し、（3）で提起されている問題はやや乱暴なものではあるが、フェミニズムの進展と変化する世界の文化シーンの中で、BLが存在する意義はどこにあるのか、という根本的な問題提起に重なるという点では、重い問いかけでもある。

4　結びにかえて

今まで見てきた脱ＢＬのロジックに共通するものは何だろうか。

それはおそらく表象とファンタジー、そして現実を同じものと見なし、表象は現実の反映であり、作家のメッセージがコンテンツにそのまま表現され、それがそのまま何の解析の余地もなく、読み手に届き、読み手の考え方と行動を規定するという考え方である。もちろんコンテンツの力、そして表象の影響は簡単に無視できるものではない。しかし、このような現実とファンタジー、表象の関係を単純に把握することの危険性もまた存在する。

何より、ここで紹介した脱ＢＬのロジックはすべてＢＬの表象と現実の連携性だけに注目しているが、そこには書き手と読み手の意志と欲望は全く考察の対象になっていない。表象を変えることはそのまま現実を変えることにつながるのか？　そもそも、文化産業として資本の介入のもとで作られる大衆文化コンテンツに対し、このようなロジックがどれほどの意味をもつのか？　そして根本的に、社会のミソジニーと女性差別がＢＬを消費しないことやＢＬをなくすことによって達成されるのか？

もう一つのポイントとして挙げられるのは、これらのロジックにはＢＬの書き手たちの立場への認識

★44　https://m.blog.naver.com/wildwater0907/221446287782.

★45　次のリンクでそのやりとりを読むことができる——韓国の有名ＢＬ小説家グウェンドリン（그웬돌린）の匿名Ｑ＆Ａ（https://ask.fm/Bloomingspring3）とTwitterアカウント（https://twitter.com/bloomingspring3）。

が欠如していることだ。すべての批判は読み手、言い換えればコンテンツの「消費者」側の立場から成り立つもので、ＢＬの生産に直接関わっている作家の動機、即ち作家たちが何を、どのように表現し、何を伝えようとするのかについてはほとんど関心がない。ＢＬ作品が読み手と社会に及ぼす影響力だけが強調されるあまり、その責任を負わされるのは女性を差別する社会でもなく、権力をもつ男性でもなく、男性の欲望を優先する文化産業でもなく、他でもないＢＬ作家になってしまっている。

実際これらのロジックが広がった結果、ＢＬ作家への攻撃が起こっている。まず、複数のＢＬマンガ家・小説家が自分の作品を連載しているウェブサイトで、内容について強く批判するコメントなどが増加し、それによるストレスを吐露するケースが増えた。特にレイプや成人と学生の恋愛が描写されると、政治的に正しくない表現として連載される作品のコメント欄に作家の倫理観を非難するケースが増えたという証言がある。また紙面の制約でここでは詳しい議論は避けるが、二〇一九年一月末、韓国の有名なＢＬ小説家の匿名Ｑ＆Ａコーナーに、ＢＬをやめてＧＬ（Girls' Love）か、女性ナラティブの小説を書くように注文する匿名質問が次々と投稿され、それを拒否した作家について、他のＢＬ小説を剽窃したという疑惑がネット上の女性コミュニティで流されるとともに、ミソジニーな作家として非難され、結局作家がそれらを警察に訴えるという事件があった[★45]。

あまりにも極端で、過激に見えるこのような動きは果たして韓国のＢＬと腐女子だけのものだろうか。もしかして、ＢＬの存在自体に対する根本的な問いかけはこれから始まるのではないだろうか。そしてもしこれからもＢＬが進化するとしたら、それはどのような形になることを意味するのだろうか。韓国の脱ＢＬ言説をより深く考えなければならない理由は少なくともここにもあるはずだ。

〔英語版タイトル〕

Rethinking the Meaning of BL in an Era of Feminism: Online Discourse on "Leaving BL" in Late-2010s Korea（本人訳）

「腐男子になる」欲望

東アジアにおける異性愛男性BLファン比較研究

長池一美

はじめに

BLの先行研究は、国内、外に限らず、この男性同性愛幻想のジャンルを主に異性愛女性の欲望や欲動の基盤として発展してきた。しかしながら、先行研究では語られてこなかった男性のBLファン、いわゆる「腐男子」をめぐる言説はBL研究のさらなる発展を期待できるものである。筆者は吉本たいまつによる画期的な腐男子研究に触発され、日本の一定数の異性愛男性がなぜエクリチュール・フェミニンであるBLに魅了されるのかを精神分析論の理論的枠組みから分析してきた。[★1] この章では、自らの性指向を異性愛と認識する腐男子の心理的、また身体的欲望に注目し、彼らのＢＬ消費が表す心的活動を明らかにする。

筆者がこれまでに行った調査によって、腐男子は日本だけの現象ではなく、海外でも一定数の腐男子がいることが明らかになった。特定の地域での社会的、文化的な枠組みの相違はひとことで「腐男子」と括れない現象であることがわかった。このようなトランスナショナルな広がりを見せる腐男子の在り方を検証するために、本章では日本、香港、韓国の腐男子を対象に行ったインタビュー調査の比較分析を行う。この比較分析は日本の腐男子研究で検証した、異性愛男性の潜在的な「自己の女性化」に対する欲望が他の国や地域でも見られるのかという仮説から始まった。男性の女性化への欲望は社会が強制的に構築したヘゲモニー的な男性性に対する批判が根底にある。ヘゲモニー的な男性性を転覆する試みとして腐男子を読み解くことは、日本以外の韓国や香港でも可能であると思われる。

ヘゲモニー的な男性性批判の現象としての腐男子を分析する上で「ショタ」は異性愛腐男子に重要な心的活動の場を提供している。ショタとはＢＬを含むマンガ等のコンテンツで少年が主人公となるジャンルの名称として使用されるとともに、少年に対する心理的愛着、また性的な欲求までも表す用語として認識されている。腐男子のショタを媒介とした女性化への欲望の在り方はヘゲモニー的な男性性を脱構築する可能性をもつと考えられるが、ヘゲモニー的な男性性を構築する社会的な条件づけはそれぞれの社会が独自にもちうるものである。したがって、香港、韓国の腐男子を例として独自のヘゲモニー的な男性性を脱構築するプロセスとしての腐男子を考察する。

筆者は日本の腐男子は社会的に強制されたジェンダー・パラダイムを覆す可能性を示していることに言及した。[★2] 女性の（心的）自己表現の手段として発展してきたBLジャンルに男性である自身を組み込ませることは既存の男性性の概念に関してポストモダン的な挑戦をもたらしたことを明らかにした。ポストモダン的な挑戦とはすなわち男性性から逸脱した女性化への欲求である。日本の腐男子にとってBLは社会が強制した男性性を演じなければならないジレンマを克服するための要素を多大に含んでいる。この点において、吉本がインタビューした日本の腐男子たちの以下の告白は、いかにヘゲモニー的な男性性が彼らに重圧を与えているのかを示している。

- 男と言う事を必要以上に誇示するのがかなり苦手なんです。[★3]
- ＢＬは救いであったと思いますし、現在の多くの男性にとってもそうなり得ると思っています。[★4]
- 七〇年生まれという私の世代にとって、ＢＬやおいは、男であることの生きにくさから解放してくれるツールであった。[★5]

★1 Kazumi Nagaike, "Do Heterosexual Men Dream of Homosexual Men? BL Fudanshi and Discourse on Male Feminization," in *Boys Love Manga and Beyond: History, Culture, and Community in Japan*, ed. Mark McLelland, Kazumi Nagaike, Katsuhiko Suganuma, and James Welker (Jackson: University Press of Mississippi, 2015).

★2 Nagaike, "Do Heterosexual Men Dream of Homosexual Men?"

★3 吉本たいまつ『腐男子にきく。』みるく☆きゃらめる、二〇〇九年、三〇頁。

★4 吉本たいまつ『腐男子にきく。』三〇頁。

- そして男には、「勝たなきゃいけない」という、競争原理が働くようになります。そういう感覚がものすごくしんどく感じたんですね……。「JUNE」「やおい」によって、「男は受でもいいんだ」という視点を得たのは大きかったですね。[★6]
- もっと、男性が楽に生きるのには、「やおい」のような、女性の持っている記号を、うまく使うことがひとつの得策じゃないかな?と思うようになったのです。[★7]

また、吉本の先行研究は腐男子研究の領域で、ショタの言説が基本的、かつ複合的な腐男子の要素をさまざまな形態で表象しているとしている。例えば、吉本がインタビューした以下の二名の日本の腐男子はショタに対する愛着を赤裸々に語っている。

- 「ただ、ショタに惹かれるものがあったのですよね。（吉本）」「ありましたね。男の子同士のふれあいは、異性とのふれあいと少し違うかな、と言う感覚がありました。（B）」[★8]
- 「ショタから入った部分はなかったんでしょうか。（吉本）」「それもありました。ロリもの単行本の中に思いっきりショタマンガが入っていたり、そちらからも男の子同士はいいな、と思いましたね。（C）」[★9]

筆者は腐男子のショタへの執着を男性の「少年（ヘゲモニー的な男性性をもたないもの）」への回帰として読み、男性の少年への回帰欲求をフロイト精神分析の領域に照らし合わせた。[★10] フロイトは「子供が叩かれる」の中で、「叩かれる」行為は被験者の性幻想を構成する性愛と想像性との相互作用であるとし、「叩かれる＝愛される」構図を示唆している。

フロイトは論文の中で男性の「叩かれる」幻想を三段階に区別し、それぞれの過程における男性の性愛と想像性の心的ナラティブを次のように分析している。

(1)第一段階「私は父親に愛される」――この段階は少年の「象徴的な父親」への女性的な愛着を内包している。

(2)第二段階「私は父親に叩かれる」――この段階は少年の「象徴的な父親」に対する潜在的に抑圧された同性愛的（また近親相関的）な心的主体がマゾヒスティックに前景化されている。

(3)第三段階「私は母親に叩かれる」――この段階では叩く客体は「母親」となっているが、叩く客体は依然として「叩く」という男性性を持ち合わせており、いわゆる父親の代理としてのファリック・マザー（ファロスをもつ母親）として読み解かれる。[11]

★5 吉本たいまつ『腐男子にきく。』六〇頁。

★6 吉本たいまつ『腐男子にきく2。』みるく☆きゃらめる、二〇一〇年、四一頁。

★7 吉本たいまつ『腐男子にきく2。』四〇―四一頁。

★8 吉本たいまつ『腐男子にきく。』二九頁。

★9 吉本たいまつ『腐男子にきく。』三五頁。

★10 Kazumi Nagaike, *Fantasies of Cross-Dressing: Japanese Women Write Male-Male Erotica* (Leiden & Boston: Brill Academic Publishing, 2012)でフロイトの「子供が叩かれる」が示した女性の性幻想を分析した。女性の性幻想も三段階に区別されているが、フロイトは女性の「子供が叩かれる」幻想の心的コンテクストは男性の「子供が叩かれる」のものとは異なっていることを強調している。

精神分析学者であり、大衆文化批評家でもある斎藤環が、男性のショタに対する欲望や欲求はフロイトの理論的枠組みから読み取れると主張するように、腐男子のショタへの愛着は「象徴的な父親に愛される」少年に同化し、ヘゲモニー的な男性性から逸脱したいという潜在意識として読み解くことができる。斎藤はショタとは現実の小児愛とは全く異なるものと解釈し、抑圧された心的主体の表象として解釈している。[★12] 斎藤のショタ概念と同様に、腐男子のショタへの愛着は、自身をショタ化（これは女性化とも解釈できる）することによるヘゲモニー的な男性性への批判を表現していると言える。[★13]

日本の異性愛者の腐男子がBLを消費したいという欲望は社会的に構築された日本のジェンダー構造のゆがみに理由があると思われる。BLは強制された男性性に対する潜在的な違和感や批判を昇華させるナラティブとして有効的に機能していると思われる。BLの特徴としてあげられるショタや純粋なロマンス恋愛への欲求のパラテクストを読み解くと、腐男子にとってのBLは、体制として強制化された男性性の規範に縛られない自己を体現し、表現する幻想の空間そのものである。

香港の腐男子とBLの「解釈共同体」

ここで、香港の異性愛腐男子（仮称アルヴィン）の事例を紹介する。アルヴィンは香港在住の二四歳の大学生で、二〇一七年五月電子メールで英語でのインタビューを行った。彼は自己の性的指向を異性愛であると断言し、「現実には男性への性的欲求を感じたことがない」と述べている。インタビューでは、彼の最初のBLへの出会いは一四歳のときで、BLが構築する「共同体」の魅力や関心を動機としてあげた。

当時、私は友達がなかなか作れませんでしたが、腐女子のグループの人たちと友達になることができました。毎日学校で他の男子学生を攻め／受けのカップルにして冗談を言い合っていました。[★14]

金田淳子はBL同人誌研究でBLコミュニティを「解釈共同体」として分析しており、アルヴィンのケースでも「BL解釈共同体」の在り方は検討に値する。金田が展開するBLの「解釈共同体」の理論的枠組みは、共同体の一員だけが共有できる解釈の共犯関係とその関係性を強化するような自己のアイデンティティの確立を基盤としている。金田の主張はある意味革新的であり、エクリチュール・フェミニンとしてのBLの解釈共同体に組み込まれる男性のBLファンは「腐男子」ではなく、「腐女子」として認識され、分析されるべきであるという主張を展開している。[★15] アルヴィンが述べた「腐女子の解釈

★11 Sigmund Freud, "'A Child is Being Beaten': A Contribution to the Study of the Origin of Sexual Perversions," in *The Standard Edition of the Complete Psychological Works of Sigmund Freud*, vol. 17, ed. and trans. James Strachey (London: The Hogarth Press, 1955)を参照。

★12 Tamaki Saitō, "Otaku Sexuality," trans. Christopher Bolton, in *Robot Ghosts and Wired Dreams*, ed. Christopher Bolton, Istvan Csicsery-Ronay, Jr. and Takayuki Tatsumi (Minneapolis: University of Minnesota Press, 2007), 245. 初出：斎藤環『博士の奇妙な思春期』第二章、日本評論社、二〇〇三年。

★13 『エロマンガ・スタディーズ――「快楽装置」としての漫画入門』筑摩書房、二〇〇六年の著者、永山薫も、男性の「かわいい男の子になりたい」潜在的な願望について論じている。

★14 筆者は二〇一二年から二〇一八年九月まで腐男子にインタビュー調査を行っている。この章での、日本人男性へのインタビューは日本語、韓国人男性のインタビューは韓国人の研究アシスタントを介して韓国語、その他のインタビューは英語で行った。

共同体」としてのBLに対する魅力は、まさに金田が展開する腐女子・腐男子のアイデンティティの確立に関する見解に適合する。香港腐女子の共同体は男性であるアルヴィンにある意味、自己を腐女子に同化させる、女性化させることを可能にする特定の空間を提供した。本書のワン・ペイティの章では、台湾の男性同性愛者であるBL作家Cocomeの分析がされているが、台湾の腐女子コミュニティは彼を腐男子ではなく腐女子として認識していることが述べられており、アルヴィンと香港の腐女子コミュニティとの関係性の在り方と共通する点が見受けられる。

前述したように、日本の腐男子研究では、腐男子が社会的に強制的に構築されたジェンダー・パラダイムを転覆する可能性が内包されることが示唆されるが、香港の異性愛腐男子の分析にも同様な分析を展開することが可能である。社会学者のトラヴィス・コンは「中華の男性性」を中国本土、台湾、香港、ディアスポラの中国に分類し、歴史的、また民族的分析を行った[★16]。コンは「中華の男性性」の多様性に注目し、規範化された男性性とそれから逸脱する男性性の相対性を前景化した。コンは香港の現代社会の男性性の特徴として絶えず発展する資本主義社会における消費主義と実利主義を挙げている。

また、コンは香港のセックス業界における男性顧客の男性性についての研究で、香港の男性客の一定数が自身と女性のセックスワーカーとの関係に関してロマンチックな幻想を作り、セックスそのものよりもロマンス関係の幻想に魅了されていると結論づけている。一方で、多くの男性客が単純に性的欲望のままのセックスを楽しみ、ヘゲモニー的な男性性そのものを体現している。安価で、効率的、そして単純な性的サービスのありかたをコンは「マックセックス」(McSex:マクドナルド化したセックス)との呼称で論じているが、香港の資本消費主義を基盤とした男性性はまさに香港の性産業での「マックセックス」の需要と合致する[★17]。その一方で、「マックセックス」を拒絶し、女性のセックスワーカーとの精神的なつながりを求めるロマンス型の男性顧客の存在は興味深い。ヘゲモニー的な男性性のステレオタイプそのものを体現するような香港の資本消費主義と実利主義の文脈において、ロマンス型の男性顧客に、日本の強制的ヘゲモニー的な男性性から逃れたい異性愛腐男子の欲求との共通点を見て取ることができる。

現代社会において、男性の性的快楽の「消費」はヘゲモニー的な男性性を強化する手段そのものである。この点に関して、筆者はアルヴィンに性的身体性に関するいくつかの質問を行った。以下のように、彼はBL消費にいかなる性的快楽もないと断言した。

BLマンガを読むときに、どんなに過激な性的なシーンがあっても、肉体的な性的快楽を得たことはありません。反対に、BLで攻めが受けを誘惑する場面を見たり、想像したりすると精神的な興奮があります。それは性的快楽というよりも精神的な喜びだと言えます……BLを読むことは友人たちとの関係を継続させるツールでもあります。あれから九年経った今でも私たちは連絡を取り合って、アニメや他の友達に関してBLジョークを言い合っています。

★15　金田淳子「マンガ同人誌――解釈共同体のポリティクス」佐藤健二・吉見俊哉編『文化の社会学』有斐閣、二〇〇七年、一六九―一九〇頁。
★16　Travis Kong, "Chinese Male Bodies: A Transnational Studies of Masculinity and Sexuality," in *Routledge Handbook of Body Studies*, ed. Bryan S. Turner (London: Routledge, 2012).
★17　Travis Kong, "Romancing the Boundary: Client Masculinities in the Chinese Sex Industry," *Culture, Health and Sexuality* 17, no. 7 (2015), 816.

ＢＬのポルノ的側面について、「ＢＬの過激な性的場面に関して、単純に読まないようにするのか、もしくは、嫌悪を感じるのか」という質問に対して、アルヴィンは以下のように回答した。

私は男性の生理を理解しているので、ＢＬのセックスシーンについて特別な感情移入を経験したことがありません。感情移入をせずに、そのような場面があるという認識をするだけです。例えば、「ああ、勃起している」、「射精している」と認識するだけです。ＢＬマンガや同人作品に対する嫌悪は感じませんが、実写のＢＬ映画やテレビドラマを積極的に見ることは避けています。

明らかにポルノ的ＢＬの物語を読んでいるアルヴィンは、ＢＬのエロティシズムの本質から自己を遠ざけようとしているように思われる。この点に関して、前述した香港のセックス産業におけるロマンス型の男性客とアルヴィンのような異性愛腐男子の間に共通点を見出すことができる。ある意味、両者は香港のハイパーマスキュリンな資本主義社会からの脱落者であるとみなすことができるが、一方で彼らの潜在的な自己の女性化はヘゲモニー的な男性性へのアンチテーゼとして読み取ることができる。

次にアルヴィンには「攻めが受けを誘惑する場面がどうして精神的興奮を引き起こすのか」との質問を行ったが、アルヴィンの回答は前述した日本の異性愛腐男子のヘゲモニー的な男性性への否定の在り方に共通するものがあった。

私はＢＬマンガに描写されている、主人公二人の言語また非言語（表情など）で表される関係性を楽しみます。現実では、男性のシャイな面を見ることはめったにありませんが、ＢＬでは受けのシャイな面が強調されています。ロマンティックな場面で攻めがどのように受けを興奮させられるのかを見るのが楽しいです。ＢＬの愛情物語での愛を正しく感じられるのです。

ショタの政治学

「ショタ」は日本の腐男子分析において重要な言説の一つである。二〇一七年九月に、前述した日本腐男子研究者であり、自身も腐男子である吉本たいまつにメールでのインタビューを行った。吉本も自身の腐男子としてのセクシュアリティと内的情景を理解するうえでショタは重要な要素の一つであると認識している。

ショタを発見したのは、八〇年代末、男性向けエロ漫画においてだったと記憶しています。八八年にアニメ「魔神英雄伝ワタル」が放送され、かわいい男の子を愛好する動きが男性作家中心にも起こっていきます。それを受けて、八九年頃には男性向けエロ漫画に、かわいい少年が登場してくるようになります。当時のエロ漫画の性描写は、男性が主導権を握ることが多かったのですが、かわいい少年の多くは「受け身」として描かれていました。少年ものは、シチュエーション的にも珍しいものだったのです。まずその珍しさの点で、ショタものに注目したことを覚えています。私自身当時すでに「男性が主導権を握らなければならない恋愛・性愛のあり方」に疑問を感じていましたし、「受け身になりたい」という欲望を抱いていました。そうした私のセクシュアリティに、ショタものは訴えるものがありました。そこからショタものを扱う作品を集めるようになります。

また当時は自分のことを強い異性愛者であると思っていましたが、ショタものを集めていくうちに、「ショタはショタでいい」（＝異性愛でなくてもいい）と感じていくようになりますし、ペニス以外の快楽にも興味をもっていくようになります。

香港の異性愛腐男子であるアルヴィンに「攻めの顔を支配的な女性の顔に置き換え、自身を受けに感情移入しながら性的興奮を得る日本の異性愛腐男子についてどう思うか」との質問をした。[★18] この質問の回答の中でアルヴィンは「ショタ」という言葉でヘゲモニー的な男性性に対する反証を表現した。

そのような状況（攻めの顔を支配的な女性に置き換え、受けに感情移入し性的快楽を得る）を理解することはできます。私の元の彼女（現時点では彼女は一人だけですが）も支配的であり、強い性格の女性でした。私たちの性的関係を想像するとき、セックスでは彼女が支配的な役割を担うことが多く、そのような想像に私は性的な興奮を覚えていました。将来の性生活についても、私とパートナーはセックスにおいて交代に、平等に支配的な役割を担うことになると思います。このような関係が私の性的快楽の重要な源です。私にとってBLが現実の性的欲求に影響を及ぼしているとは思いませんが、BLシーンで腐男子が自身を受けにして性的快楽を得ているという欲求の在り方は理解できます。この種の性的欲求は複雑な要素を呈していると思いますが。あるインターネット上で「男の娘《こ》」（少女と見間違うような男の子）について読んだことを覚えています。ある種のジョークですが、インターネットではパートナーにするならショタ、もしくは男の娘だと書いてありました。その理由として、ショタや男の娘から「男の尊厳」を奪うと同時に「女性的な内気さ」

を与えることができるからだそうです。このような考え方は受けに感情移入する異性愛腐男子の在り方に似ています。他の人のFacebookにあるコメントや私自身について考えてみても、男性の尊厳の一部を奪い、女性の内気さを組み込むことは間違いなく性的興奮をもたらすことができるように思われます。私自身についてはそのような欲望はほとんどないと思いますが、そのような欲望は必ず存在しています。

「男性の尊厳の一部を奪う」ことはまさにヘゲモニー的な男性性からの逸脱と呼応することであり、ショタ(男の娘)への愛着は、腐男子の少年への回帰に対する願望、そして自己を女性化させる欲望と結びついている。この点において、アルヴィンのような腐男子の形態はフロイトが「子供が叩かれる」で展開した男性の抑圧された「女性化」への希求と類似していると言える。男性の「子供が叩かれる」幻想が、少年に戻り「象徴的な父」から無条件に愛されたい、可愛がられたいという潜在的な欲望を表していると考えるのであれば、腐男子のショタに対する憧れも同じような欲動を基盤としているとの分析が可能である。腐男子は「象徴的な父」に「叩かれる」(すなわち愛される)無垢な男の子として、「男性の尊厳の一部を奪われた」自身を想像し、ヘゲモニー的な男性性から逃れるための自己の女性化を体現している。

★18 サンキュータツオ・春日太一『俺たちのBL論』河出書房、二〇一六年で、二人の日本人異性愛腐男子はBLのエロティシズムを異性愛のセックスに転換し、男性的な女性に攻められる受け身としての自己から得る性的快楽に言及している。

韓国の異性愛腐男子とヘゲモニー的な男性性への挑戦

韓国の文化批評家、ジュン・サンは、韓国におけるヘゲモニー的な男性性は現代社会の家父長制の強化を促す装置であり、その根底には女性嫌悪、暴力、マチズモがあると述べている。ジュンは韓国のヘゲモニー的な男性性の言説の要素として三つのキーワードを挙げている。一つは儒教を基盤とする家父長制、二つ目は家庭内での無労働、三つ目には兵役があるとしている。

> 儒教が体現する家父長制は男性を家庭での主要な所得獲得者として定義し、それにより男性の権威と支配を証明してきた……。家庭内での男性の無労働はヘゲモニー的な男性性の強化をもたらした……。また、多くの韓国研究者は暴力的な韓国の男らしさの基盤に軍隊主義があると主張してきた。[★19]

筆者は二〇一三年一二月、五人の韓国異性愛腐男子にメールでインタビューを行った。韓国の理想化された「男らしさ」についてのコメントを求めたところ、彼らが言及した韓国の理想化された男らしさは前述したジュンのヘゲモニー的な男性性の概念と呼応していることがわかった。

- 背が高く、スポーツが得意、常に積極的で、女の子に優しい。女性を身体的にも守ることが求められます。（ヨンチョル）
- 勤勉、積極的、主導権を握ることができます。スポーツが得意。外見に関しては、男性は強い体

をもつべきです（例えば筋肉質）。（ヒョンウ）
- 男性は自分の感情を表に出すことは避けるべきです。例えば、韓国のテレビドラマでは、男性の俳優が泣いたり笑ったりすることはあまりありません。以前、男友達が感傷的であることが自分の弱点であると言ったときは、ショックでした。一方で、男性は怒りを示すことは許されています。実際、強い怒りを表すことは男らしいと考えられています。（ユンホ）
- すべてに関してポジティブで、自分をプロモートすることが得意であり、強く、責任感がある。男性は家庭ではなく、仕事を常に優先しなければなりません。（ヒョンウ）
- 男らしさの具体的な概念は主にその人の外見にあります。筋肉質でハンサムな男性は韓国の理想的男性性を表すと考えられています。（テヒョン）

インタビューした異性愛腐男子は直接の言及をしていないが、韓国の理想的な男性性は異性愛を前提としている。多くの研究者が韓国社会におけるホモフォビア（同性愛嫌悪）について分析を行ってきた。例えば、『韓国映画の再男性化』の著者であるキム・キョンヒョンは以下のように韓国のホモフォビアを捉えている。

韓国映画では同性愛は依然として非常にタブー化された主題である。二〇〇二年までに、韓国映画で同性愛を主題とした映画は一本しかない……。この映画でのゲイの登場人物は皆悪役で、性格

★19 Sun Jung, *Korean Masculinities and Transcultural Consumption: Yonsama, Rain, Oldboy, K-Pop Idols* (Hong Kong: Hong Kong University Press, 2011), 26–28.

はモラルに欠けたように表象されている。★20

韓国の異性愛腐男子の一人は、韓国のホモフォビアを嘆き、「残念ながら、韓国は、他の国々と比較して、同性愛について非常に保守的であると言わざるを得ません」と述べている。また、以下の韓国の腐女子のコメントも韓国の異性愛腐男子の男性性を分析する上で欠かすことができない点を明確に指摘している。

韓国の男性BLファンがカムアウトできない理由は、韓国社会におけるマチズモと家父長制度の強い影響力があるからです。韓国のマチズモと家父長制度が男性同性愛を受け入れることは決してないでしょうし、多くの韓国人男性は非常にホモフォビックです。マンガやアニメなどのさまざまなサブカルチャーに男性ファンがいますが、私は彼らが男性同性愛を受け入れることができるとは思いません。（ヒョンウ）

ヘゲモニー的な男性性とホモフォビアによってステレオタイプ化された韓国社会において、クィアな男性性の可能性を認識することが必要である。異性愛腐男子が語るように、BLマンガは韓国の腐男子が異性愛を基盤とするヘゲモニー的な男性性の価値と妥当性に疑問を呈する空間を前景化してくれる。

私が中学一年生の時、女友達がBLを紹介してくれました。「こんなに美しい世界が存在するんだ」と驚きました。（ジウォン）

・少し言うのが恥ずかしいですが、私はBLに夢中になりました。私の場合はシンプルにBLが大好きです。しかし、BLを読み続けて、自分の性的指向に疑問をもち始めました。BLを読む前は、女性と男性どちらにも惹かれたことは一度もありませんでした。（ヨンチョル）
・私がBLを読んでいることを友人に知られたとき、ゲイであるのかと聞かれました。女性がGLを読むのは大丈夫なのに、BLを読む男性は標的にされるのは何故でしょうか。（ユンホ）

前述したように、腐男子研究の根源的なディスクールとして、無条件に強い他者に愛されたいという潜在的欲望を前景化するショタがある。二〇一八年八月に、一八歳の韓国人異性愛腐男子「トニー」にインタビューをした。トニーはBL作品に対する自身の欲望を語る過程で、ショタについて言及した。

私の性的指向は異性だと思います。しかし、将来も異性愛であるのかどうかはわかりません。私がBLを好きな理由の一つは、ショタ（そしてロリ）が好きだからです。私は膝丈ズボンをはいているショタのキャラクターが好きですが、なぜショタが好きなのか説明するのは難しいです。

筆者はトニーに腐男子のショタに対する愛着に関する仮説について説明した。それに対して、彼は「家族との関係を考えると、ある程度自分自身を投影できるかもしれません」と述べた。しかし、結果的に彼は仮説を否定し、「私のショタへの愛着はかわいいものなら何でも愛されるべきだというシンプ

★20 Kyung Hyun Kim, *The Remasculinization of Korean Cinema* (Durham, NC: Duke University Press, 2004), 288 n27.

ルな考えに基づいています。ショタはかわいいですよね。そうであれば愛されるべきです」と結論づけた。

異性愛腐男子を分析する上で、ショタは「投影」の心理的プロセスから議論することができる。「投影」の行為は一方向に限定されない多様性を内包している。自身もBLファンである社会学者千田有紀はBLのカップルの「愛するもの」「愛されるもの」両方に同化する心的ナラティブを以下のように語っている。

わたしの場合、おっさんを愛でながらも、乙女するおっさんをみて、安心しているところがある。「ああ、わたし、ありのままでいいのね！」みたいに、男は女に、多大なる幻想をもっていて、男の自分とは違う女の部分に欲情しているところがある。けれど実際の女の体は、男と同じように、体毛だって生えているし、汗だってかくし、男の考える「理想の身体」からは程遠いということは、女自身がいちばんよく知っている。「幻想の身体」と「現実の身体」のあいだの落差に、やましい思いや、恥ずかしく思う気持ちを誰でも持っている。「乙女していてもいいんだわ！」たとえ「ゴリラみたい（内田さん、ごめん！）な姿かたちをしていたとしても、乙女する資格はあるのよ」と内田さんのマンガは安心させてくれるのである。尻毛のおっさんは私の分身でもあり、そのおっさんを愛してあげるのも私の分身なのである。★21

千田が述べるBLの「オヤジ」と同様に、異性愛腐男子において、「愛されるショタ」と「ショタを愛するもの」はファン自身のオルター・エゴを統合した存在であると解釈可能である。

ショタへの愛着は現実的な子供への欲望ではなく、自己愛を促す媒介として機能している。現実の性的欲望の対象としてのショタではなく、自己愛の表象としてのショタという解釈は、パトリック・ガルブレイスが展開する男性向けのロリコン分析との共通点が見られる。ガルブレイスは、ロリコンは一見すると女の子を支配したいという男性の性的欲求を表しているようであるが、それが内包しているものは男性の愛されたい欲望（女性化への欲望）であると主張している。[★22] 上記で引用したトニーの「かわいいものは愛されるべきである」とのショタへの愛着は、ショタを愛することと、ショタとして愛されることの両方に対する願望の多様性であるとの解釈が可能である。

結論

香港や韓国の異性愛腐男子に見られる特徴は、吉本たいまつと筆者が日本の腐男子に関して論じたヘゲモニー的な男性性との関連性に共通点があることを示している。また同様に、ショタの言説についても、日本のみならず、インターアジア的な本質を内包しており、性愛と想像性が相互作用し、異性愛腐男子を魅了している。しかしながら、トランスアジアな腐男子アイデンティティの本質化を避けるため

★21　千田有紀「貴腐人、もしくは汚超腐人の密かな愉しみ」『ユリイカ』第四四巻第一五号、二〇一二年一二月、特集「BLオン・ザ・ラン!」六九―七〇頁。

★22　Patrick W. Galbraith, "Lolicon: The Reality of 'Virtual Child Pornography' in Japan," *Image and Narrative* 12, no. 1 (2011): 103.

には、各地域の社会的、また文化的特徴を無視することはできない。前述したように、ヘゲモニー的な男性性の在り方は、日本、香港、そして韓国で異なった様相を表している。さらに、地域間の差異だけではなく、身体、セクシュアリティ、そして性的快楽の在り方は、個人の差異があることを認める必要がある。吉本が自身の性的指向の変異について告白しているように、身体、セクシュアリティ、そして性的快楽の在り方は常に流動的である。筆者のインターアジア異性愛腐男子分析も流動する言説の一つに過ぎないかもしれない。しかしながら、ＢＬのような女性のエロスを表現したナラティブが、社会的に構築された男性性のステレオタイプから逃れたい男性の救済として成り立つことを分析することで、「流動するＢＬ研究」の新たな可能性の一言説として理解されることを期待したい。

〔英語版タイトル〕
On The Psychology, Physicality, and Communications Strategies of *Fudanshi*: A Cross-Cultural Analysis of East Asian Men's Desires and Hopes to "Become" *Fudanshi*（本人訳）

日本のＢＬ

その特徴に注目して

守　如子

いつの頃からだろうか、日本に来る留学生の中に、ＢＬが好きという声をよく聞くようになった。私のところにも、毎年必ず複数人、大学院でＢＬ研究をしたいという留学生からの連絡がくる。このような現象の背景には、日本に豊かなＢＬ文化が存在していることや、日本がＢＬ文化の発信地であったことがあるだろう。

日本のＢＬ文化やＢＬ研究に注目する人の多さに比べると、海外のＢＬ文化や国境を越えたＢＬ文化の流通の状況はあまり知られていないのではないか。言うまでもないことだが、ＢＬを国内のみに限定された現象として考えるのではなく、海外ともつながりをもつ現象としてとらえることが必要である。

なぜなら、まず、現実のＢＬ文化が国境を越えた現象になっているからであり、[★1] それに加えて他の文化圏との比較を通じてこそ、自分の対象としている文化現象の特徴がより明らかになるからでもある。

本章は日本のＢＬ文化の特徴を論じることを主題とするが、他国との比較や他国との相違点にも注目しながら描くことを試みていく。

日本のＢＬ文化の特徴

現在「ＢＬ《ボーイズラブ》」という名称で呼ばれるジャンル、つまり、女性を主たるターゲットにして[★2] 男性同士の恋愛や性愛を描いた表現は、多様性を含みつつ変化してきた。このような表現には、作者自らが創作したオリジナルの作品もあれば、他の作品（原作）を読みかえた二次創作の作品もある。同人活動（同人誌やインターネットでの発信）もあれば、出版社などを介し商業出版された作品もある。名称に着目するなら、過去には「少年愛」や、「JUNE」「耽美」「やおい」などといった言葉が使われ、現在は「ＢＬ」という言葉が主流を占めるが、今後、変化していく可能性もある。なお、本章では、それぞれの時代の現象について言及する際にはそれぞれの時代にそれぞれのジャンルに対して使われた言葉を使用するとともに、この現象全体について述べる場合には「ＢＬ文化」という言葉を使用する。

日本のＢＬ文化の特徴の一つが、小説だけでなく、マンガという形式でたくさんの作品が作られてきたことである。アメリカを例にあげると、一九七〇年代後半に『スター・トレック』の女性ファンたちが作成した同人誌を皮切りに、「スラッシュ・フィクション」というカテゴリーで男性キャラクター同士の愛を描くジャンルが確立されていった。スラッシュ・フィクションは小説を主たるメディアとしている。同時期の日本でも、マンガ・アニメ文化を支える女性たちによる同人活動が始まり、「やおい」という言葉が生み出された。日米の大きな違いは、日本においては小説＝文章だけでなく、マンガによってもこのテーマが表現されてきたという点である。

また、同人活動による作品だけでなく、商業ベースで出版された作品が多いことも日本の特徴と言えるだろう。書店の中でBLマンガやBL小説の棚が占める割合は決して小さいものではない。商業ベースでの発展の背景には、BL文化に対する抑圧の少なさもあるのではないか。BL文化には二つの方面で抑圧がかかりうる。その一つは、同性同士の愛を表現することへの抑圧であり、もう一つは性を表現することへの抑圧である。後者については、男性向けの性表現はある程度認めるのに、女性に対しては許容度が低いという、男女の性のダブルスタンダードが見られる場合もある。日本においても、二〇一五年の堺市図書館BL小説撤去事件に見られるように、同性愛表現や、女性が性表現を楽しんでいることをバッシングする勢力は確かに存在している。[★3] しかし、他国の状況を見渡してみると、日本の法規制や性規範はかなり緩やかに見える。日本で、同人活動だけでなく出版社や書店などといった商業

★1　本章では、日本のBL文化やマンガ・アニメ文化が他の地域に与えた影響を中心に論じているが、日本のBL文化も他の地域の影響を受けていることを忘れてはならない。例えば、近年の事例をあげるなら、スラッシュ・フィクションを起源とするオメガバースがBLマンガでも流行していることを指摘できる。

★2　本章は主たるターゲットである女性について論じている部分が多いが、BL作品の読者には、女性だけでなく男性もいる（そして、異性愛者だけでなく多様なセクシュアル・アイデンティティの読者がいる）。筆者は、BLとは、何らかの理由で毛嫌いしていない限り、誰でも楽しめるジャンルなのではないかと考えている。

★3　堀あきこ「BL図書排除事件とBL有害図書指定からみる性規範の非対称性――女性の快楽に着目して」『マンガ研究』21、二〇一五年。

ルートを介した作品も多く生み出されてきたのは、相対的に見て、表現に対する抑圧が少なかったからだろう。

このような特徴を踏まえ、以下では、まず、日本のBL文化の中でも商業出版されたマンガに注目し、その歴史を概観していきたい。

BLマンガの歴史と〈攻〉/〈受〉のステレオタイプ

日本の商業出版されたオリジナルの「女性向け男性同性愛マンガ」を歴史的・網羅的に分析した研究として、西原麻里をあげることができる。日本のBL作品は、一般的に、男性的な〈攻〉と女性的な〈受〉という特徴をもつとイメージされることが多い。西原は、この「ステレオタイプ化された〝お約束〟を疑」ってみる必要を主張し[★4]、二〇〇〇年までに単行本として出版されたすべての「女性向け男性同性愛マンガ」を数量的に分析することによって、この〝お約束〟がいつから・どのように形成されたのかを明らかにしている。

西原は、約一、七〇〇作品の「女性向け男性同性愛マンガ」を四つの時代に区分している。その第一期が一九七〇年から一九八〇年までの〈少年愛〉期である。この時期に、少女マンガ誌で、いわゆる「24年組」をはじめとしたマンガ家たちが男性同士の愛を描き始めた。第二期は、一九八一年から一九九〇年までの〈JUNE/耽美〉期である。専門誌である『comic JUNE』が定期刊行化されるとともに、『プチフラワー』『花とゆめ』『WINGS』などの少女マンガ雑誌に男性同士の恋愛物語が掲載された。第三期は、一九九一年から一九九三年までの〈プレ・ボーイズラブ〉期である。この時期、男性同士の愛に特化した商業ベースの専門誌・レーベルが次々と創刊される中で（これを西原は男性同性愛物語専門誌の「第一次創刊ラッシュ」と位置づけている）、「ボーイズラブ（BL）」という言葉が確立されていった。そして第四期が一九九四年から二〇〇〇年までの〈ボーイズラブ〉期である。特に一九九五年前後、BL市場に大変な活況が見られた（「第二次創刊ラッシュ」）。このようにして、女性向けマンガ市場内で、主に男女の恋愛を扱う少女／女性マンガと男性同士の恋愛を扱うBLとの棲み分けが進み、BLは一つのジャンルとして確立された。

この過程で「女性向け男性同性愛マンガ」は主題も変化させていく。西原は、まず、それぞれの時代の物語内容とその結末を分析し、時代が下がるにつれて、恋愛を主題にした「ハッピーエンド」の作品が占める割合が右肩上がりに上昇していることを明らかにする。その背景には、〈プレ・ボーイズラブ〉期以降の、急激な雑誌数の増加というマーケットの変化があったという。

雑誌の細分化や描き手の増加に伴い、一タイトルあたりのページ数や分量が限られるようになったことで、物語を描くさいの優先順位が変わったのではないだろうか。ジェンダーへの違和感や社会への葛藤よりも、恋愛・性愛の成就をテーマとする物語としての様式が重視されるようになった。[★5]

また、西原は、作品の主題の変化にともなって、主人公のキャラクターの描写が変化したことも明

★4　西原麻里「女性向け男性同性愛マンガの表現史——一九七〇年から二〇〇〇年まで」同志社大学大学院社会学研究科博士論文、二〇一三年、六頁。
★5　西原麻里「女性向け男性同性愛マンガの表現史」一二一三頁。

らかにしている。典型的な〈少年愛〉期の主人公は、少女のように美しい少年として描写されており、「主体性のある少女という意味づけがなされた存在」[★6]と読み解くことができる。他方、〈プレ・ボーイズラブ〉期以降は、登場人物のどちらも男性として描写され、作品の主題は男性キャラクター同士の「対等な恋愛」に変化したという。つまり、「美少年」キャラクターを中心にすえ、シリアスにジェンダーへの違和感を描く作品から、男性同士の恋愛や性愛を主題に扱う作品に主流の作品がシフトした結果、生み出されたカテゴリーが「ボーイズラブ」マンガなのである。

また、九〇年代は、セックスを前面に押し出すような作品が増加した時期でもある。西原は、このような作品内容の変化に伴って〈攻〉／〈受〉という様式が重視されるようになったと述べる。

限られた紙幅においてセックスをメインに据えて描くため、キャラクターやカップルに関する微細な設定までは踏み込むことができない。〔中略〕そのため、詳細に言及せずともひと目みれば〈攻〉／〈受〉と理解できるようなステレオタイプ化が、〈ボーイズラブ〉期にて確認できるようになる。[★7]

このような流れをへて、日本の「女性向け同性愛マンガ」は、「ひと目みれば〈攻〉／〈受〉と理解できるようなステレオタイプ」――つまり、男性的な〈攻〉と、女性的な〈受〉によるカップリング――が確立したのである。

西原の分析は二〇〇〇年までの作品を対象としているが、その後の変化については西村マリが詳しい。西村は、この時期までに成立した〝お約束〟を「BLの王道」と呼ぶ一方で、二〇〇〇年代以降に流行したＢＬのさまざまなカテゴリーを「基本的に、王道から逆転・逸脱したカテゴリー」[★8]であると述べる。「王道」から逆転・逸脱したカテゴリーの具体例として、年齢が逆転した「年下攻め」「オヤジ受け」や、地位が逆転した「執事攻め×ご主人受け」などの「下克上」、「能動／受動」が逆転した「ヘタレ攻め」、外見の「男っぽさ／女っぽさ」が逆転した「乙女攻め」「ヒゲ受け」などが紹介されている。つまり、西村は、西原が析出して見せた〈ボーイズラブ〉期に確立された〝お約束〟が、揺るがされていっていることを示しているのである。

なぜステレオタイプ化された〝お約束〟（＝ＢＬの王道）が、今度は逆転・逸脱の方向にも展開しつつあるのだろうか。原因はもちろん一つではないが、ここではそのうちの一つを提示してみたい。それは、読者が「ＢＬ文化」に対してもつ、多様な欲望である。

ここで参考にしたいのが、永久保陽子の〈やおい小説〉の分析である。[★9]永久保は、一九九六年に出版されたすべての〈やおい小説〉を分析する中で、〈やおい小説〉にはロマンティック・ラブストーリーとエロ小説の二つの顔があると述べる。ただし、この二つは異なる志向性をもつ。ロマンティック・ラブストーリーの部分では、男性同士という仕掛けによって、男女間には存在してしまうジェンダー的な権力構造を排除し、対等な関係性と理想的なパートナーシップを実現している。しかし、もう一つの顔であるエロ小説の部分では、対等性は志向されないという。永久保は、〈攻〉と〈受〉でセックスにお

★6　西原麻里「女性向け男性同性愛マンガの表現史」八二頁。
★7　西原麻里「女性向け男性同性愛マンガの表現史」二二四頁。
★8　西村マリ『ＢＬカルチャー論――ボーイズラブがわかる本』青弓社、二〇一五年、一五二頁。
★9　永久保陽子『やおい小説論――女性のためのエロス表現』専修大学出版局、二〇〇五年。

ける役割が固定化しているのは、ヘテロセクシュアルの性行為の形態の影響であると述べるが[10]、筆者は、そうではなくて、ポルノグラフィがもつ性質に関連していると考える。一般的に言って、ポルノグラフィックな表現は、能動的な側と受動的な側に明確に役割分担された性行為を描く場合が多い。それは、その方が読者が快楽を引き出しやすいからである[11]。そして、ポルノグラフィックな性表現においては、セックスにおいて能動の役割を担う側が、他の面でも強者として描かれる場合がある。例えば、〈攻〉が上司で〈受〉が部下、〈攻〉が教師で〈受〉が生徒といったように、他の社会的役割を利用することによって、セックスにおいても〈受〉が〈攻〉の行為を受け入れざるをえないことを強調するのである。

話をもとに戻すならば、九〇年代に「王道」のカップリングがパターン化していったのは、ポルノグラフィ的な表現が追求されたがゆえなのではないだろうか。西原や永久保が「〈攻〉×〈受〉」に存在する典型的なパターンを析出した九〇年代は、レディースコミックの一部がポルノ化していったことを皮切りに、初めて「女性向けポルノグラフィ」というジャンルが商業的に成立し、ブームを起こした時期でもある。他方、ポルノグラフィではなく、対等な恋愛関係を志向する場合には、渡辺由美子の言葉を借りるなら、「社会的には上位の者が、相方の前では精神的に下位の存在になり、相方に甘える」[12]等、絶妙なパワーバランスを駆使して、総体として対等な関係を築こうとする表現になる。つまり、「BLの王道」と「そこからの逆転・逸脱」というキャラクター設定の差異は、作品内容の主題と関わってもいるのだ。作品の力点や表現したい主題によって、異なる「〈攻〉×〈受〉」のパターンが使われている可能性がある。そして、現在はポルノグラフィ表現のブームが沈静化したため、再度さまざまなパターンのBL作品が顕在化するようになったと考える。

ＢＬ作品は、さまざまな主題を描いてきた。愛情やパートナーシップ、エロスだけでなく、働くことや、性的マイノリティとしての悩み、そして料理の楽しみなど……。作者や読者がＢＬ文化に託したり求めたりするもの★13は非常に多様である。これからも、よりさまざまな作品が生み出されていくことは想像に難くない。

ＢＬマンガの受容とマンガリテラシー

女性を主なターゲットにした男性同士の恋愛作品は、日本だけでなく、さまざまな地域で描かれてきた。それぞれの地域のＢＬ文化は、三つの文化から影響を受けていることが多い。アメリカを起源とするスラッシュ・フィクションと、日本のＢＬ文化、そしてそれぞれの地域の文化である。本節では、そ

★10 永久保陽子『やおい小説論』一五九頁。
★11 受動的な側に立つ性的妄想をもつ読者は、受動的な側の登場人物の快楽に共感する読みを行う。他方、能動的な側に立つ性的妄想をもつ読者は、受動的な側の登場人物に生じた快楽を「見る」読みを行う。ただし、どちらの立場から読むにせよ、読者は登場人物の両者を俯瞰する視点に立つことができるため、ポルノグラフィの中で激しい行為が描かれたとしても、その行為から距離をとり、自分は恐怖心を覚えずにその表現を楽しむことができる。そして、女性読者にとって、ＢＬの性表現はさまざまな性表現の中でも俯瞰的な視点に立ちやすく、安心して楽しめるものである。登場人物の二人が自分とは異なる性別であるからだ（守如子『女はポルノを読む――女性の性欲とフェミニズム』青弓社、二〇一〇年）。
★12 渡辺由美子「青少年漫画から見る「やおい」」『ユリイカ』第三九巻第七号、二〇〇七年六月、総特集「腐女子マンガ大系」七二頁。
★13 溝口彰子『ＢＬ進化論――ボーイズラブが社会を動かす』太田出版、二〇一五年。

のうち、日本のＢＬ文化の影響とはいかなるものであるかについて考えてみたい。

クリスティン・サントスは、神奈川大学で開催された「クィアな変容・変貌・変化《トランスフィギュレーション》——アジアにおけるボーイズ・ラブ（ＢＬ）メディアに関する国際シンポジウム」において、日本のＢＬ文化を受容するためには、ＢＬリテラシー（男性同士の関係性に萌えること）だけでなく、マンガリテラシーなどさまざまなリテラシーが必要であると論じた。[★14]本節では、このマンガリテラシーとＢＬ文化の関係について考えてみたい。

マンガリテラシーとはそもそも何だろうか。もっとも簡単に言うならば、マンガを読み解くことができる能力である。マンガ研究者の三輪健太朗は、マンガに描かれるさまざまな「記号」——例えば、冷や汗や、怒りを示す記号など——について次のように述べている。

> マンガの記号が慣用表現として成立しており、その意味がコンテクストに依存するとすれば、それらを自然に理解するためには、（意識的にせよ無意識的にせよ）読者がマンガの約束事を了解していなければならない。つまり、読者の「リテラシー」が問われることになる。
>
> 記号の約束事は時代やジャンルによっても変わる。したがって、時代や文化圏の異なるマンガ（たとえば昔のマンガや外国のマンガ）を読むときや、ふだん読まないジャンルのマンガに接するとき（たとえば少年マンガの愛読者が初めて少女マンガを読むとき）、人は見慣れない記号と出会ったり、見知った記号が変わった使われ方をしているのを目撃したりし、その意味を即座にはつかみかねることがある。[★15]

三輪の指摘をふまえると、日本のマンガを読み解くためには、日本のマンガの約束事を了解する必要がある。それは、いわゆるマンガの記号だけにとどまらず、マンガのキャラクターやコマ構成などについても言えることだ（三輪もマンガの構成要素はすべて記号であるとする見解もあることを指摘している）。日本のマンガに慣れていなければ、日本スタイルのBLマンガは描くことはおろか、読者として素直に楽しむことも難しいのである。

▲竹宮恵子『風と木の詩』（中公愛蔵版）

では、日本のBLマンガはどのような記号の約束事、つまり、表現上の特徴をもつのだろうか。この点に注目してきたのが、マンガ研究の中でもマンガ表現論と呼ばれるジャンルである。マンガ表現論は、「マンガはどのように表現しているのか」を考察するために、マンガというメディアの特性に焦点をあてる。一般的に言って、日本のマンガは、「少年―男性向け」と「少女―女性向け」に分かれた形で発展してきた。そのうち、BLマンガは、「少女―女性マンガ」の表現技法の特徴を受け継ぐジャンルとして位置づけることができる。マンガ表現論において、「少女―女性マンガ」の表現技法の特性として指摘されたものをいくつか紹介してみよう。

少女マンガに特徴的な表現技法としてもっとも指摘されるのが、主人公の内面を表現するモノローグの技法である。この表現技法を確立したのが、いわゆる「24年組」と呼ばれる少女マンガ家世代である。★16 図は「美少年」マンガを代表する「24年組」の一人、竹宮恵子の『風と木の詩』の一シーンである。内面のモノローグを多用することによって、主人公の感情が言葉によって明示されていることが見て取れる。

現在のBLマンガにおいても、「内面のモノローグ」技法は、「〈攻〉×〈受〉」のセックスシーンを描くときに、その力を発揮する。セックスシーンをビジュアルで表現するとき、その表現が激しくなればなるほど、読者は恐怖感を覚える可能性がある。描かれている行為はレイプではないのか、〈受〉の人格が踏みにじられてはいないか。BLのセックスシーンにおいては、このような恐怖感を引き起こさないために「内面のモノローグ」技法が使われる。〈受〉の「内面のモノローグ」が示される場合には、その行為を主体的に望んでいることが読者に明示される。〈攻〉の「内面のモノローグ」が示される場合には、その行為が愛情ゆえの行為であることが明示される。「内面のモノローグ」技法によって、B

Lマンガは、ビジュアル表現でありながら、読者が安心してセックスシーンを楽しむことができるのである。[★17]

また、この図のページの「コマ」にも注目してほしい。この時期以前のマンガのコマは時間の進行を表してきた。[★18] しかし、この作品においては、典型的な少年マンガのように時間が単純に一方向にすすむわけではなく、ページの中央に登場人物の記憶を描いたコマが重ねられている。夏目は、この時期以降の少女マンガが、「人物の意識の流れを外面と内面、あるいは現在と回想や想像の間で並立させたり、分裂、錯綜させたりすることで、微妙な揺れを表現する」[★19] ために、コマ割りを複雑化させたことを指摘している。このような少女マンガのコマ割りは、重層的なコマ構成と呼ばれ、少女マンガの大きな特徴として指摘されてきた。

★14 Kristine Michelle Santos, "Glocalizing Boys Love *Dōjinshi* in the Philippines, Malaysia, and Australia."

★15 三輪健太朗「マンガの記号——多様な表現を生み出す」竹内オサム・西原麻里編著『マンガ文化55のキーワード』ミネルヴァ書房、二〇一六年、一二一―一二二頁。

★16 大塚英志は、この技法の確立と少女マンガが「性」を主題にし始めたことが重なっていることを繰り返し論じている（大塚英志「戦後マンガは「心」をどう表現してきたか」色川大吉編『現代の世相7 心とメディア』小学館、一九九七年など）。

★17 守如子『女はポルノを読む』。

★18 竹内オサムは、コマ割りが表現するものを、三つのタイプに分類している。戦前のマンガは「空間」の移動を示すものであった。そこから、戦後の手塚マンガに典型的なように、人物の「動作」の変化を重視するタイプのコマ割りがあらわれる。さらに、一九七〇年代の少女マンガが「心理」を中心に画面を構成する方法を洗練させていったという（竹内オサム『マンガ表現学入門』筑摩書房、二〇〇五年）。

★19 夏目房之介「マンガ文法におけるコマの法則」『別冊宝島EX マンガの読み方』宝島社、一九九五年。

さらに、増田のぞみは、少女マンガのコマ構成が、九〇年代に重層的なスタイルから平面的なスタイルへと変化したと指摘している。[★20]「平面的なスタイル」とは、コマとコマの間の白い部分（間白）がないことを指す。間白がなくなることによって隣りあうコマが直接的に相互に干渉しあうようになるため、ひとつひとつのコマの時間・空間的な独立性、自律性が弱まり、一つのページに時間や空間が拡散する。増田は、「重層的なスタイル」のもとでは主人公の内面世界が丁寧に掘り下げられていたのに対し、「平面的なスタイル」のもとでは主人公の日常世界と、出来事によって変化していく友人や恋人など親しい周囲の人物との関係が重点的に描かれるようになったという。興味深いことに、増田が指摘する「重層的なスタイル」から「平面的なスタイル」への変化は、西原が論じた、シリアスにジェンダーへの違和感を描く作品から、男性同士の恋愛や性愛を主題に扱う「ボーイズラブ」への変化とぴったりと重なっている。少女マンガの主流の表現技法の変化と、「BL文化」の主題もまた連動していたのだ。

以上のように、BLマンガは、内面世界や人間関係を掘り下げることができる「少女―女性マンガ」の表現技法によって支えられたジャンルである。つまり、BLマンガを読み解くためには、日本の少女―女性マンガのリテラシーが必要とされると言える。

早くから日本のマンガ文化に接してきた韓国や台湾などでは、独自のマンガ文化が発展し、独自のBLマンガも描かれている。また、アメリカのBLマンガ人気について論じた椎名ゆかりもまた、BLマンガが受容されるようになった背景として、二〇〇〇年代以降にアメリカでも少女―女性マンガ読者が増加したことを指摘している。[★21]逆に、BLへの表現規制が強まる前の、中国大陸で創作された作品は、BLマンガよりも、小説[★22]や映像など、他のメディア形態で表現された作品が主流を占めていた。これは、中国における日本のマンガ文化の影響力が、かつてに比べてかなり弱まっているからなのではないか。[★23]

それぞれの地域におけるBLマンガの状況を考えるとき、その地域におけるマンガ文化総体のありようも見逃すことができないのである。

マンガ・アニメの国際的な流通とBL文化

マンガというメディアにはリテラシーというハードルが存在している一方で、国際的に流通しやすいメディアでもあることを忘れてはならない。ジャクリーヌ・ベルントは、グローバル化しているタイプのマンガは、記号化されたものだからこそ、「何よりも共有しやすい「言語」として機能している」こと、そして「さまざまな使用に対して開かれたメディアである」ことを指摘している。記号性が高いからこそ、ファンが書き写してみたり、異なる出自のファン同士がマンガ文化を介してコミュニケーションを図ったりすることが可能になっていると述べる。[★24]

★20　増田のぞみ「拡散する時空——コマ構成の変遷からみる一九九〇年代以降の少女マンガ」『マンガ研究』Vol. 2、二〇〇二年。

★21　椎名ゆかり「アメリカでのBLマンガ人気」『ユリイカ』第三九巻第一六号、二〇〇七年一二月、総特集「BLスタディーズ」。

★22　中国大陸の小説の状況については、シュウ・ヤンルイ／ヤン・リンの章も参照のこと。日本のBL文化の影響だけでなく、スラッシュ・フィクションや、中国の文学などの影響も見のがすことはできない。

★23　守如子「中国におけるBL（ボーイズラブ）マンガ——マンガ表現論から読み解く日本マンガ・アニメの国際的流通」瀬地山角編『ジェンダーとセクシュアリティで見る東アジア』勁草書房、二〇一七年。

★24　ジャクリーヌ・ベルント「グローバル化するマンガ——その種類と感性文化」大城房美・一木順・本浜秀彦編『マンガは越境する！』世界思想社、二〇一〇年。

日本のマンガやアニメが国際的に流通するなかで、海外のファンも日本のファンと同様の活動を展開するようになってきた。日本のマンガ・アニメファンの特徴的な文化には、イラストや、コスプレ、二次創作マンガなどがある。マンガ表現論の伊藤剛は、日本のマンガ・アニメ作品の「キャラがたっている」からこそ、このようなファン活動が可能であることを論じている。「キャラがたつ」とは、作者以外の人がそのキャラを模倣して描いてもそれとわかることであり、テクストからの自律性の強さをさす。[★25]日本の少年マンガやそれをベースとしたアニメ作品は、「キャラがたっている」ものが多い。だから、キャラクターのビジュアルを模倣するファン活動が可能なのである。

日本の女性ファンたちは、原作のアニメやマンガで描かれる男性同士の友情を男性同士の愛情に読み替え（このようなジャンルは長らく「やおい」と呼ばれてきた）、マンガというメディアで二次創作を描いてきた。このようなファン活動としての「BL文化」もまた、国際的に広がりを見せている。例えば、金孝眞は、韓国女性の同人活動の状況を踏まえて、二〇〇〇年以降、同人文化のグローバリゼーションが進んだことを論じている。[★26]ネットの普及、特にイラストやマンガを中心としたSNS「pixiv《ピクシブ》」によって、国籍や文化、言語の違いを超えて、同じ作品やキャラクターが好きな人同士が交流することが可能になったことを明らかにしている。これからも、二次創作BLを介したファン同士のコミュニケーションのグローバル化がさらに進んでいくことが予想される。

終わりに

二次創作にせよ、オリジナルの作品にせよ、なぜ地域を問わず、女性たちは男性同士の関係に萌えてきたのだろうか。この問いに対しては、さまざまな議論が展開されてきた。ただし、男性同士の関係性に萌える女性を特殊な存在であると見なすような論者が多く、批判もされてきた。[★27] 筆者はここで、男性同士の関係性に萌える女性を特殊と見なさない議論を展開するために、近年日本で急速に市場を拡大させつつある、女性同士の恋愛関係を描く「百合」ジャンルをBLと対比してみたい。逆に問いたいのは、なぜ男性たちは今まで女性同士の関係に萌えてこなかったのだろうかという問いである。[★28] その答えとして、三つの仮説を提示したい。第一に、これまで男性のほうがホモフォビア（同性愛嫌悪）をもつ人の割合が高かったからではないか。さまざまな調査[★29]によって、一般的に、女性より男性、若年者より高齢

★25 伊藤剛『テヅカ・イズ・デッド――ひらかれたマンガ表現論へ』NTT出版、二〇〇五年。

★26 金孝眞「同人誌文化のグローバリゼーションと韓国の女性同人――二〇〇〇年代以降を中心に」大城房美編著『女性マンガ研究――欧米・日本・アジアをつなぐMANGA』青弓社、二〇一五年。

★27 金田淳子「マンガ同人誌――解釈共同体のポリティクス」佐藤健二・吉見俊哉編『文化の社会学』有斐閣、二〇〇七年。

★28 ただし、百合ジャンルには、女性ファンや女性作者の占める割合もかなり高い。

★29 釜野さおり・石田仁・風間孝・吉仲崇・河口和也『性的マイノリティについての意識二〇一五年全国調査報告書』科学研究費助成事業報告書、二〇一六年。

★30 堀はまた、「関係性に萌える」ことが、二者関係を第三者として見つめる「俯瞰する視線」と関連していることを指摘している（『欲望のコード――マンガに見るセクシュアリティの男女差』臨川書店、二〇〇九年、二二二頁）。他方、百合について言うと、ネット上には、百合ジャンルを好まない男性の「女の子が俺の方見てくれない」「自分を投影する部分がないので苦手」といった意見を見かけることがある。BLや百合という作品を異性（の特に異性愛者）が楽しむとき、俯瞰する視点の獲得が必要になる。俯瞰する視点もまた、恋愛物語に慣れ親しんだ人が獲得できる新たな視点なのではないか。百合については、森榾あすみ「百合へ向ける視線――男性読者と女性読者」二〇一五年、奥村勇介「近年の著しい百合市場の発展について」二〇一九年（ともに関西大学社会学部卒業論文）を参考にした。

者のほうがホモフォビアをもつ人の割合が高いことがわかっている。ホモフォビアをもつ男性が減ってきているから、百合ジャンルも受け入れられるようになったとは考えられないか。第二に、女性同士の友情が貶められていたからではないか。現在では、『セーラームーン』をはじめさまざまな作品で女性同士の友情が描かれるようになったが、かつては女性同士の友情は成立しないと思われており、このような作品が作られる余地はなかった。第三に、男性たちがかつてよりも恋愛物語に親しむようになったからではないか。BLオリジナルマンガを分析した堀あきこは、「「関係性に萌える」ということは、「要素」ではなく、「二者関係のパターン」に「好み」があることだと考えられる」[★30]と述べている。恋愛物語に親しむ中で、男性たちもまた、二者関係のパターンに自分なりの好みを見つけ出すようになったのではないか。以上の仮説が正しいのならば、女性たちが男性同士の関係性に萌えてきたのは、ホモフォビアをもつ人の割合が少なく、恋愛物語に親しんできた人が多かったところに、さまざまな作品の中で男性同士の友情が肯定的に描かれてきたからだと結論づけることができる。

海外に目を向けると、恋愛物語をはじめとした消費文化を楽しむ余裕がない女性が多い地域もあれば、ホモフォビアや性表現への規制が強い国もある。他国で少しずつBL文化が広がっているのは、それぞれの地域で女性たちが主体的に活動してきたからにほかならない。他国のBL文化のありようは、私たちに新たな気づきを与えてくれるだろう。

神話からゲーム、そしてホモエロティック・フィクションへ

中国、日本と台湾の「真・三國無双」BL同人誌

齋藤朝子パトリシア

男性キャラクターおよびホモソーシャル的な兄弟愛のテーマに満ちあふれた物語であるため、中国の「三国志」神話がBL作品を作るインスピレーションとなることはBLのファンにとって、驚きではないであろう。「三国志」は中国の三国時代の人物と出来事に基づいているが、ここで「三国志」を「神話」という言い方をするのは、「三国志」に基づく文化や物語を総括して捉えているためである。この神話の印象深い人物像と恒久的な戦争や同盟といったテーマは、中国全土とアジアの多くの地域で知られている。東アジアの人々はたいてい、三世紀の史書「三国志」と一四世紀の小説「三国志演義」を通してこの神話を知るが、最近はゲームを通して「三国志」を知る者も少なくはない。特に有名で人気が

ある「三国志」ゲームは、日本の「真・三國無双」シリーズである。これは対戦型格闘ゲームであり、史実とは異なるキャラクターデザインを用いるため、「三国志」の正統な表現ではない。とはいえ、このシリーズによって容姿端麗な神話の勇者たちを現代によみがえらせることができているのは事実である。そのため、BLへの解釈ができやすくなるのだ。

この章は「三国志」の神話が現代日本のゲーム業界で解釈され、その結果がアジアのBLコミュニティによってさらに解釈されることを可能にする、継続的でトランスナショナルな変遷を有する現象を検討する。具体的には、中華人民共和国（中国）、日本および中華民国（台湾）の「真・三國無双」のBLテクストを分析する。まず、この三つの地域で活動しているBLコミュニティの概要を説明する。次に、BLを「真・三國無双」および「三国志」の神話と関連づける理論を述べる。このような理論を実証するため、中国、日本、台湾の「真・三國無双」のBLテクストを三本紹介し、分析する。「真・三國無双」のBLテクストは、BL、ゲーム、神話の異文化間交差点を明白にする。このようなテクストは「三国志」の正統派の解釈に挑戦し、トランスナショナルな角度からBLに対する理解の促進に貢献する。以下で述べるように、伝統的な「三国志」の神話を現代的なゲームやBLの世界と関連づけることは論争の的となることもある。しかし、筆者は「真・三國無双」のBLテクストが「三国志」神話の耐久性や、歴史上数え切れないほどのテクストを生み出せる能力を示す例であると論じる。したがって、「真・三國無双」のBLテクストや他の非正統的「三国志」の解釈は、「三国志」神話の長期的でトランスナショナルな変遷の一部として捉える必要があると思われる。

中国、日本および台湾のＢＬ

世界中に存在するＢＬコミュニティは、普遍化と同時に特殊化される傾向があるため、「グローカル」であると言える。[★1]ＢＬコミュニティは、諸国のＢＬやＢＬを生み出すメディアだけではなく、現地の特定の習慣や状況によって形成される。中国、日本や台湾におけるＢＬコミュニティも例外ではなく、複雑でトランスナショナルな相互交流の過程を経る。ＢＬコミュニティにおける継続的なテクスト（原語およびファンや作者により翻訳されたテクストも含む）の循環は、各コミュニティを別個のものであるとしたり、テクストを特定の場所の原産物であると捉えたりすることを困難にする。台湾と中国において、日本のＢＬテクストが非公式に翻訳された後、日本のＢＬのスタイルや習慣に酷似した台湾や中国産のテクストが現れた。[★2]その後、台湾と中国のＢＬコミュニティは日本のＢＬコミュニティとは異なる特性を持ち始めた。

だが、中国、日本、台湾のＢＬコミュニティには共通点も幾つかある。三つの文化的文脈におけるＢＬファンは主に女性[★3]や女性異性愛者[★4]であるが、男性異性愛者やＬＧＢＴのファン[★5]も少なくはない。ジェンダー・アイデンティティや性的指向に関わらず、ＢＬや異性愛規範に反する行為を社会的恥辱と考

★1　Roland Robertson, "Comments on the 'Global Triad' and 'Glocalization'," in *Globalization and Indigenous Culture*, ed. Nobutaka Inoue (Tokyo: Kokugakuin University, 1997). http://www2.kokugakuin.ac.jp/ijcc/wp/global/15robertson.html.

★2　詳しくは本書に含まれているシュウ・ヤンルイ／ヤン・リンの章と、以下を参照してもらいたい。王佩廸「隱身在同志婚姻平權運動中的腐女身影」『人社東華』13、二〇一七年、http://journal.ndhu.edu.tw/e_paper/e_paper_c.php?SID=208。

える懸念から、多くの中国、日本、台湾のファンは自分のＢＬに対する興味を隠す傾向がある。[★6]さらに、ＢＬのファンは主に青年男女と思われているが、これらの地域ではさまざまな年齢の人がＢＬを消費する。[★7]

これらのコミュニティでは特定のＢＬ習慣が受容され、再生産される。例えば、ＢＬ作品のキャラクターにはたいてい決まった役割が割り振られ、能動的な「攻め」か受動的な「受け」の役割（中国では「攻《ゴン》」と「受《ショウ》」）を担う。これらは社会的・性的な交流における役割の指標となる。[★8]この攻めと受けの分断が異性愛規範性およびジェンダー的な力のアンバランスを反映することは少なくないが、最近では特定の役割分担にとらわれない、さまざまなジェンダーや性的指向が表現されるようになってきた。[★9]

これらのコミュニティの顕著な相違点は、オンライン空間における規制や制限に関連する。インターネットは中国、日本、台湾におけるＢＬの制作、消費、流布において重要な役割を果たす。[★10]しかし、中国におけるネット検閲を導くホモフォビックな政策は、ＢＬ関連の活動の障害となる。中国の当局はオンライン空間を「浄化」するキャンペーンのため、近年ではＢＬのウェブサイトを閉鎖し、ＢＬ作者を逮捕した。[★11]同様に、同性愛の描写は二〇一五年末に中国のテレビで、[★12]二〇一七年には中国のウェブサイトで禁止された。[★13]このような政策のため、中国におけるＢＬコミュニティは自己検閲するようになり、[★14]内密にＢＬを流布し始めた。[★15]対照的に、日本や台湾におけるＢＬコミュニティは比較的自由にインターネットでファン活動が行える。

★3 詳しくは以下を参照してもらいたい。Mark McLelland and Seunghyun Yoo, "The International Yaoi Boys' Love Fandom and the Regulation of Virtual Pornography: Current Legislation and Its Implications," *Journal of Sexuality Research and Social Policy* 4, no. 1 (2007); Rachel (Matt) Thorn, "Girls and Women Getting Out of Hand: The Pleasure and Politics of Japan's Amateur Comics Community," in *Fanning the Flames: Fans and Consumer Culture in Contemporary Japan*, ed. William W. Kelly (Albany : State University of New York Press, 2004); Chunyu Zhang, "Loving Boys Twice as Much: Chinese Women's Paradoxical Fandom of 'Boys' Love' Fiction," *Women's Studies in Communication* 39, no. 3 (2016).

★4 戴菲「高校腐女存在现状及相关问题分析」『校园心理』12、No. 2、二〇一四年、一〇六―一〇七頁。BLのファンを「ヴァーチャル・レズビアン」とする研究に関しては、以下の第五章を参照してもらいたい。溝口彰子『BL進化論――ボーイズラブが世界を動かす』太田出版、二〇一五年。

★5 詳しくは本書に含まれているトーマス・ボーディネットと長池一美の章を参照してもらいたい。

★6 Feichi Chiang, "Counterpublic but Obedient: A Case of Taiwan's BL Fandom," *Inter-Asia Cultural Studies* 17, no. 2 (2016); Feng Jin, *Romancing the Internet: Producing and Consuming Chinese Web Romance* (Leiden: Brill, 2013), 56; Patrick W. Galbraith, "*Fujoshi*: Fantasy Play and Transgressive Intimacy Among 'Rotten Girls' in Contemporary Japan," *Signs: Journal of Women in Culture and Society* 37, no. 1 (2011): 212.

★7 詳しくは以下を参照してもらいたい。千田有紀「貴腐人、もしくは汚超腐人の密かな愉しみ」『ユリイカ』第四四巻第一五号、二〇一二年一二月、特集「BLオン・ザ・ラン!」、Feng, *Romancing the Internet*, 13。

★8 Chiang, "Counterpublic but Obedient," 229、永久保陽子『やおい小説論――女性のためのエロス表現』専修大学出版局、二〇〇五年、Feng, *Romancing the Internet*, 77。

★9 詳しくは本書のシュウ・ヤンルイ/ヤン・リンの章と、溝口彰子『BL進化論』の第四章を参照してもらいたい。

★10 詳しくは以下を参照してもらいたい。McLelland and Yoo, "The International Yaoi Boys' Love Fandom"; Feng, *Romancing the Internet*.

★11 全国「扫黄打非」工作小组办公室「扫黄打非严厉打击网络淫秽色情小说」二〇一一年五月一五日：http://www.shdf.gov.cn/shdf/contents/767/47507.html。

「三国志」から「真・三國無双」のBLテクストへ――BL、ゲーム、神話の理論的な検討

結論から言えば、「真・三國無双」のBLテクストは継続的でトランスナショナルな解釈の産物であると考えられる。言い換えれば、これらのテクストはさまざまな行為者や文化的な認識を巻き込んだ、継続的な変遷から生じたものである。この過程で、「三国志」神話は「真・三國無双」のゲームやBLのサブカルチャーに浸透し、「真・三國無双」のBLテクストが出現する。この変遷は、プラセンジット・ドゥアラの「スーパースクリプション」(superscription)[★16]、およびパトリック・ガルブレイスの解釈する「腐ィルター」[★17]という概念を援用することにより、理解できるものであると考える。

「三国志」神話が恒久的とも言えるほど長く伝承されてきたことは、スーパースクリプションの過程により、可能となったのだと考えられる。二～三世紀における人物や出来事に基づくこの中国の物語は、主に三世紀の史書「三国志」と一四世紀の小説「三国志演義」を標準的なテクストとして知られている。現在、この神話は映画、テレビドラマ、そして最近はゲームでも描かれている。これらの改作は、標準的なテクストに従うものもあるが異なるものもある。しかし、「三国志」の「本質」を維持できるのはドゥアラが述べるように神話や伝説の「継続的でありながら非継続的」[★18]な性質のためである。ドゥアラによると、「三国志」の関羽に関する特定の解釈は好まれ、維持されているが、他の解釈は捨て去られた。長期にわたりさまざまな解釈が競合する中で、支配的な解釈は現存の解釈にスーパースクライブされていく(スーパー=上、スクライブ=書く)。重要なことは、現存の解釈は完全に消されるのではなく支配的な解釈に吸収されるという点である。したがって、関羽と「三国志」のさまざまな解釈は「意味的なチェーンにより繋がって」おり[★19]、このチェーンは数世紀をかけて今日まで神話を拡張しているの

である。スーパースクリプションはこのように多様な「三国志」の現代における改作を中国内外において実現させることを可能にしている。

「三国志」神話の継続的でありながら非継続的な性質は、日本で作られた「真・三國無双」ゲームにおいても見いだすことができる。ゲーム第一作は一九九七年に株式会社コーエーテクモゲームス（旧コーエー）から発売された。本シリーズは現在四〇作ほどのゲームを有し、世界中でシリーズ累計一、八〇〇万本以上を売り上げている。[★20]「真・三國無双」は第三者視点によりキャラクターを操作する対戦型格闘ゲームであり、ゲームの目的は敵軍を倒し中国を統一することである。神話の継続性の一例とし

★12　中国电视剧制作产业协会「电视剧内容制作通则」二〇一五年一二月三一日：http://www.ctpia.com.cn/exchange/zcxx/2015-12-31/1451534140473.shtml。

★13　中国网络视听节目服务协会「中国网络视听节目服务协会发布网络视听内容审核通则」二〇一七年六月三〇日：http://www.cnsa.cn/2017/06/30/ARTI0Qg4cp7jtd1Z5o0RnfzMI170630.shtml。

★14　John Wei, "Queer Encounters Between Iron Man and Chinese Boys' Love Fandom," *Transformative Works and Cultures* 17 (2014). http://journal.transformativeworks.org/index.php/twc/article/view/561/458.

★15　Katrien Jacobs, *The Afterglow of Women's Pornography in Post-Digital China* (New York: Palgrave Macmillan, 2015).

★16　Prasenjit Duara, "Superscribing Symbols: The Myth of Guandi, Chinese God of War," *Journal of Asian Studies* 47, no. 4 (1988).

★17　Galbraith, "*Fujoshi*."

★18　Duara, "Superscribing Symbols," 778.

★19　Duara, "Superscribing Symbols," 791.

★20　「真・三國無双」総合サイト、ラインナップ：https://www.gamecity.ne.jp/smusou/#lineup、株式会社コーエーテクモゲームス、二〇一六年三月一五日「「真・三國無双」シリーズ初の映画化決定！～一騎当千の爽快アクションがスクリーンで甦る～」https://www.koeitecmo.co.jp/news/2016/03/15-2.html。

て、プレイヤーは「三国志」の人物として「三国志」のストーリーを進行させる。しかし、シリーズを有名にしそれが支持されたのは、伝説的なキャラクターの史実からは遠い容貌や服装の再定義によることはよく知られている。「真・三國無双」はこのように「三国志」の骨組みを維持しながら作りかえ、スーパースクライブしていると言える。

　しかしながら、「真・三國無双」の非正統的でトランスナショナルな性質は、中国における学者、メディア解説者およびオンラインコミュニティからは反発を受けている。ベンジャミン・ワイミン・ンはこのような反論を「伝統の変遷に関する論争」[★21]であるとし、日本起源のゲームであるため、この状況をさらに悪いものにしていると述べている。中国の文化原理主義者や文化国家主義者は、日本人が「三国志」を解釈することを「中国の伝統を盗み、歪め、壊す」[★22]ことであると見なしている。例えば、これらの解説者は、「真・三國無双」が現代ゲームのビジュアルに応じて男性キャラクターの容貌を女性化させることや、プレイヤーがゲームの中で中国史を変えられることを問題視している。[★23]だがこうした反論にも関わらず、「真・三國無双」シリーズは中国のみならずアジア地域で人気を集めている。[★24]「真・三國無双」は「三国志」の非正統的な解釈でありながらも、トランスナショナルでスーパースクリプショナルなチェーンのリンクであり続けている。

「三国志」神話は、腐ィルターによりさらに拡張される。つまり腐ィルターを「真・三國無双」ゲームに適用することによって「真・三國無双」のBLテクストが創作されるのだ。腐ィルターとは「腐ったフィルター」の造語であり、「腐」の字はBLを好み異性愛主義的なロマンスに挑戦する女性の自称である「腐女子《ふじょし》」に由来している（中国語では「腐女《フーニュ》」）。日本のBLファンを研究対象とするガルブレイスによると、「腐ィルターは妄想における異性愛主義的なロマンスの潜在力を妨ぎ、違反的な親密性を示すサイン（妄想）を強調する」[★25]ことができる。言い換えれば、腐ィルターはホモエロティック性を認識、強調し、同時に異性愛性を抑えることができる。こうした理解によれば、BLファンは腐ィルターを用いて「真・三國無双」における男性同士の恋愛的な関係性の潜在性を明らかにすることができる。したがって、「真・三國無双」のBLテクストは、「三国志」のトランスナショナルなスーパースクリプションおよび腐ィルターを通して創造されているのだと言えよう。

「真・三國無双」のBLテクスト

続いて、中国、日本、台湾における「真・三國無双」のBLテクストを要約し、スーパースクリプションと腐ィルターの理論に関連づけて分析したい。中国と台湾のテクストは中国語で書かれており、日本のテクストは日本語で書かれている。テクストが出版されると、各BLコミュニティでアクセスが可能となる。[★26]本章では、比較しやすいよう、呉の武将であった孫策《そんさく》と周瑜《しゅうゆ》（中国語では孫策《スンツウ》と周瑜《ヂョウユー》）の

★21 Benjamin Wai-ming Ng, "The Adaptation of Chinese History into Japanese Popular Culture: A Study of Japanese Manga, Animated Series and Video Games Based on *The Romance of the Three Kingdoms*," in *Manga and the Representation of Japanese History*, ed. Roman Rosenbaum (London: Routledge, 2013), 235.

★22 Ng, "The Adaptation of Chinese History," 235.

★23 Ng, "The Adaptation of Chinese History," 240, 244.

★24 Koei Tecmo, "Annual Report 2016," 25, https://www.koeitecmo.co.jp/ir/docs/ird4_20160930.pdf.

★25 Galbraith, "*Fujoshi*," 221.

★26 日本のテクストは二〇一五年にある同人誌即売会、台湾のテクストはコミックワールド（台北、二〇〇五年）で頒布された。中国のテクストは晋江文学城（www.jjwxc.net）のウェブサイトでアクセスした。

関係に焦点を当てているテクストを選抜した。三本のテクストは、この焦点に関しては共通しているが、内容、媒体（マンガ、小説等）および性的な表現の程度は異なる。したがって、これらのテクストはBLジャンルやBLコミュニティの代表としてではなく、BL、ゲーム、神話の交差点を明白にし、「真・三國無双」のBLテクストやBLの多様性を強調するものとして見ていただきたい。

まず最初にとりあげるのは中国の例である。二〇一二年に七日饕餮《チーリ゙ータオティエ》という作者により中国の晋江《ジンジィアン》文学城《ウェンシュエチォン》という同人サイトに投稿された「マッチ売りの赤ずきん（賣火柴的小紅帽《マイフォチャイデァシアオホンマオ》）」というBLテクストである。★27 この短い作品は「真・三國無双」のみならず幾つかのヨーロッパ童話——特に「赤ずきん」と「マッチ売りの少女」——を基にして書かれている。おばあさんの役を演じる周瑜に食べ物とワインを渡しにいく孫策は、森を通る際にさまざまな「三国志」の人物に出会うという設定である。一例として、耳が長い怪物の劉備《りゅうび》や悪い魔女の諸葛亮《しょかつりょう》等のキャラクターが現れる。おばあさん役の周瑜は狼と遭遇した後、諸葛亮が盗んだワインを乞いながら亡くなってしまう。孫策はその後相次ぐ不幸に見舞われ、父も亡くなり、経済的な理由により怪物の劉備へ妹を嫁に出すことになる。その結果として、孫策は家族を養うためにマッチを売り始める。雪の中を彷徨い、孫策は寒さを凌ぐためにマッチに火をともす。するととても驚いたことに、マッチの火に周瑜の幻影が現れる。テクストの結論で二人は空へ飛び上がり、彼らの後世での再会を象徴する。

次に、日本のテクストである。タイトルは作者の希望により公表を差し控えるが、二〇一五年に日本をベースとしたBLサークルによって書かれ、出版されたライトノベルである。主人公の周瑜は孫策に片思いをしている。二人は性的関係をもつが、孫策が自分をただの友達だと思っていると周瑜は信じ込んでいる。叶わぬ恋だと思っている周瑜は譲歩し、孫策に恋愛的関係ではなく性的関係を求める。クライマックスの場面で二人は激しい話し合いとセックスをし、周瑜は孫策が自分を愛していることに気づく。

「女性化乳房症（男乃《ナイ》症候群《ヂォンホウチュン》）」はBBと名乗る台湾の作者が描いた四コママンガである。[★28] このマンガは二〇〇五年に出版された「真・三國無双」のBLテクストのアンソロジーに含まれている。一コマ目では、悩み苦しんでいる孫策が、周瑜の胸に飛び込み、周瑜が驚く。二コマ目では、孫策が周瑜を抱きしめ続けながら周瑜の胸に手をあてる。周瑜は心配そうに孫策に事情を尋ねる。次のコマで孫策は周瑜の胸をつかみながら、彼の「隆起的胸部《ロンチー・デェア・シィオンブー》（盛り上がった胸）」に何が起こったのか尋ねる。最後のコマでは、周瑜が怒りながら孫策の頬を叩く（図）。

これら「真・三國無双」のBLテクストにおける孫策と周瑜の関係性は、スーパースクリプションと腐ィルターにより実現されている。BL用語では、BLキャラクターを恋愛的なカップルにすることを「カップリング」と言うが、この関係性はキャラクター間のホモエロティックな潜在性に基づいている。つまり、孫策と周瑜をカップリングし腐ィルターをかけるのは、誰とでもよかったわけではなく、彼らの潜在的な相性を示す。事実、二人のキャラクターに腐ィルターをかけてもおかしくないと思える場面は、「三国志」神話と「真・三國無双」に数多く存在する。「三国志」の標準的なテクストと「真・三國無双」において、孫策と周瑜は容姿端麗な男性と表されており、二人は私生活でも職業に関しても良好な関係を築いている。例えば、三世紀の史書「三国志」で周瑜が兵を率いて孫策を援護しに行っ

★27　七日饕餮「賣火柴的小紅帽」晋江文学城、二〇一二年七月二五日：http://www.jjwxc.net/onebook.php?novelid=1584212。

★28　BB「男乃症候群」Mosaic編『麒麟一番爆』台北、自費出版、二〇〇五年、九六頁。

た際、孫策は感謝して以下のように含みのある言葉を述べる――「君を得たからには上手くいく（吾《ウー》得卿《デェァチン》、諧也《シエイエ》）」★29。さらに、「真・三國無双」の日本語版における代名詞の使用法では、キャラクターの関係性が明白になる。孫策との親密な関係性を示すため、周瑜は孫策に対して「君」を使用するが、孫策以外の目上の人に対しては「あなた」を使用する。このように、周瑜は他の目上の武将との関係と区別し、孫策との特別な関係性を示す。これらによって、ＢＬファンから見ると、「三国志」の標準的なテクストと「真・三國無双」は孫策と周瑜間の恋愛的な親密性の潜在性を暗示しているように解釈できる。ＢＬファンはこのような細かな設定に注目することで、腐ィルターを使用すべく刺激されるのである。

「真・三國無双」のＢＬテクストはさまざまな「三国志」のテクストをスーパースクライブし、「三国志」神話の継続性と非継続性を明白にする。例えば、中国のＢＬテクストは一四世紀の小説「三国志演義」を幾度も参照する。「マッチ売りの赤ずきん」で周瑜は諸葛亮に盗まれたワインを乞いながら亡くなるが、このシーンは「三国志演義」における諸葛亮の周瑜の死への関わりを彷彿とさせる。さらに、

図　台湾のテクスト

テクストで周瑜は臨終の際に「天はこの世に周瑜を生みながら、なぜ諸葛亮をも生んだのだ！（即生瑜《ジーシォンユー》、何生亮《フェァシォンリィアン》）」[★30]と叫ぶが、これも一四世紀の小説における台詞の忠実な再現であり、これによってＢＬテクストと「三国志演義」の関係はさらに強化される。また、孫策の妹と耳が長い怪物劉備の結婚は、小説に記述される二人の戦略的な結婚と劉備の耳の長さを反映する。[★31]

スーパースクリプションの例は台湾のテクストにも含まれており、「真・三國無双」への明白な言及がなされている。まず、孫策と周瑜の容貌と服装はゲームそっくりの様式で描かれている。さらに、周瑜の「隆起的胸部（盛り上がった胸）」とは、「真・三國無双３」「真・三國無双４」において周瑜の服装が、女性の胸を印象づけるよう着せられていることを暗示している。これらの例は、ドゥアラの言うスーパースクリプションが意味的なチェーン（連関）により実現され、「真・三國無双」のＢＬテクストと「三国志」神話をリンクすることを立証する。

「真・三國無双」のＢＬテクストにおいて、腐ィルターの使用も明らかである。中国や台湾のテクストにおけるホモエロティックなサブテキストは微かで大部分においては暗示されるにとどまる。中国のテクストは、ストーリーの基礎となっているヨーロッパの民話だけではなく、孫策と周瑜が民話に基づき女性になっただけではなく親戚でもある設定によってさらに複雑化される。[★32]したがって、男同士の親密性は孫策と周瑜以外のキャラクターを通して暗示される。[★33]台湾のテクストで孫策と周瑜の「腐った」関

★29 Chen Shou, *Records of the Three Kingdoms*, vol. 54 (Beijing: Beijing Guoxue Shidai Wenhua Chuanbo, 2003), http://www.guoxue.com/shibu/24shi/sangzz/sgzz_054.htm.
★30 Moss Roberts, *Three Kingdoms: A Historical Novel* (Berkeley: University of California Press, 1999), 305.
★31 Roberts, *Three Kingdoms*, 6.

係性は、彼らの身体的接触とその結果として頬が赤らむ周瑜によって示される。三本のテクストで性的な表現の程度が最も高いのは日本のテクストであり、孫策と周瑜の関係が最も「腐っている」のも日本のテクストだ。日本のテクストで孫策は「攻め」の役を演じ、周瑜は「受け」役だ。したがって、性的行為はすべて孫策により始まり、孫策が独占する。例えば、周瑜は孫策にフェラチオを行い、アナルセックスを行う際は孫策が挿入する側だ。孫策の支配力は非性的な方法でも強調される。あるシーンで、孫策は周瑜とセックスを行いながら壁越しにいる妻の大橋《だいきょう》と会話をする。孫策は冷静に会話をするが、周瑜は状況に刺激され興奮する。このシーンで腐ィルターはガルブレイスが述べる二つの目的を果たしている。孫策と周瑜の性的な関係性の潜在性を見いだして強調し、孫策と大橋の異性的な関係を控えめにするという点である。このように、日本のテクストは孫策と周瑜の「腐った」関係を叙述し、明白にする。

結論

本章は、「真・三國無双」のBLテクストが、連続した、トランスナショナルで「腐った」スーパースクリプションの意味的なチェーンにおいて、「三国志」神話や「真・三國無双」ゲームと繋がっている点について論じた。三本のテクストは「三国志」神話と「真・三國無双」ゲームに基づき、「三国志」のキャラクター間に潜在する（と解釈された）「腐った」関係性を白日の下にさらす。また、テクストは中国、日本、台湾におけるBLコミュニティの「グローカル」な本質を立証する。テクストは日本のBLで見慣れた「カップリング」の特徴を再生産するが、BLジャンルの内容、メディアおよび性的な表現の程度等に関する多様性を反映する。さらに、「真・三國無双」のＢＬテクストは、ＢＬが「高尚な文化と低俗な文化の変容するミックス」[★34]であると述べるジェームズ・ウェルカーの説明を裏づける。「真・三國無双」のＢＬテクストは伝統的な文化（「三国志」）と現代的な文化（「真・三國無双」とＢＬ）を並列しブレンドし、ＢＬ、ゲーム、神話の交差点を明白にする。

大多数のＢＬテクストはマンガやアニメに基づいているが、「真・三國無双」のＢＬテクストはゲームだけではなく歴史をモチーフにしたゲームに基づく珍しいケースだ。また、今日までＢＬとゲームの交差点を検討した研究は、「きみならどうする？」的なＢＬゲーム[★35]や日本のＲＰＧ（ロールプレイングゲーム）に基づくＢＬ同人誌[★36]を研究対象にしてきたが、このような研究とは異なり、「真・三國無双」

★32 近親相姦に集点を当てるＢＬに関しては、以下を参照してもらいたい。Yanrui Xu and Ling Yang, "Forbidden Love: Incest, Generational Conflict, and the Erotics of Power in Chinese BL Fiction," *Journal of Graphic Novels and Comics* 4, no. 1 (2013).

★33 例えば、白雪姫の役を演じる曹丕《そうひ》と、その王子を演じる趙雲《ちょううん》。しかし、曹丕の女性化により、ＢＬの潜在力は複雑化される。

★34 James Welker, "A Brief History of *Shōnen'ai, Yaoi,* and Boys Love," in *Boys Love Manga and Beyond: History, Culture, and Community in Japan,* ed. Mark McLelland, Kazumi Nagaike, Katsuhiko Suganuma, and James Welker (Jackson: University Press of Mississippi. 2015), 42.

★35 Andrea Wood, "Choose Your Own Queer Erotic Adventure: Young Adults, Boys' Love Computer Games, and the Sexual Politics of Visual Play," in *Over the Rainbow: Queer Children's and Young Adult Literature,* ed. Michelle Ann Abate and Kenneth Kidd (Ann Arbor: University of Michigan Press, 2011).

★36 Lucy Hannah Glasspool, "Simulation and Database Society in Japanese Role-Playing Game Fandoms: Reading Boys' Love *Dōjinshi* Online," *Transformative Works and Cultures* 12 (2013), http://journal.transformativeworks.org/index.php.

に登場する人物や出来事はフィクションではなく歴史書に基づいている。このゲームは中国史に基づくため、中国の文化国家主義者は日本のポピュラー・カルチャーにおける「三国志」の改作に対して不満をもつ。これは国家やあるグループの人々が神話等の文化的なテクストに対して、独自の所有権を主張できるかどうかという、文化的所有権の問題を引き起こす。「三国志」に関しては、数世紀にわたり日本で改作されてきただけではなく、中国、台湾および漢字文化圏においても日本の改作が受容されているため、所有権の問題は複雑化している。このような背景において、中国の神話、日本のゲーム、BLジャンルの交差点に立つ「真・三國無双」のBLテクストに対して、一体誰が所有権を有すると言えるのだろうか。文化国家主義者の意見に賛成するか反対するかに関わらず、「真・三國無双」のBLテクストは文化的所有権の主張がいかに複雑で難しいことであるのかの例証となるだろう。

〔英語版タイトル〕
From Legends to Games to Homoerotic Fiction: *Dynasty Warriors* BL Texts from China, Japan, and Taiwan（本人訳）

『おっさんずラブ』という分岐点

藤本由香里

column

本書の基になったシンポジウム、二〇一七年七月一・二日に、ジェームズ・ウェルカーの企画（以下敬称略）で神奈川大学で行われた「クィアな変容・変貌・変化《トランスフィギュレーション》――アジアにおけるボーイズラブ（ＢＬ）メディアに関する国際シンポジウム」は、驚くほど充実したシンポジウムだった。

アジア各国でのＢＬ文化の広がりとその受け止められ方、それぞれの国の事情に応じて発展し変化したＢＬ文化の現状が語られたのだが、何より印象的だったのは、その国において現実のＬＧＢＴ（ここでは特にゲイ男性）が置かれている社会的状況と

ＢＬ文化とが複雑にからみあって、各国のＢＬ文化の受容のありようとその変容に関係しているということだった。

たとえば中国においては、ＢＬを通じて「日本ではこれほどまでにゲイが受容されている」という印象をもち、それに惹かれて日本にやってきて創作物と現実との違いに驚く中国人のゲイ男性も多いという報告がなされた（トーマス・ボーディネット「憧れの世界を読み取る——一時滞在の中国人ゲイに対する「希望のよりどころ」としてのＢＬ」、本書収録）。

あるいはタイでは、現実の同性愛カップルがアイドルのような人気を博しているという事例報告があった（カン＝グエン・ビュンジュ・ドレッジ「ゲイ「ファン」の「ファン」——想像と存在のはざまから立ち上がるタイのボーイズラブ」、本書収録）。

また、アジアで初めて同性婚が正式に認められた台湾においては、その成立を求める運動にＢＬファンが積極的に協力したことが報告された（ワン・ペイティ「抑圧か革命か？——同性婚合法化運動に対する台湾のＢＬファンコミュニティの反応」、本書収録）。

筆者はちょうど、ワンの報告の中にある、二〇一六年一二月一〇日に行われた「人生を大切にし、婚姻平等の権利を支援しよう」コンサートと同じ日の日中に開催された台湾の同人誌即売会「コミックワールド」を調査で訪れており、ＢＬ同人誌を頒布する机々の上に「婚姻平権・人人平等」と書いたレインボーフラッグが掲げられていたのに目を奪われた。会場にも同じ言葉が書かれた大きなレインボーフラッグの横断幕が掲げられており、質問すると、ここにいるBLのファンは同性婚を支持しており、この即売会が終わったらみんなで「婚姻平等の権利を支援しよう」コンサートに行くのだ、という返事が返ってきた。そしてそのいきさつが、この国際シンポジウムでワン・ペイティによって語られたことは、ちょうどその場に居合わせた私にとっては、さらなる嬉しい驚きであった。

注目されるのは、日本においては現実のゲイ男性の存在とBL等の創作物とが分断されており、その対立が不可避であるように見えるのに対し、台湾だけでなく、たとえばアメリカにおいても、二〇一五年から始まったQueer & Comics（ニューヨークとサンフランシスコで隔年開催）、ブルックリンで開催されるFlame-Con、ニュージャージーで開催されるNiji-conなどのように、現実のLGBTとBLファンが共に楽しむイベントが少なくないことである。中国語圏では、現実の同性愛者を支持しない腐女子は「偽腐」（偽物の腐女子）だという言葉もあるという。★1 なのになぜ日本では、創作物とLGBTの現実とは分断されているのか？　それが、

★1　筆者が指導したキャシー・フン（馮秀媛）の修士論文「香港におけるBL漫画の流入と発展」の指導中に語られた。修論は同人誌『藤本由香里ゼミナール第五期卒業研究・修士論文集HONEY à la mode』藤の素、二〇一九年、所収。

二〇一五年度から二〇一六年度の前半までを在外研究でアメリカで過ごした筆者の問題意識であった。そしてジェームズ・ウェルカーが企画し実行したこの国際シンポジウムは、その問題意識をさらに強くし[★2]、さらにいくつもの問いかけを与えるものだった。

発表を聞いていて目を開かされたことはいくつもあるのだが、その一つが、ＢＬ文化と実写ドラマ・映画とのかかわりだった。

日本においては他国よりマンガ文化が盛んなこともあって[★3]、ＢＬといえばマンガか小説であり、実写が挙げられるということはほぼない。そのことも、日本における創作物と現実との間の乖離を表しているようにも思える。しかしタイにおいてはおびただしい数の、ＢＬ的な文脈を含む実写映画が作られて人気を博しているらしい（前出カン＝グエン・ビュンジュ・ドレッジの発表）。タイについてのもう一つの発表だったプーウィン・ブンヤウェチウィン「Japanese Boys Love Manga Fandom in Thailand: An Overview」においても、タイではＢＬマンガ＝ゲイマンガであると考えられていると指摘されていたから、それを考えても、タイではどうも現実のゲイの存在と創作物としてのＢＬとがゆるやかにつながっていると言えそうだ[★4]。

また翌二〇一八年五月に京都で行われたMechademia[★5]の大会でも、先述のプーウィン・ブンヤウェチウィンによる、今度はタイの実写ドラマについての発表とともに、台湾のＢＬについての発表があり（Tien-yi Chao, "Flower Boys' Romance: Taiwanese Boys Love Manga in 2010 - 2018"）、その中で『新入社員』というＢＬミュージカルの人気が紹介されていた。

翻って日本では……？　たしかに田亀源五郎原作の『弟の夫』はＮＨＫでドラマ化されて人気を博したけれど、あれは「現実のＬＧＢＴを理解するために」という文脈で受容されていたように思う――と考えていたちょうどその頃、放映されていたのが『おっさんずラブ』である。二〇一八年四月二一日から六月二日まで、毎週土曜深夜に放映されていたこのドラマを、私は少し遅れて見始めたのだが、この作品こそが、

★2　そのため、筆者とジェームズ・ウェルカー、長池一美、石田仁は、その後話し合って、このテーマで、科学研究費補助金基盤研究（Ｂ）に「ＢＬ等の表現の国際的な広がりと、各国での現実のＬＧＢＴとの社会的関係の国際比較」として応募し、二〇一九年度、採択された（課題番号：19H04388、研究代表者：藤本由香里）。

★3　なにより日本のマンガは他国と市場規模が違う。二〇一八年の日本のマンガの市場規模は、国内だけで四、四一四億円（電子含む）であり、世界の中で突出している。

★4　アジアのＢＬ文化のハブと言われているらしいタイの状況は非常に興味深く、これからさらに詳しい研究を必要とする。

★5　日本をはじめとするアジアのポップカルチャー研究学会誌。このテーマにおいては英語圏を代表する学術雑誌である。

日本においてＢＬ等の創作物と現実のＬＧＢＴとの溝を埋めるミッシングリンクになりうるのではないか、ここから何かが変わり始めるのではないか、という予感をもった。

以下、その理由について考えていきたい。

『おっさんずラブ』と「現実」

『おっさんずラブ』は、最初、二〇一六年の年の瀬に放映された単発ドラマだったが、評判になったのは、二〇一八年四月二一日から六月二日まで、毎週土曜深夜一一時一五分から放映された全七回の連続ドラマである。本稿では基本的にこの連続ドラマについて取り扱う。

ストーリーとしては、モテないアラサーのサラリーマン春田が突然、尊敬する部長（男性）と、本社から転勤してきた後輩・牧（こちらも男性）の両方に言い寄られる、というドラマで、ここに春田の幼馴染・ちず（こちらは女性）もからんで物語が進行する。

この作品は、深夜番組ながらたいへんな人気を博し、視聴率こそ最終回が五・七％ほどだったが、最終回である第七回と、その前の第六回の放映時には、Twitter世界トレンド一位を記録した。しかもドラマ終了の翌週、「今日も実況やるぞ！」という呼びかけもあって、ファンたちがドラマはもう終わったことを知りながらも前週と同じ時刻になんとなくTwitterに集っていると、『おっさんずラブ』脚本家の徳尾浩司が、番組開始の一一時一五分ぴったりに「始まった！　#おっさんずラブ」とツイート。しかも「八話が一番面白いという噂。だって、上海着いて早々……」と追い打ち。その後も放映時間中ずっと、まるで本当にドラマが放映されているかのように、幻の「第八話」の展開を要所要所でつぶやいたため、ファンは祭り状態に。放映終了後なのに「おっさんずラブ　八話」は再びTwitterの世界トレンド入りした、という逸話は有名である。じつはその後もこの幻のドラマ実況ツイートは続いており、二〇一九年四月一三日現在で「五二話」（ほぼ一年）を迎えている。

それほど人気があった作品だったため、東京・大阪・名古屋で「おっさんずラブ」展も開催され、チケットはまたたくまに売り切れた。続いて劇場版映画の公開も決まり、二〇一九年度中には第二シーズンの放映も決定している。

「おっさんずラブ」展の来場者は圧倒的に女性だったが（東京展のチケットは瞬時に売り切れ、出張時の大阪も取れなかったため、筆者は名古屋まで見に行った）、毎週のTwitter実況に集っている人々のつぶやきを見ると、男女入り混じっている印象を受ける。そして何よりこのドラマは、ゲイ男性の間でも評判が良かった。

たとえば私の友人であるゲイライターで作家の伏見憲明は、彼が経営するゲイミックスバーで『おっさんずラブ』を語る会を開催しているし、Twitterでこうつぶやいてもいる。「知り合いのゲイが「おっさんずラブ」に感化されて、「会社の先輩に告白しようかな」とつぶやいていたのだけど（←微笑ましい、笑）、このドラマは「ダイバーシティ」や「インクルージョン」よりも、よほどゲイの行動に影響を与えるかもね。いや、ノンケ男子の意識にも。物語の力よ」（A Day In The Life @noriakikoki、二〇一八年五月二七日）。

同じくゲイであることを公表している文化人類学者の砂田茂樹も、『現代ビジネス』への寄稿「話題沸騰ドラマ『おっさんずラブ』今こそ真剣に考えておきたいこと」[★6]の中で、「私の周りのＬＧＢＴの間でも全体的に評判が良い」としたうえで、好意的な意見のいくつかを具体的に紹介している。また、ＬＧＢＴサイトであるRainbow Lifeでも、「特集＊おっさんずラブに会えてよかった」と題して「新宿二丁目ゲイバーで語る『おっさんずラブ』」という記事をシリーズで載せている。[★7]

また、ニューヨークに二〇年以上も在住するジャーナリスト・北丸雄二もTwitterでこう書く。「異性愛に回収されず、異性愛規範に基づく自己憐憫や悲哀に堕さず、本来の意味のゲイプライドに昇華したドラマという意味で、これはマジで時代を画すものなのかもしれない。一九九七年の米国TV sitcom「エレン」のカムアウトに匹敵するのかもしれないな。すごいこった。じわじわくるわ」（北丸雄二 @quitamarco、同年六月三日）。

もちろん否定的な意見がないわけではない。象徴的なのは、「私たち腐女子はゲイの皆さんにカミングアウトして欲しいんです。『おっさんずラブ』でやってたように職場や学校でやっちゃってください。大丈夫。腐女子はみんな貴方たちの味方です！」というツイートに、「現実のゲイはあんたの玩具じゃない！」と非難が集中したことだろう。

しかしこれはドラマそれ自体に対する非難ではない。そしてネットを検索すると、ドラマに対する否定的な意見は、「どうせＢＬが好きな腐女子に向けて作ったドラマだろうけど、現実のゲイはあんたらのオモチャじゃないし、地上波でやる番組じゃない」といった調子のものが目立つ。そこに、「実際にはほとんどドラマは見ていないが……」という断り書きがついていることもまれではない。

つまり、検索して出てくる非難のほとんどは、ドラマそれ自体というより、観念の中にある「ＢＬ vs. 現実のゲイ」という対立構図に集中しているのだ。逆に言えば、『おっさんずラブ』は、〈フィクションと現実との間の違い〉に目を向けさせるドラマ

★6　https://gendai.ismedia.jp/articles/-/55914（『現代ビジネス』二〇一八年六月二日付記事、二〇一九年四月一六日最終閲覧）。

★7　特集の各記事へのリンク一覧：https://lgbt-life.com/topics/?category_1=&serial=42&writer=&page=1（二〇一九年六月三〇日最終閲覧）。

であったと言える。

たしかに『おっさんずラブ』にはBL的な要素、BL好きな腐女子が喜びそうな要素がたくさん盛り込まれている。田中圭演じる春田、林遣都演じる牧、吉田鋼太郎演じる部長、眞島秀和演じる武川主任、というふうに、それぞれにタイプの違う、魅力的かつ演技力の高い四人の俳優を配しての男同士の恋愛模様。

ふだんはダンディで仕事ができ、部下の信頼も厚い部長は、春田に恋してからは、可愛らしい「乙女モード」全開。部長も牧も、料理が得意で家の中のこともちゃんとやる。そんなスペックの高い二人がダメな春田にとことん惚れる。一見クールで厳しそうに見えながら、内に熱い情熱を秘めた武川主任は、牧のかつての恋人。春田に壁ドンならぬ足ドンを仕掛けてくる。しかも周囲の人たちは「男同士だっていいんじゃない？」と口を揃えて言い、男同士の愛であることは問題にならない。部長の妻・蝶子は、初めのうちこそ夫の浮気と思って嫉妬するが、相手が春田で、夫の思いが一途であることを知ると、最終的には夫の願いを受け入れ、離婚して夫の恋を応援するようになる。

それだけ聞けば誰だって「現実離れしている」と思うだろう。このプロットの記述から、ここから先、『おっさんずラブ』批判を展開し始めることだって可能だ。ドラマを観ずにプロットだけで批判を展開しているブログも現実にある。

しかし、実際にドラマを観ると、印象が変わるのである。登場人物それぞれの思いのまっすぐさに、そんなことはどうでもよくなる。春田はたしかにダメなやつだ。ガサツだし、家のことはできないし、どうしてモテないのかよくわかる。でも同僚としてみたとき、春田が「めっちゃいいヤツ」であることはありありとしているし、なぜ部長が、牧が、春田に惹かれるのかはよくわかる。女にはモテないが、男にはめっぽう好かれるやつ。それが春田なのだ。

もちろん「巨乳好き」を公言していた春田がそう簡単に男性と恋愛に落ちるものだろうか、という疑問はあるだろう。前出の砂田茂樹の『現代ビジネス』寄稿の記事も、その可能性を検討するものだった。しかし、一緒に暮らすうちに、あるいは相手の一途な思いにふれるうちに、この人とずっと一緒にいたい、あるいは、こんな相手と暮らすのもいいな、と思い始めてなぜいけないのだろう？　キンゼイ・レポートでも報告されている、と砂田も指摘するとおり、たいていの人はバイセクシュアルの傾向をもっていて、実は完全な異性愛者はそれほど多くはない。同性との愛を躊躇させるのは、実は世間から刷り込まれた「常識」というものなのではないか。

そう考えると、このドラマが決して否定しないのは、同性に惹かれることだけではないことに気づく。部長と春田の年の差は、おそらく四半世紀近くある。しかし部長は、この年の差に引け目を感じている様子はない。「俺が上司だから？　俺が男だか

column

ら？」とは聞くが、「年の差が大きすぎるから？」とは決して聞かないのである。同じことは春田の後輩の若手社員・麻呂と蝶子のカップルについても言える。

同性同士だから、年の差が大きすぎるから、会社の上司が部下に好きだと告白するとセクハラになりかねないから、女の方がはるかに年上だから、その恋は躊躇しなければならない、というのは、みんな世間の常識に過ぎないのではないか。一度そういう縛りを取っ払ってしまった世界を創造してみてもいいんじゃないか。そういう現実では何が悪いのか。このドラマはそう問いかけているようにも思える。

逆に言えば、『おっさんずラブ』をみていると、私たちは恋愛するときに、いかに年齢や性別、社会的評価など、世間的な価値感に縛られているか、それをとっぱらったときにいかに純粋で曇りのない「思い」が顔を出すのかが実感できるのだ。そしてそれこそが、これまで上質なＢＬがさまざまなかたちで描き続けてきたものだったのではないかと思う。

『ユーリ!!! on ICE』との比較

しかしここで私は、世界中で大人気を博したアニメ『ユーリ!!! on ICE』が、「男同士の愛があまりにも何の障害もないこととして描かれていて、現実の同性愛者が感じている差別の痛みがまったく描かれていない」と非難されたことを思い出す。

『ユーリ!!! on ICE』は、二〇一六年一〇月から一二月まで放映された全一三回のアニメで、海外にも広く配信され、各国でたいへんな人気を博した。[★8] 基本的には男子フィギュアスケートの世界を描いたアニメだが、日本人の主人公・勇利と、ロシア人コーチのヴィクトルとの間に愛が生まれるという設定で、公式試合で男性同士でキスをしたり、指輪の交換をしたり、結婚式のような描写が、なんの障害もなく周囲から祝福されることとして描かれている。

この『ユーリ!!! on ICE』の放映中に、作者の久保ミツロウが、「この作品を現実の皆さんがどのように思われても、この作品の世界の中では絶対に何かを好きになることで差別されたりはしないです。その世界だけは絶対に守ります」とツイートした。[★9] このツイートはリプライ等では広く支持された一方で、[★10] ちょうどその直後に俳優の成宮寛貴が薬物使用疑惑に伴って「この仕事をするうえで人には絶対知られたくないセ

★8　筆者は当時、シンガポール国立大学で在外研究中だったが、アジア各国のコンベンションに行くと、まだ放映中にも関わらず、「ユーリ!!! on ICE」の二次創作があふれていた。

★9　二〇一六年一二月八日の久保ミツロウ（@kubomitsurou）のツイート：https://twitter.com/kubomitsurou/status/806843079244201985（二〇一九年四月一六日最終閲覧）。

これが後述する成宮寛貴の引退を受けてのツイートだとする議論も見るが、久保の当該のツイートは一二月八日、成宮寛貴の芸能界引退はその翌日の九日である。久保のツイートがどういう文脈でなされたものかは、すでに前後のツイートをたどることができないため不明。

★10　右記の最終アクセス時に「いいね」が五・九万件。

クシャリティな部分もクローズアップされてしまい」絶望感に押しつぶされてしまいそうだ、という言葉を残して芸能界を引退したことをきっかけに、この作品を「現実のＬＧＢＴにとっても革新的なものだ」とするファンの評価に対し、批判も噴出するようになった。[★11]

象徴的なのは、一二月一〇日、「ユーリ!!! on ICE とＬＧＢＴの盾」というタイトルで、「はてな匿名ダイアリー」に投稿された匿名のブログである。重要であると思われる部分を引用する。

> ＬＧＢＴに踏み込んだ作品と言うよりはＢＬ作品によくある優しい世界なんだよ。
> 誰もゲイカップルに否定しない、よかったねという優しい世界。
> ……それで？
> どこがＬＧＢＴに踏み込んでるの？？
> もしこれがＬＧＢＴに踏み込んだ作品ならばそれに対して何かしら悩む描写が入るだろうし、一悶着あるだろう。
> でもそんなのはない。
> 特に悩みもしないで結婚だ！　おめでとう！　とはしゃぐ面々にいまいち理解できない。本当に夢みたいに優しい世界だね。

色々な障害を解決したり、できなかったり、そういう所があって踏み込んだ作品と言えるんじゃないか。

筆者自身は、同性愛が差別されない世界を描くことが悪いとは思わないが、『ユーリ!!! on ICE』が現実のＬＧＢＴの問題に踏み込んでいるかと言われると、さすがにそうではないと感じる。では、『おっさんずラブ』はどうだろうか？　同性愛が差別されない世界を描いているという点で、『ユーリ!!! on ICE』と同じなのだろうか？

結論から言うと、私は両者には違いがあると思う。

たしかに『おっさんずラブ』の登場人物はみな、同性愛を差別しない。むしろ応援する。「男に告白されて動転している俺の方がおかしいんだろうか」と戸惑っているのは、主人公の春田だけのようにすら思える。

しかし、いくら周囲が同性愛を差別しなくても、同性愛者であるがゆえに悩む、ということはある。

★11　このあたりの事情と分析は、藤本も指導した一人であった、明治大学大学院国際日本学研究科における岡田夏美の修士論文「男性同性愛表象としてのＢＬをめぐる言説とコミュニケーション」四五―四八頁に詳しい（Ｍ１のとき藤本が在外研究中であったため、直接の指導教員は宮本大人）。

典型的なのは、春田が自分も牧を好きなことに気づき、牧の実家にあいさつに行くまでになった後で、たまたま一時的に家に帰ってきた春田の母に会った牧が、彼女が何も知らずに、だらしのない息子は結婚できないんじゃないかとひとしきり嘆いた後で、「……孫の顔だって見たいじゃない？　早くちずちゃんとくっついてくれたらいいのに！　あの子ねえ、小さい頃からずーっと「ちず、ちず」って言ってたのよ」と言うのを聞いて悩み、とうとう泣きながら「春田さんのことなんか好きじゃない！」と、春田と一緒に暮らしている家を出て行ってしまう場面である。

もちろんこの裏には、同じ男である部長とは対抗できるが、女であるちずとは対抗できない、という牧の引けめがある。なぜなら、もともとはノンケだった春田は、幼馴染のちずと結婚して子供を産んで育てたほうが幸せになれるのではないか（ちずも春田が好きであることはこの時点までで明らかになっている）、という思いがあるからである。一人息子の春田が自分と一緒に生きていくことは、春田の母に孫の顔を見ることを諦めさせることでもある。ほんとうにそれでいいのか？　はっきりと言葉では語られないが、それが牧の自問自答であることは疑いがない。

おそらくその迷いは、たとえ社会に同性愛差別が一切なくなったとしても、残っていくためらいであろうと思う。つまり『おっさんずラブ』は、恋愛に関する世間の常識を一つ一つ外していきながら、差別がすべてなくなったとしてもなお残るであろう問題は提示して見せているのである。

レインボーカラーと「アライ」

『おっさんずラブ』が、同性愛差別がない社会を描きながらも、一方で現実のLGBTの問題をも意識していることは、他にもいくつかの側面から見ることができる。

最終回、転勤で上海に旅立とうとする春田のスーツケースを留めるスーツケースベルトとして、おそらく牧が用意したのは、レインボーカラーのベルトである。

このドラマの中で、女性陣（ちず・蝶子・そして同僚のマイマイ）はみな男性同士の愛を応援しているが、男同士の愛の最大のライバルになる可能性があるちずは、けっして嫌な女に描かれていない。むしろ牧と春田の最大の理解者であると言ってもいい。そんなちずの名字は荒井である。これはおそらく「ally」（LGBTを応援する人）にかけている、と指摘したら、穿ちすぎだと言われるだろうか。だがそう解釈している人は多いし、私もその可能性は高いと思う。男同士のプロポーズの場面が、「レインボーブリッジ」が見える場所で行われるのも、おそらく偶然ではない。

そして、「春田さんはやっぱりあっち側の人間なんだ」と言っていた牧、そう思うからこそ家を出て行った牧。その牧を、今度は受け身ではなく、自分から積極的に探しに行った春田が牧と再会する場面では、春田ははっきりと、道の「あっち側」からち込んできたり、心の中に留めている言葉、秘めた思いを「あっち側」から「こっち側」へ渡ってくる。ドラマの最大のクライマックスであるこの場面が、意識的に作られているのは間違いない。

つまり『おっさんずラブ』は、現実から何の要素を除くべきか、何をメッセージとして伝えるべきかをかなり意識的に考えながら作られたドラマなのである。

もう一つ重要なことは、このドラマが、「最後は誰が春田と結ばれるのか」を焦点に作られていながら、「最後に選ばれなかったからといって、その人が敗者であるわけではない」というメッセージを疑いようもない形で、強く打ち出していることである。最終回の部長との結婚式の場面で、最後の最後になって春田を解放する部長の潔さはほんとうに「男前」で感涙ものだし、一人で披露宴会場に現れた彼を抱きしめる離婚した妻の蝶子の姿は、二人の信頼と愛情の歴史を感じさせる。また入社前には人前でろくに口をきくことすらできなかった牧も、転機を作ってくれた武川主任――以前の恋人だった武川主任がいなかったら、今の牧になっていないのは明らかである。「最後に選ばれなかったとしても、誰を愛しても、すべての人に価値がある」。それがこのドラマの最大のメッセージであったと思う。

「日常」の価値

そして二〇一九年四月から、よしながふみ原作の『きのう何食べた?』のドラマが始まった。これも、西島秀俊と内野聖陽演じる男性同士のカップルの「日常」を描いて、高い評価を獲得した。

『きのう何食べた？』に関しては、青山友子の分析[★12]が詳しいが、この作品では、弁護士の筧と、美容師のケンジの同居生活が、二人の食生活を中心に描かれる。しかも、「ひと月二五、〇〇〇円」と食費を決めて節約して買い物し、食事を作るのは、弁護士の筧の役割である。

日常とか、食事とか、節約とか、本当は社会の成員全員にとって大切なことである。しかし世間的には女性だけがそれを大事にする役割を担っていると思われている。そうした事象を男性で描くと、異化効果で際立つ、ということをドラマを観ていて改めて感じた。それが「男性弁護士」のような、日常のことは人任せにしても当然というイメージをもたれているエリート職業であればなおさらである。それは確実に、社会の中での男女の位置づけの問い直しになる。

★12　Tomoko Aoyama, "Queering Cooking Man: Food and Gender in Yoshinaga Fumi's (BL) Manga," in *Boys Love Manga and Beyond: History, Culture, and Community in Japan*, ed. Mark McLelland, Kazumi Nagaike, Katsuhiko Suganuma, and James Welker (Jackson: University Press of Mississippi, 2015).

★13　『おっさんずラブ』にせよ『きのう何食べた？』にせよ、基本的にはＢＬではないだろう、と筆者は思っている。

たとえばかつて羅川真里茂『赤ちゃんと僕』で父子家庭における子育てが描かれ、とくにそれが兄として育児をする小学校六年生の男の子の目線を中心に描かれたことで、女がやれば当然と思われている育児の大変さが改めて浮かび上がったのもしかりであろう。

ＢＬはかつては「性愛」に力点を置かれていた。いまでもそれは基本的には変わっていないが、『おっさんずラブ』にせよ、『きのう何食べた？』にせよ、男性同士のカップルの「日常」が描かれることで変わっていく部分は確かにある。

なぜ男同士で向き合ってご飯を食べているという、それが幸せそうだという、ただそれだけで、これほどまでに癒される思いがするのだろう？

日本では、マイノリティであること＝「ふつう」でないこと＝不幸である、という無意識の呪いがある。この「呪い」が解かれなくては、ダイバーシティ・インクルージョン（多様性の包摂）など望むべくもない。ゲイのカップルの、そしてレズビアンのカップルの、幸せそうな日常の姿を目にすることは、人々の中にあるこの無意識の「呪い」を少しずつ溶かしていく。

こうした「日常系ＢＬ（？・）」[★13]がさりげなく人々の意識に溶け込んでいくことで、しだいにＢＬというファンタジーと現実のゲイ男性の生活との間の乖離が少しずつ埋まり、新しい時代が始まっていくことを期待したい。

column

東京・新宿のゲイ・シーンにおける出会いと「多様性」

トレンドな出会いの空間に着目して

石田 仁

1 はじめに

このエッセイは、日本の時代時代のゲイ・シーンにおいて、「ゲイ同士」あるいは「ゲイとそうではないとされる人々」が、どのように出会うことができたのか、もしくは逆に出会いにくくなっていったのかを、一九八〇年代から現在にいたる約四〇年間の状況について概観するものである。

本稿で取り上げるゲイ・シーンは、ゲイ・バイセクシュアル男性にとって、各時代の流行の先端《トレンド》とされた出会いの空間に限定する。社会運動上のゲイ・シーンは含まないこととする。[★1] また、筆者の観察範囲の限界から、実体的な空間は東京、主に新宿に限定したい。

このトレンドだとされた出会いの空間は、歴史的には大きく二つに分けられる。二〇〇〇年以前はゲイディスコやゲイナイトなどの、ディスコやクラブがおもなその空間であった。しかし二〇〇〇年初頭に画像つき携帯メールやSNSが登場すると、それ以降のトレンドとなる出会いの空間は、オンラインに移行していった。

トレンドとされた出会いの空間は「ゲイの多様性」あるいは「ゲイ」以外の多様性に寄与するものであったのだろうか。筆者は、それぞれの空間やツールの特性によって大きく異なっていたと考える。このことを時代を追って確認しておきたい。

2 「ホモスナック」と「ゲイディスコ」

戦後東京のゲイバー文化は、貧富や物資の行き渡りに差が大きかった敗戦社会に、進駐軍と富裕層向けに開かれたものを基礎とする。よってゲイバーは、その成立当初から、外国人を視野に入れた営業をしていた。中には、ダンスができるバーもあったとされる。[★2]

他方で新宿二丁目は、一九五〇年代まで異性愛男性を対象とする色街であった。★3 一九五八年に売春防止法が完全施行されると新宿二丁目は大いに寂れる。特殊飲食店だったりモグリの売春宿だったりしたところは、旅館やヌードスタジオ、酒場などになった。あるいは地下鉄の用地として指定されて再開発区域となり、徐々に立ち退きが進み空き家になっていった。一〇年の歳月を経た六〇年代終盤、そこに男性同性愛者向けのバーが少しずつ開店していく。この時代以降のゲイバーは、異性愛社会において女性従業員が酒を作って男性に提供し、カウンター越しに談話する「スナック」を模倣した業態であり、体を密着させる接客やダンスは行われなくなっていた。当時は「ホモスナック」と呼ばれることも多かった（ゲイバーとも呼ばれた）。

一九七〇年代は、新宿二丁目に「ホモスナック」が増えていく時代である。比較的低料金で飲める「ホモスナック」の流行は、都心部や副都心部に通勤し定収入を得る

★1 八〇年代から九〇年代にかけて、ある人々にとっては社会運動も出会い資源の重要な一つであったが、多くのゲイ・バイセクシュアル男性にとってはそうではなかったため除外する。

★2 三島由紀夫『禁色』に登場するゲイバー「るどん」の元になった「ブランスウィック」などがよく知られる（伏見憲明『ゲイという［経験］』ポット出版、二〇〇二年、二四四頁）。また、創作小説であるが、一九五四年に発表された男色小説「白い色の情慾《かなしみ》」には、外国人を上顧客とするダンスホールをもつバーが描写されている（扇屋亜夫「そどみあ小説 白い色の情慾」『風俗科学』四月号、一九五四年）。

★3 詳しくは、三橋順子『新宿「性なる街」の歴史地理』朝日選書、二〇一八年。

サラリーマンの増加と関係があると思われる。遅くとも七〇年代半ばには、日本の経済成長とあいまって、「ホモスナック」（ゲイバー）は外国人を顧客にしなくても成り立つ業態となっていたと考えられる。「会員制」のプレートを扉に掲げ、女性や異性愛男性、そして外国人男性を排除して、「安心」して飲める場を提供した。

閉鎖志向とも言えるこの動きとは逆のベクトルとして、七〇年代終盤、新宿二丁目に「ゲイディスコ」ができる。もっとも人々は「ゲイディスコ」と言っていたものの、「MAKO」や「NEW SAZAE」を代表格とするこれらの店には、性別を問わず、また異性愛・同性愛の関係なく入店ができた。談話やカラオケが中心となるスナック文化に馴染めない外国人も愛用した。そこでは、性別やセクシュアリティ、国籍の垣根を超えた交流が行われていた。[★4] とはいえ七〇年代終盤まで、新宿二丁目といえば異性愛男性の色街であるとするイメージは根強く残り、[★5] 女性はもちろんのこと、男性でも、ことさら足を運んでみようと思う者はそれほど多くなかった。新宿二丁目のすぐ脇を通る路面電車が七〇年に全廃され、多くの人々にとって一層なじみのない土地になっていたことも[★6]一因だろう。

八〇年に都営新宿線が全面開通し、新宿三丁目近くに「新宿三丁目駅」ができると、人々の足の向きは徐々に戻っていく。この時期ゲイバーの軒数は、一層増えている。レズビアンやバイセクシュアル女性ではない女性の中には、少なからず興味をもった人がいたに違いない。一般雑誌によると、新宿二丁目におけるゲイ男性（「おかま」）に「くっつく」女性（「おこげ」）の存在は、八〇年代初頭には認知されていたようである。[★7] よって「おこげ」が入れる店とそうでない店が新宿二丁目には存在したようである。ただしその境界はあいまいで、常連客の紹介であれば入れたところもあった。女性をまったく入れないバーも多く、そうしたバーにしか遊びに行かないゲイも多く存在した。

3　「ゲイナイト」

「ゲイディスコ」を除けば、ゲイの間では、「会員制」の小さなスナックでカラオケ

★4　入店制限のある日もあった。なお、「ゲイディスコ」が一般雑誌においてタイトルレベルではじめて触れられるのが七八年である（「深夜の新宿二丁目はゲイとオカマとディスコの解放区！ついに登場！」『週刊プレイボーイ』一九七八年一〇月二四日、四四頁）。

★5　『全国プレイゾーンマップ'77』砦出版、一九七七年、一六頁。

★6　三橋順子「東京・新宿の『青線』について」井上章一・三橋順子編『性欲の研究――東京のエロ地理編』平凡社、二〇一五年。

★7　「オカマ街に出没！　夜のＴＯＫＹＯの『おこげ族』ってナンダ!?」『週刊大衆』一九八一年六月四日、一五二―一五四頁、「ゲイボーイの花形は〝おこげ族〟のアイドル」『女性セブン』一九八二年一月一日、二二〇―二二一頁、「ブームの『おかまクラブ』に群がるＯＬ、女子大生『おこげギャル』狂騒曲」『週刊ポスト』一九八四年一一月三〇日、二二三―二二五頁。

を楽しむ遊び方が主流であった。そんな中、八九年五月に新宿のクラブ「ミロスガレージ」にて「THE PRIVATE PARTY」というイベントが開かれる。これが日本で初めての「ゲイナイト」であるとされている。のちのゲイ・シーンに大きな影響を与えた。[★8]「THE PRIVATE PARTY」は九一年に芝浦の大型ディスコ「GOLD」に場所を移す。

この時期、女性差別撤廃条約の批准により、女性差別の解消に資する法整備が遅まきながら進められた。不十分な内容であるものの男女雇用機会均等法が八六年に施行された。バブル景気にも後押しされて、八〇年代終盤から女性の社会進出が進んでいた。これに徐々に歩調をあわせる形で——今では考えられないことだが——女性が外で飲酒することや夜遊びをすることが、文化的価値観の側面から容認され、経済的にも可能となった時代が到来した。[★9]決して安くはない「ショー・パブ」にOLが行って、化粧や女装をした男性のショーを楽しむという風俗も、この時期しばしば取り上げられた。

九一年、女性誌『CREA』二月号の特集を発端とする「ゲイ・ブーム」が起こる。その『CREA』の特集には、芝浦のディスコ「GOLD」で遊ぶゲイの「クラブ・キッズ」たちが女性の羨望の対象として描かれている。女性が眼にする「ゲイ」は、流行の最先端のアイコンであった。

この頃、今でいう「ドラァグ・クイーン[★10]」は、そうした異性愛者が主として集まるディスコには存在したものの、名づけられてはいなかったし、多くはギャラをもらっておらずプロとしての立ち位置ではなかった。日本における「ドラァグ・クイーン」という言葉の導入は、九四年であったとされる。九四年一月に日本で公開された映画『Vegas in Space』において、そのパンフレットに「ドラァグ・クイーン」とカタカナで記載されたことが嚆矢である。[★11] 翌年の映画『プリシラ』本邦公開によって、多くの人に「ドラァグ・クイーン」が知られるようになった。また『プリシラ』に少し遅れて開催され出した「ゲイナイト『Blend』」においては、ドラァグ・クイーンがホステス役を務め、クイーン的なメッセージ性をもつ音楽がかかるとお立ち台にのぼることがだんだんと定着していった。それが繰り返されていく過程で、現在の東京における、ドラァグ・クイーンの立ち位置が形成されたと考えられている。[★12] 当時の「ゲイ

★8 「クィア年表」『クィア・スタディーズ'97』七つ森書館、一九九七年、三三頁。

★9 土屋ゆきは、レズビアンバーが三店舗であった八五年当時はまだ、女性の収入が少なく、女性が飲み歩くこともスティグマとされた時代だったと述懐する（土屋ゆき『東京レズビアンバーガイド1杯目』同人誌、二〇一六年、二―三頁）。

★10 ドラァグ・クイーンとは、ゲイナイトなどにおいて、女性性を誇張し、性別二元制を戯画化してみせるパフォーマンスを行う人々（多くはゲイ）を指す。

★11 マーガレット「LGBTスタディーズ（第二回）」下北沢ダーウィンルーム講演、二〇一九年。

★12 インタビューデータより（鹿野由行・石田仁、インフォーマント：マーガレット、二〇一八年七月五日）。

ナイト」に集う顔ぶれのセクシュアリティやジェンダー、ジェンダー表現は、こうしたドラァグ・クイーンを含め、まさに「ブレンド」の様相を呈した。

「ゲイナイト」がゲイ専用色を強め、普及に行き渡りを見せるのは、世紀の変わり目頃だったと筆者は記憶している。九七年頃に早稲田大学ゲイサークル「GLOW」の学生などが中心となり、ゲイナイト「クレイジーキャンバス S-cool boyz & girlz」が開催される。九九年には別の大学生などによって「大学生ナイト」が企画される運びとなり、こちらは定期的に開催された。新宿では「大学生もがゲイナイトを企画する時代」となった。「大学生ナイト」には、ゲイだけでなく、もちろんレズビアンや、バイセクシュアル、性的指向を決められない・決めたくない学生がいた。あるいは、男らしさ／女らしさ、性別そのものに違和感を抱えている学生や、今でいう「Xジェンダー」として自己認識する学生なども混じっていた。「大学生」という名目的なくくりのもとで（というのも、実際の参加者は大学生に限定されなかった）、さまざまなセクシュアリティとジェンダーの若者が集う場所となっていた。

少し遅れて「三〇代でナイト」や「リーマンナイト」が企画されていく。しばしば、若ければ若いほど魅力的とされてきた日本のゲイ・シーンにおいて、こうしたゲイナイトは「三〇代でないと（魅力的じゃない）」という新しい価値観や、「私服やジャケットではなく通勤スーツでナイトに行く」というオルタナティブな遊び方をもたらした。だがこれは、「ゲイナイト」のクラブ・シーンで、「男の魅力がわかるゲイ男性」を称揚する価値観を強めたと言えるかもしれない。

4 インターネットの普及とSNSの登場

九七年頃より家庭にインターネットが普及する。チャット・ベースの出会いが盛んに行われた。九九年頃にはカメラと画像送信機能（いわゆる「写メール」）がついた携帯電話が登場し、出会いは、（画像付き）掲示板へ移行していく。まどろっこしい雑誌の通信欄はもちろんのこと、大型ゲイナイトに行って多くの人に出会うというやり方でさえ、徐々に「効率」の悪い出会いとして感じられていく。折しも構造不況から抜け出せないまま長い不景気に日本が突入し、新卒採用の抑制、年功序列賃金の廃止、非正規雇用の増大などの社会構造の波を受けることになった若者の支出は、スキーやクルマ、コンパではなく、月々のインターネット接続代金や携帯電話代に消えていく時代に入っていた。

二〇〇〇年代前半、インターネット・ブラウザを介して人間関係を構築することに特化したサービスが生まれる。ソーシャル・ネットワーク・サービス（SNS）と名づけられる。先鞭をつけたのは「グリー」だが、日本で最も多くのユーザー数を誇ったのは「mixi《ミクシィ》」（二〇〇四年三月リリース）であった。リリース当初は友人の紹介でのみしかサイトに登録できなかった。その半閉鎖的なシステムの中で、人間関係の横のつながりは「友達の一覧」として表示される便利さがあった。それに加えて、承認した友人、もしくはその友人の友人のみに日記や画像を見せる機能があった。つまりmixiでは、安全で時に「大胆な」社交が可能となったのである。家でインターネットをしながら社交ができるため、出会いのプラットフォームとしても一躍躍り出た。バーやクラブの重要性はゲイ・バイセクシュアル男性の中で急激に低下していった。mixiに対するゲイ・バイセクシュアル男性の受容は非常に早く、二〇〇五年三月号のゲイ雑誌『バディ』において「二〇〇四年の回顧」として一位に挙げられている出来事が「mixi旋風」であった。

mixiは半閉鎖的だったとはいえ、異性愛男性や女性ともつながることも容易だった。また、周縁的なセクシュアリティや共通の嗜好をもつ者同士が仲間を見つけ出すことも簡単にできた。後者についてはサービスの提供のしかたと関係していた。[★13] 第一に、mixiでは文字検索ができた。たとえば「競パン」（競泳用パンツ）と入力すれば、そのことについて触れた日記、画像、コミュニティ、プロフィールなどを検索結果として表示させることができた。第二に、mixiでは「コミュニティ」を自作することができた。たとえば「太目で競パン」というコミュニティを作っておけば、さらにニッチな出会いを望む人々同士でつながることができた。

mixiの成功を見るや、二〇〇六年頃からmixiに酷似したゲイ専用SNSが林立していくことになる。「Men's Mix《メンズ・ミックス（メンミク）》」「HuGs《ハグス》」「男子寮」などがよく知られていた。他方で多様な人々が集うmixiでは、異性愛男性からのフォビックなメンションもあったと言われている。会社や同級生の間で「mixiまだやっていないんですか?」と会話がなされるほどに知れ渡った頃には、ゲイ・バイセクシュアル男性はゲイ専用SNSへと大移動をはじめていた。二〇〇〇年代、ゲイバーは経営が難しくなり、店舗を閉めたり、異性愛の男女をもてなす「観光バー」へと舵を切っていったりすることが観察できているが、[★14] それはmixiやゲイ専用SNSの普及と関連があるかもしれない。ここにきて、新宿二丁目や大阪・堂山の「ゲイ・タウン」に、再び「ゲイ」と「ゲイ以外」が空間を共にすることが増えていく。

先述のゲイ専用SNSではmixiと同様、文字検索機能やコミュニティ自作機能を実装していた。またそのために、全国規模で多様でニッチな人々とつながることができた。ただ、日本では外国発の「グリー」がガリバー事業体にならなかったことも

★13 石田仁『はじめて学ぶLGBT』ナツメ社、二〇一九年、二〇四―二〇七頁。
★14 観光バーの興隆については、大阪・堂山町の「ゲイタウン」の形成について詳らかに調べた鹿野の研究がある（鹿野由行『繁華街における周縁的セクシュアリティの需要過程――近現代大阪の「ゲイタウン」形成史』大阪大学文学研究科博士論文、二〇一九年）。

あって、国産サービスのmixiユーザーからの移動組が初期のゲイ専用ＳＮＳのメンバーを形作った。このため、ゲイ専用ＳＮＳのユーザーに外国人は非常に少なく、日本のゲイは非常に閉じられた空間で「第二のＳＮＳ」を謳歌していた。

5　スマートフォンＧＰＳアプリの登場

二〇〇七年に「iPhone」がリリースされると、携帯電話は、「インターネット通信機能を備える携帯」（「ガラケー」）とiPhoneのような「携帯サイズまで小さくなったＰＣ」（「スマートフォン」）に二分されるようになった。後者においてはその端末で動くソフトウェア（「アプリ」）の第三者による開発が奨励された。二〇〇九年三月、全地球測位システム（ＧＰＳ）を用いたアプリ「Grindr《グラインダー》」がアメリカ合衆国でリリースされ、商業的に成功する。他のGrindrユーザーを、自分に近い順に、その距離と共に表示する点が画期的だった。ゲイ・バイセクシュアル男性はこのアプリを知るや、ガラケーを捨て、こぞってスマートフォンに買い替えた。

Grindrは「App Store」「Google Play」といったグローバルなアプリのストアからリリースされていた。その成り立ちがあるため、インストールをして起動したあとに、まず目につくのは相当数の外国籍の男性であった。これがmixiやメンミクなどの国産ブラウザ系のＳＮＳとは大きく異なるところであった。

とはいえ、民族的な多様性を日本人のゲイ・バイセクシュアル男性はすんなり受け入れたわけではなかった。ＧＰＳアプリの特色の一つに、「フィルター」の存在がある。フィルター機能により、年齢だけでなく、特定の人種（白人、黒人など）を表示したり表示させなくしたりすることができるようになった（詳細なフィルタリング機能は有料にしているアプリも多い）。

それと同時に自己紹介欄にはフィルタリングされにくい選別要素が書かれることになる。例えば、「女っぽい人×」、「中身ぜんぜん男です」、「男だから性欲もあります」、「純粋な日本人です」、「外人興味なし」といった自己呈示がそれである。中には、嫌韓・嫌中をことさらに主張しているユーザーもいる。「女っぽいかどうか」や「韓国人に間違われやすい顔立ちをしているが日本人である」ことは、フィルター機能でコントロールできないためである。

Grindrの成功を受け、ＧＰＳを用いた出会いアプリは順次リリースされていく。現在の日本におけるゲイ向けＧＰＳのキラー・アプリは、Grindrから「Jack'd《ジャックド》」を経て、国内で開発されたアプリ「9monsters《ナインモンスターズ（ナイモン）》」へと移行しているが（二〇一九年一月現在。その他新興アプリが多数ある）、「純粋な日本人です」という表現は、この比較的新しい国産アプリにおいても引き継がれて用いられている。

GPSアプリにおけるユーザーの自由度は、mixiやゲイ専用SNSと比べると、大幅に制限された。自由記述欄以外で記入できる要素は、身長・体重・年齢、居住地、性関係、好きな音楽、本などに限られた。文字検索もできなくなり、コミュニティを自作することもできなくなった。他方、9monstersでは人気の度合いによって、本人の「レベル」が一元的な数値として表示される機能を実装した。人気の度合いが高ければ「人気ユーザー」として起動画面に登場することができ、そうなった場合、連絡を取りたいと思った人からの通知が一日中鳴りやまないと言われている。そうして選ばれる「人気ユーザー」の十数名は毎日変わるものの、おしなべて男性らしい男性が選ばれる傾向にあり、その傾向をみたゲイは、自分の外形的な「男らしさ」を磨こうとするために、一層、「モテ筋《すじ》」が「男らしい男」に集中していくという傾向にある。

6　GPSアプリとBL

ただし、アプリがゲイ・シーンの多様性について負の寄与ばかりをもたらしたわけではない。自己プロフィールの「好きな本」欄に「BL」と書く若いユーザーが相当数いることを確認している。mixiやゲイ専用SNSといった二〇〇〇年代のSNSの、自由度の高いプロフィールにはほとんどなかった傾向である。つまり現在では、本人が継続的に触れている「ゲイ」コンテンツはゲイ雑誌ではなく「ＢＬ」であると明記する層が、一定程度存在しているのである。「ＢＬ」が「好きな本」欄に書かれるようになったのはなぜだろうか。

九〇年代から二〇〇〇年代にかけてのＢＬでは、主要人物に「俺はホモじゃない」と語らせたり、「ホモ」は「気持ち悪い」と周辺人物（男女）に語らせたりするようなフォビックな表現が満ち溢れていた。[★15] あるいはバッドエンドの作品もまだ見られた。しかし二〇〇〇年代から徐々に変化が見え始め、最初からゲイとして主人公が登場するＢＬ作品が増え、バッドエンドで終わる作品が見られなくなっていった。[★16] さらに二〇一〇年代では、ゲイに対するフォビアを単に物語から抹消するのではなく、日本社会に厳然と存在する現実のミソジニーやホモフォビア、異性愛規範を作品の中に関連させたうえで、それらと交渉し、乗り越えていく登場人物たちの物語も目につくようになってきた。この、社会構造のもとで相互行為を通じて嫌悪や規範を超克しようとす

★15　溝口彰子「ホモフォビックなホモ、愛ゆえのレイプ、そしてクィアなレズビアン」『QUEER JAPAN』vol. 2、二〇〇〇年四月、石田仁「「ほっといてください」という表明をめぐって――やおい／ＢＬの自律性と表象の横奪」『ユリイカ』第三九巻第一六号、二〇〇七年一二月、総特集「ＢＬスタディーズ」。

★16　藤本純子「関係性からみるＢＬの現在」『ユリイカ』総特集「ＢＬスタディーズ」九一―九二頁。

る作品を、溝口彰子は「進化するBL」と呼んでいる。[★17]「進化するBL」の作品の一部はアニメ映画にもなるなど（中村明日美子『同級生』）、普段BLを読まない多くの人が目に触れ受容する土壌が日本に形成されつつある。この変化が、ゲイ向け出会いGPSの「好きな本」欄に「BL」と書けるようになった理由の一つではないだろうか。

溝口が挙げている作品のほかにも、この「進化するBL」に属するであろうと思われる人気作品は数多く出版されてきている。例えば、永井三郎『スメルズライクグリーンスピリット』（ふゅーじょんぷろだくと、二〇一二―一三年）や凪良《なぎら》ゆう『愛しのニコール』（心交社、二〇一六年）などが挙げられる。両作品とも、ホモフォビアと不可分なものとして発せられるところのトランスフォビアをよく描いており、「都市と地方」といった中心―周縁の非対称な構造も物語に組み込んでいる。また、人気作家である雲田はるこは一連の作品において、親密な男性同士に対して祝福「できない」女性をひとり、重要な登場人物としてあえて描いたり、「(同)性愛的なもの」が隠蔽されやすい「家《ホーム》」の中で、主人公のカップルがセックスを試みようと挑戦するさまを描いたりする。BL研究者の金田淳子と堀あきこはそれぞれ、社会の空気に挑戦する作品であるとして、雲田作品を次のように評価している。

〔雲田はるこは自身の作品において、主人公の恋敵としての女性から、「理解者」としての女性へといった〉これまでのBLの歴史をふまえつつ、女性の作者・読者が「居心地がよい」と思い、BLを読むことであたかも「現実のゲイ」を理解したつもりになってしまうような女性像を、あえて選ばないということだ。★18

家族はシスヘテロのカップルを基盤として構築されるのだから、同性愛者であることを自覚したものにとって、そこに身の置き場がない感覚や、息の詰まる思いが描かれることは自然だろう。〔中略〕「家の中に公認された〔同性カップルが〕セックスを持ち込む」という設定や、「実家感」のある場所へのエロの配置は、まだ私たちの社会が達していない〈ホーム〉のあり方を示しているといえるだろう。★19

ゲイ雑誌やゲイ専用SNS、ゲイアプリは「男性が好きな男性」に向けて展開される内向きのメディアである。トランスフォビアやミソジニー、あるいは外国人の排斥は、しばしば「無意識に」なぞられ続け、時に増幅する。だが、若いゲイ・バイセク

★17 溝口彰子『BL進化論――ボーイズラブが社会を動かす』太田出版、二〇一五年、一二四頁。
★18 金田淳子「つごうのよくないマンガ――ボーイズラブマンガにおける雲田はるこの位置と批評性」『ユリイカ』第五〇巻第一六号、二〇一八年一二月、特集「雲田はるこ」一九六頁。
★19 堀あきこ「ホーム・スイート・ホームを超えて――雲田はるこの官能的で健やかな性表現と〈ホーム〉」『ユリイカ』特集「雲田はるこ」二〇七頁。

シュアル男性の一部は、そうした内向きのメディアだけでなく、ＢＬにも同時に触れており、そしてアプリの「好きな本」欄に「ＢＬ」と書いている。「進化したＢＬ」群は、ゲイ・バイセクシュアル男性に対して、日本社会にホモフォビアは厳然とあり、それを乗り越えようとするアクターがいることをあらためて自覚させてくれる。それだけでなく、これらの作品に親しむことによって、男性性を称揚する影にトランスフォビアやミソジニーがあることや、中心と周辺の非対称な社会構造が存在することを気づかせる、超克するための重要な資源となっている可能性をもっているのである。

これは逆に言えば、あらかじめ日本のＢＬに触れた外国人ゲイが日本に来た場合、日本のアプリを入れて開いた途端、嫌韓・嫌中メッセージに曝されてしまうことを意味している。トーマス・ボーディネットの論文（本書第Ⅱ部冒頭）によれば、中国大陸のインフォーマントのゲイ男性にとって、「同性愛は危険で異常である」とする自国の言説に奮闘するための力を与えたのが日本のＢＬであったが、希望を託して来日したそうしたゲイ男性が現実の日本人ゲイと交流する過程で、その力がふたたびそぎ落とされてしまう。この指摘は、極めて示唆的である。

7 おわりに

本稿では、時代時代にトレンドとなってきたゲイの出会いを見てきた。それはグローバル化や民族／ジェンダーの多様性を歓待する単純な道筋ではなかったと筆者はとらえている。次に来る出会いのトレンドは何であろうか。最近のLGBTパレードやパレードに付随したイベントは大型化しており、さまざまな立場から参加する多くの人々が経験を共有することも可能となっている。新しい出会いのトレンドはまだ誰にも予測できないが、そのトレンドが多様性を歓待するものとなるのか、引き続き注目していきたい。

第Ⅱ部　ＬＧＢＴ（Ｑ）とＢＬ

憧れの世界を読み取る

一時滞在の中国人ゲイに対する「希望のよりどころ」としてのＢＬ

トーマス・ボーディネット
齋藤朝子パトリシア訳

仕事の出張で定期的に日本を訪れる中国人のゲイ男性ミンヨウ（二七歳）は、来日するたびに日本人のボーイフレンドとの出会いを期待している。二〇一三年のある一夜、彼は筆者と酒を酌み交わしながら、ゲイタウンである新宿二丁目で自ら経験した反中感情について、苦々しく語った。ミンヨウによると、日本人のゲイは彼が中国人であることを理由に彼を避けるらしい。あるゲイバーの常連に「不良中国人」とののしられ、店のオーナーから店を出て行くように言われたこともあるという。「理想の日本人ボーイフレンドを探すために日本に来たのに」と悲しそうに彼は語った。日本人のボーイフレンドが欲しいと思うようになったのは、高校生の頃に日本のボーイズラブ（以下、「ＢＬ」という）マンガと日本のゲイポルノビデオ（GV）を見始めてからだ、と彼は説明した。BLマンガを読むことは、中国の異性愛主義社会において[★1]ミンヨウが自らのセクシュアリティを受け入れる助けとなり、ゲイ男性としての自覚を深めていく基本であり続けている。しかし、日本での外国人嫌悪の体験を経た後では、「日本人男性への愛」であふれた「ファンタジーへの逃避」という意味で日本のBLは読むけれども、日本のBLへの情熱に疑問をもつようになってきている。

本章ではミンヨウのように、日本のBLマンガを消費し、そうしたテクストの消費が自らのゲイの欲望とアイデンティティを理解するための根拠だと見ているような、日本へ一時滞在する中国人のゲイの体験について述べる。[★2]日本に一時滞在している七名の中国人ゲイに対して、彼らが日本のBLをどのように読んでいるかをイエス・ノー以外の質問を含むインタビューをすることで、私は中国の異性愛主義的な社会や日本のゲイ・サブカルチャー空間における中国人差別のどちらにも対抗するための手段を与えてくれる「希望のよりどころ（resource of hope）」として、BLがいかに作用しているかを調査した。

BLの消費が、いかにこれら七名の中国人ゲイ男性がロマンスを求めて来日する動機づけとなったのか、より正確に言えば、彼らのBL消費が「欧米の」ゲイ・メディアとどのように対比され、この位置づけが彼ら自身をアジアのゲイ男性とはっきり認識することになったのか、について考察する。特に重要であるのは、他の日本製のゲイ・メディアと相まって、BLを消費することが、いかに解放の実行を表象するようになっていったのかについて考える――それは、七名にとっては、日本が性的に進歩的であると徐々に信じるようになることで、中国社会の根底にある異性愛主義に挑戦することを可能にしたということだ。次に、日本のゲイ・サブカルチャー空間で反中感情に出遭った経験を通して、「すてきな日本人男性」という希望に満ちた言説を構築するために、BLが明らかに引き合いに出されていることを証明し、この研究のインフォーマントにとってＢＬが重要な「希望のよりどころ」であり続けていることを明らかにする。最後に、日本のＢＬの役割について考察する。それは、ゲイ男性の欲望を言説化する助けになると見なされていた。その上、七名の男性はこのような言説を日本独特なものであると言っていた。このようにして、ＢＬの国境を越えた消費により、元々は日本における少女文化の中で発展した潜在的な解放力をもつクィアな言説が世界のＬＧＢＴ文化によって国際化されていくことについて考察する。

★1　異性愛主義社会とは、異性愛を自然なものと捉え、規範化する社会。中国において同性愛行為は一九九七年に非犯罪化されたが、男性の同性愛行為は中国のメディア法において未だに「不自然な性行為」と思われる傾向があり、同性への性的興味は社会から受け入れられていない。詳しくは以下を参照してもらいたい。Mei Ning Yan, "Regulating Online Pornography in Mainland China and Hong Kong," in *Routledge Handbook of Sexuality Studies in East Asia*, ed. Mark McLelland and Vera Mackie (Abingdon, Oxon: Routledge, 2015), 388–389; Ling Yang and Yanrui Xu, "'The Love that Dare Not Speak its Name': The Fate of Chinese Danmei Communities in the 2014 Anti-Porn Campaign," in *The End of Cool Japan: Ethical, Legal, and Cultural Challenges to Japanese Popular Culture*, ed. Mark McLelland (Abingdon, Oxon: Routledge, 2017), 169.

★2　一時滞在の中国人ゲイとは、日本に永住するつもりがなく、仕事、勉強やレジャーのため日本に一時滞在する人を意味する。このような移民習慣は若い中国人に一般的である。詳しくは以下を参照してもらいたい。Gracia Liu-Farrer, *Labor Migration from China to Japan: International Students, Transnational Migrants* (London: Routledge, 2011).

表　インフォーマントの詳細[★3]

匿名	インタビューの日にち	年齢	日本滞在期間と目的（インタビュー時点）	日本語能力[★4]	インタビューの言語
チュンファ	2013	23	半年間（大学交換留学）	上級	日本語、中国語
ミンヨウ	2013	27	２週間（仕事の出張）	中級	日本語、中国語
キャルヴィン[★5]	2015	22	半年間（私立大学交換留学）	中級	日本語、英語
シュエヤン	2015	24	２週間（旅行）	初級	英語、中国語
イーシン	2016	24	未定（大学交換留学）	上級	日本語、中国語
ハン	2016	30	未定（大学交換留学）	初級	英語、中国語
ドンチェン	2016	24	1週間（旅行）	なし	英語、中国語

憧れの世界の読み取り

本章では、憧れの世界の読み取り（aspirational reading）という観念を活用することにより、二〇一三年から二〇一六年の間に東京において行ったインタビュー調査の対象者によって、BLがどのように理解され、利用されているのかについて調べる（表）。憧れの世界の読み取りという概念は、テクストや商品の消費が消費者に現実逃避的な感覚をしみこませていくことの説明として、発展してきた概念である。[★6]ただし、ファッション誌『ヴォーグ』を読む経済的地位が低い女性読者を研究対象にしたエレン・マクラケンによる分析が示すように、憧れの世界の読み取り／消費はさまざまな商業的利益に分散しやすいため、結果的にはこのような行為が、主体を解放する潜在的な力になるかどうかは、否定されることが少なくない。[★7]しかし、憧れの世界の読み取りを活用する人々にとって、テクストは低い社会的地位（例えば、階級、ジェンダーやセクシュアリティ、または少数民族の地位等に基づくもの）に挑戦するためのツールであり、テクスト消費によって得られる解放力には意味がある。[★8] このように、憧れの世界の読み取りは、異性愛主義の女性がBL消費をするうえで欠くことができないとパトリック・ガルブレイスが強調するロマンティックな現実逃避や「妄想」に似ているのである。[★9] 最終的に、本章はBLをツールとして扱うため、BL作品に見られる言説と中国男性たちの関係にではなく、これらの中国人ゲイ男性が国外における日常生活をすごすうえで、どのようにメディアとしてのBLを消費し、理解しているのか、という点に焦点を当てることになる。

★3　インフォーマントたちは筆者が東京でフィールドワークを行っている間にリクルートされ、インタビューは日本語、中国語および英語のミックスで行われた（筆者は日本語をネイティブに近いレベルで話し、中国語を中級レベルで話せる）。インタビューは録音され、in vivoコーディングを使用してトランスクライブし、コーディングした。詳しくは以下を参照してもらいたい。Pat Bazaley, *Qualitative Data Analysis with NVivo* (London: Sage, 2007).
★4　インフォーマントたちの日本語能力に関するデータは、彼ら自身の自己採点に基づく。
★5　キャルヴィンは英名を望んだため、英語の匿名を使用した。
★6　Peter Corrigan, *The Sociology of Consumption: An Introduction* (Thousand Oaks, CA: Sage, 1997), 87.
★7　Ellen McCracken, *Decoding Women's Magazines: From Mademoiselle to Ms.* (New York: Palgrave Macmillan, 1993), 168-169.
★8　McCracken, *Decoding Women's Magazines*, 170.
★9　Patrick W. Galbraith, "Moe Talk: Affective Communication among Female Fans of Yaoi in Japan," in *Boys Love Manga and Beyond: History, Culture, and Community in Japan*, ed. Mark McLelland, Kazumi Nagaike, Katsuhiko Suganuma, and James Welker (Jackson: University Press of Mississippi, 2015).

「アジア」のゲイ・メディアとして消費される日本のＢＬ

七名のインフォーマントは、全員一〇代後半ごろに中国語のウェブサイトで日本のＢＬを知り、ほぼ同時期に自身の同性に対する性的興味を自覚し始めた。筆者は以前にＢＬを消費する日本人のゲイについて研究を行ったが、日本でも同様のケースが多い。[★10] 他の六名の経験と関連するのだが、チュンファ（二三歳）は、彼自身の新たに発見した同性に対する性的興味を理解するために情報を検索している際、「たまたま」ＢＬを発見したと語った。これら七名の男性にとって日本のＢＬ――典型的には、ファンにより翻訳され、非公式にＢＬのファンサイト[★11]で配布されたマンガ――は、こうして、彼らが自身のセクシュアリティを考えるための重要な手がかりとなった。このように、男性たちのＢＬとの遭遇経験は、腐女《フーニュ》たちの陳述とも似ている――中国人女性のＢＬファンたちも、典型的にはセクシュアリテイを考え始める思春期にＢＬを知ったのである。[★12]

当初七名の男性が日本のＢＬを知ったのは、中国の耽美《ダンメイ》とよばれるファンダムにおいてである。これは一九九〇年代に漢字文化圏で現れた日本のＢＬの影響を受けたホモエロティック（性的な欲望をそそる同性同士の関係）なジャンルである。インフォーマントは日系圏《リーシーチユエン》とよばれる一部の腐女――漢字文化圏（原耽圏《ユエンダンチユエン》）の耽美《ダンメイ》や欧米の「スラッシュ」ファンダム（欧米圏《オウメイチユエン》）よりも日本のＢＬを好む腐女（詳しくはシュウ・ヤンルイ／ヤン・リンの章を参照）――が作成したウェブサイトでＢＬと遭遇した。しかし、月日が経つにつれ、ドンチェンを除くすべての男性たちは耽美ファンダムから離れ「ＢＬ」の消費に近づき、下記に述べるとおり、中国のＢＬ用語を拒絶し日本のＢＬ用語を好むようになった。これはたいてい大学における日本語学習の開始と同時期に起こったことであり、日本語学習の動機も、ある程度はＢＬや日本のゲイへの性的興味からくるものであった。

インタビュー調査中、七名のインフォーマントは、自分たちはけっしてＢＬの「ファン」ではなく、実際にはちょっとかじっているだけの消費者だと理解していると説明したが、これは筆者が以前述べたように、ＢＬを消費する日本人のゲイの意見と一致する。[13] この理由は主にインフォーマントたちの日本のＢＬ消費が、もっと複雑なパターンのゲイ・メディア消費の中の一部に過ぎないからだ。彼らはインターネットで日本のＢＬを消費するうえに、インターネットで日本のＧＶも消費していた。男性たちがアクセスしたウェブサイトは通常、中国本土よりポルノグラフィに対する制限が緩和な台湾や香港でホストされており、腐女《フーニュ》ではなく他のゲイにより管理されていた。[14] インフォーマントたちによると、これらのウェブサイトでは日本のＢＬとＧＶを両方提供しており、「日本Ｇ篇《リーベンジービィエン》」（日本のゲイ・ポルノ）として一緒にまとめられていた。[15] したがって、七名の男性は主に日本のＢＬ消費をポルノグラフィ消費と

★10　Thomas Baudinette, "Japanese Gay Men's Attitudes Towards 'Gay Manga' and the Problem of Genre," *East Asian Journal of Popular Culture* 3, no. 1 (2017).

★11　このようなファンにおける翻訳の習慣は、中国のＢＬファンダムだけではなく、中国における日本のマンガ、アニメやゲームのファンダムにとって重要である。詳しくは以下を参照してもらいたい。Yang and Xu, "The Love that Dare Not Speak its Name," 168; Wei-ming Ng, "The Consumption and Perception of Japanese ACG (Animation-Comic-Game) Among Young People in Hong Kong," *International Journal of Comic Art* 12, no. 1 (2010): 468.

★12　Chunyu Zhang, "Loving Boys Twice as Much: Chinese Women's Paradoxical Fandom of 'Boys Love' Fiction," *Women's Studies in Communication* 39, no. 3 (2016), 253-254.

★13　Baudinette, "Japanese Gay Men's Attitudes," 60.

★14　Yan, "Regulating Online Pornography"; Heung Wah Wong and Hoi Yan Yau, *Japanese Adult Videos in Taiwan* (London: Routledge, 2014).

して理解しており、この点に関してインフォーマントたちはBLをゲイ・ポルノとして消費するフィリピンのBLファン（異性愛者と同性愛者を含む）と類似している。[★16] キャルヴィン、イーシンとドンチェンによると、いくつかのウェブサイトは日本のゲイが制作し消費するマンガ（「ゲイコミ」や「野郎系」マンガ）も「日本G篇」として配布していた。この三名は、強いて希望を言えば異性愛者の女性が制作し消費するBLよりも、上記のような作品を好んだ。

七名の男性は、彼ら自身の日本のBL消費とGV消費を西洋のゲイ・ポルノやゲイ・メディアとは正反対に位置づけていた。彼らは青年期に日本と西洋のゲイ・メディアを両方消費し始めたが、年月がたつにつれて日本のコンテンツへの嗜好が高まり西洋のコンテンツの消費をやめた。二四歳のイーシンは、彼自身が日本のゲイ・ポルノ消費を好むのは日本人と中国人が「アジアの文化と民族性」を共有するためであり、したがって、彼がアジア人男性に惹かれるのはとても「自然な」ことだと説明した。確かに、七名の男性全員がBLのような「アジア」のゲイ・メディアの消費は中国人のゲイにとってよりふさわしいと信じており、西洋のゲイ・メディアはより感情移入がしにくく、より興奮しにくいと思っていた。実際、これらの男性のアジア人男性に対する性的欲望は非常に強く、西洋人が出演する実写ポルノグラフィより、アジア人と読み取れるイラストレーションを消費することを好んだ。七名のインフォーマントのように日本のポルノグラフィ消費が「アジア人」に適しているという意見は、中国人と台湾人による日本のポルノグラフィ・メディアの消費に関する研究でも報告されている。[★17] 日本のBL・GVの消費は、七名の中国人男性にとって自身の性的アイデンティティを理解するための知識を与える重要な役割を果たし、同性に対する欲望の言説を提供したが、彼らはこの言説を明白に「アジア」のものと理解していた。

日本のＢＬを消費するにつれて、インフォーマント全員は自身の性的欲望を明確なものとし、同時に性的指向と体位をカテゴライズするために日本のＢＬの慣例と用語を参考にし始めた。これがＢＬ消費者でも中国語を話す人々にとっては一般的な慣例でないことは、ヂャン・ウェイロン（張瑋容）の台湾腐女子に対する研究によって証明されている。★18 この傾向の特に顕著な例として、好みの体位とそれに関連したジェンダーに自分をなぞらえるために、インフォーマントたちが「攻め／受け」（中国では「攻《ゴン》」・「受《ショウ》」）というパラダイムを使うことが挙げられる。興味深いことに、インタビューに何語で答えたかに関わらず、インフォーマントたちはこれらの用語については日本語を好んで使っているようであった（日本語能力が欠けていると主張したドンチェンを含む）★19。日本のＢＬと中国の耽美作品に共通する物語を参考に、★20 性的行為において能動的で挿入する側を「セメ」、受動的で挿入される側を「ウケ」

★15 このような傾向は日本の電子掲示板である「2ちゃんねる」にも現れており、ＢＬや日本と西洋のゲイ・ポルノグラフィがゲイ男性により「オナニー用おかず画像」としてまとめられている。詳しくは以下を参照してもらいたい。Baudinette, "Japanese Gay Men's Attitudes," 67.

★16 Tricia Abigail Santos Fermin, "Appropriating Yaoi and Boys Love in the Philippines: Conflict, Resistance and Imagination Through and Beyond Japan," *Electronic Journal of Contemporary Japanese Studies* 13, no. 3 (2013). http://japanesestudies.org.uk/ejcjs/vol13/iss3/fermin.html.

★17 Katrien Jacobs, *People's Pornography: Sex and Surveillance on the Chinese Internet* (Bristol, U.K.: Intellect, 2012), 38; Wong and Yan, *Japanese Adult Videos*, 18.

★18 Weijung Chang, "Exploring the Significance of 'Japaneseness': A Case Study of *Fujoshi's* BL Fantasies in Taiwan," in *Boys' Love, Cosplay, and Androgynous Idols: Queer Fan Cultures in Mainland China, Hong Kong, and Taiwan*, ed. Maud Lavin, Ling Yang, and Jing Jamie Zhao (Hong Kong: Hong Kong University Press, 2017), 185.

★19 例えば、シュエヤンは「我《ウォ》想《シィアン》我《ウォ》就《ジウ》是《シー》個《ゲェア》攻《せめ》（私は攻めだと思う）」と発言した。中国の耽美用語は最終的に日本語に基づいている。

として使用していた。一般的に、ＢＬと耽美作品における攻めは受けより「男らしい」と理解されているが、最近は「男前」受けや「乙女」攻めも現れるようになった。[★21]

攻めと受けのどちらかに自分を当てはめることによって、七名のインフォーマントたちは日本のゲイ・サブカルチャーで歴史的に使用されてきた「タチ」と「ネコ」等の用語ではなく、ＢＬ用語を基礎として自らのゲイとしての欲望を理解していた。また、彼らはゲイとしての欲望とアイデンティティに対する「欧米の」物語を異質で「アジア人」ゲイ男性の人生には当てはまらないと理解し、はっきりと拒絶した。実際、同性同士の愛という個人的な物語の中において、日本そのものが重要な比喩的存在になった。日本は彼らが自由に欲望を探究できる架空の空間を象徴するようになっていったのである。

日本への憧れ――希望を与える日本のＢＬ

七名のインフォーマント全員にとって、日本のＢＬは重要な「希望のよりどころ」を象徴するようになり、中国社会の異性愛主義的な構造に立ち向かうための助けとなった。中国全土で同性愛者に対する態度が変化していることは相違ない。リサ・ロフェルによると、中国における中流上層階級者が「中国的特色をもつコスモポリタニズム」を受容したため、性的少数者もいたしかたなく受け入れられるようになってきた。[★22]しかし、実際中国で「カミングアウト」したゲイ男性として生活することは未だに困難に満ちている。その結果、家族や職場の同僚に同性への関心を明かしたものは七名のインフォーマントの中には一人もおらず、男性に対する欲望を隠すことによる精神的抑圧から逃避するために日本のＢＬを私的に消費していた。二四歳のシュエヤンによると、高校時代によく男子生徒に彼の「女々しい行動」を理由に容赦なくいじめられ、帰宅後に日本のＢＬマンガを通して「自分を失う」ことがホモフォビックないじめへの対処方法の一つとなった。シュエヤンの経験は日本のＢＬの憧れの世界の読み取りによって、中国でゲイとしての困難な環境に対処し、切り抜けた例の代表である。

ホモフォビックな差別の当事者経験をもつ七名の男性は、中国を主にホモフォビックな社会であると理解していた。さらに、このような差別から逃れるためにＢＬを消費し続けた日本のＢＬは、同性を欲する人々に対して寛容な日本社会への強い魅力をインフォーマントたちに植えつけた。この日本に対する欲望はインタビューで「ニホンノアコガレ」や「日本的梦想《リーベンデェアモンシィアン》（夢想）」と表現された。

憧れの世界に向けられたレンズを通してＢＬを解釈することによって、七名の男性の日本に対する欲望はＢＬテクストで構築され、描かれた日本と異性愛主義的な中国社会での当事者経験を、知らず知らず比較するようになっていった。インフォーマントたちがＢＬマンガの消費を通して構築し始めた日本、および憧れの世界の読み取りの行為を通して内面化した日本は、ジェンダー差別や性差別がなく、異性愛主義を逸脱したジェンダーの振る舞いを許す場所であった。インフォーマントは日本を中国より同性愛者を受容する場所だと理想化しており、三〇歳のハンは青年期の間、日本を「世界で最も寛容な国……まさにゲイ・パラダイス」だと思っていた。興味深いことに、このような物語はトリシア・フェルミンが論じる、日本を「ジェンダーフリー」で「ＬＧＢＴフレンドリー」な社会だと理解しているフィ

★20　西村マリ『ＢＬカルチャー論――ボーイズラブがわかる本』青弓社、二〇一五年、一二七―一五五頁。
★21　Zhang, "Loving Boys Twice as Much," 261.
★22　Lisa Rofel, *Desiring China: Experiments in Neoliberalism, Sexuality and Public Culture* (Durham, NC: Duke University Press, 2007), 121.

リピンにおけるBL消費者と類似している。[★23] しかし、日本はおそらく中国と同程度、異性愛主義的であり、同性への欲望に対する差別は未だに広範囲にわたって存在していると認識することが重要である。[★24] 実際、BLはさまざまな日本のゲイ活動家や学者から、同性愛者の経験を正確に表していないと批判されている。[★25] 後述するとおり、中国人インフォーマントのBLに対するやや無批判的でナイーブな考えは、事実、彼らの来日後、問題を引き起こすこととなった。

それにも関わらず、中国で生活している間に経験した異性愛主義による抑圧は明らかに「中国」のものと理解されており、BLを消費することによって理想化された日本は七名の中国人ゲイにとって重要な「希望のよりどころ」となった。日本のアニメ、マンガ、ゲームを消費する「クィア」なファンを対象としたカトリーン・ヤコブズの漢字文化圏におけるポルノグラフィ消費の調査と同様に、七名のインフォーマントは日本のBL消費を用いて自分のセクシュアリティを探求し「実践する」ことができる安全な場を形成した。[★26] 中国の主流メディアと社会的な言説はこのような欲望を「不自然」で社会の秩序に「危険」であると位置づけていたが、「希望のよりどころ」として日本のBLは「アジア人」ゲイ・アイデンティティの物語をインフォーマントたちに与え、彼らの同性に対する欲望を肯定した。[★27] 例えば、キャルヴィンによると、彼がBLマンガを読んで受けキャラを「発見」したことは、自分の「がっちりした強い攻めに組み伏せられる欲望」を「完全に自然」なものだと肯定し、ミンヨウは「BLのセックスシーン」を読みながら自慰行為をすることによって全体的に自分の「ゲイ欲望」と向き合えるようになったと主張した。最終的にこの七名の中国人男性にとって、日本のBLは同性への欲望を「不適当」とする異性愛主義的な観念に挑戦するための活力的なツールを象徴し、テクストによってこのように憧れの世界を読み取ることは、彼らのゲイとしての主体性を成長させるために重要な役割を果たした。

日本における反中感情に対処するためのＢＬ消費

七名のインフォーマントの日本への憧れは年月につれて強くなり、彼らはやがて日本人の男性との恋愛やセックスを求めて日本へ向かった。チュンファ、キャルヴィン、イーシンとハンの場合、日本人のボーイフレンドに対する欲望のため中国から日本の学校へ交換留学までもした。インフォーマントたちのＢＬ消費は、彼らに日本で見つかるであろうパートナーの理想像を植えつけた。彼らは張り切って日本のゲイ文化に参加し始め、日本人のゲイ男性を目当てに東京の新宿二丁目等のゲイ・スポットを訪れた。しかし、インフォーマントたちは初めて日本を訪れた際に日本がＢＬを消費しながら想像した「ゲイ・パラダイス」ではないと理解するようになり、フェルミンが語るフィリピンにおけるファンと同様に、日本社会が実は性的マイノリティに対して極めて異性愛主義的で家父長制的であることを即座に学んだ。★28

★23　Fermin, "Appropriating Yaoi and Boys Love."
★24　詳しくは以下を参照してもらいたい。砂川秀樹「多様な支配、多様な抵抗」『現代思想』第四三巻第一六号、二〇一五年一〇月、特集「ＬＧＢＴ」。
★25　詳しくは以下を参照してもらいたい。佐藤雅樹「少女マンガとホモフォビア」クィア・スタディーズ編集委員会編『クィア・スタディーズ'96』七ツ森書館、一九九六年、田亀源五郎『日本のゲイ・エロティック・アートVol. 1 ゲイ雑誌創生期の作家たち』ポット出版、二〇〇三年、一三頁、石田仁「ゲイに共感する女性たち」『ユリイカ』第三九巻第七号、二〇〇七年六月、総特集「腐女子マンガ大系」。
★26　Jacobs, *People's Pornography*, 174–179.
★27　Yan, "Regulating Online Pornography," 389.
★28　Fermin, "Appropriating Yaoi and Boys Love."

おそらく、中国人インフォーマントにとってさらに問題であったことは、日本のゲイ文化における経験が反中感情によって台無しにされてしまったことであった。どこかにいるであろうパートナーに出会うために彼らが足繁く訪れていたゲイバーにおいて、何を望ましいと考えるかについての議論がすでに出来上がっていて、反中感情はそれに基づいているかのようであった。先に述べたように、「中国人観光客はマナーが悪いという広範で主流をなしている考え」に引きずられる日本人のゲイもいるため、日本のゲイタウンとして代表的な新宿二丁目を訪れる中国人は、日本のゲイ文化を汚す「不良」と見られてしまう傾向がある。[29] さらに、日本のゲイタウンには日本人専用であったり外国人に特化した「外専バー」とよばれる「タイプ別の」店もあるが、外専バーでは日本人の白人男性に対する欲望が強いため、中国人男性が日本人男性と恋愛関係になる可能性は低い。[30] このように、中国人男性は外専バーにしか行けないものの、白人にしか目がない日本人男性が多い外専バーでは、中国人男性の日本人男性に対する欲望は満たされないのである。[31]

このような日本における民族的欲望に関する「社会文化的ルール」があるため、[32] 七名の男性全員は、ミンヨウほど露骨で痛ましいものではなかったが、日本で反中感情を経験したと語った。それにも関わらず、彼らは皆依然として日本人男性に惹かれ、日本のBLも変わらず消費し続けていた。しかし、彼らの憧れの世界の読み取りは徐々に変わっていき、BLを読みながらテクストの中で付き合えるような「すてきな日本人男性」の手本を探し始めた。彼らはBLの中の「すてきな日本人男性」を、実際に日本のゲイタウンで会った日本人男性と比較することで、BLと日本のゲイ文化に対する理想的な観念を維持していた。

しかしながら、日本において反中感情を経験することによって、男性たちの日本人の恋人に対する欲望は減少していった。ＢＬを読み続ける理由を聞いた際、「世の中にすてきな日本人男性がいるのはわかっている……ＢＬにはすばらしい男性がたくさんいるから、探し続けたらきっとこういう日本人男性に会えるはずだ」とミンヨウは説明した。このようにＢＬは七名の男性にとって「希望のよりどころ」として用いられ続けたが、彼らの人生におけるＢＬの役割は変わっていった。中国において、ＢＬは彼らがセクシュアリティを楽しみ、中国での異性愛主義に対抗するための安全な場を提供した。一方で、日本においてＢＬは「希望のよりどころ」として用いられ、彼らの日本人男性に対する欲望を肯定するだけではなく、日本のゲイタウンで経験した反中感情に対処するという役割をもった。このように、ＢＬは七名の男性の人生にとって未だに重要であり、いつか「すてきな」日本人ゲイ男性と出会える夢を見させる「希望のよりどころ」となっている。

結論――ＢＬのクィアな可能性

大きな影響力をもった『クルージング・ユートピア』において、ホセ・エステバン・ムニョズは憧れの世界の読み取りは、よりポジティブな未来を望む、本質的に現在を脱構築するものであるために、

★29 Thomas Baudinette, "Ethnosexual Frontiers in Queer Tokyo: The Production of Racialized Desire in Japan," *Japan Forum* 28, no. 4 (2016): 481.
★30 Baudinette, "Ethnosexual Frontiers in Queer Tokyo," 475.
★31 Baudinette, "Ethnosexual Frontiers in Queer Tokyo," 482.
★32 Baudinette, "Ethnosexual Frontiers in Queer Tokyo," 475.

「本質的に「トラブル性をもつ」」ものだと語っている。[★33] 本章では日本へ一時的に滞在する中国人ゲイによるＢＬの憧れの世界の読み取りを調査することによって、中国の異性愛主義的な社会および日本の外国人嫌悪を拒絶する力となる未来世界を築くための「希望のよりどころ」として、ＢＬのテクストがどのように機能しているかを明らかにした。このように、本章で考察したような経験をもつ七名の若い男性はより自由で解放的な未来を実現させるため、さまざまな問題をかかえた毎日と奮闘すべく、日本のＢＬのクィアな可能性に引き寄せられていた。

簡潔な結論として、本書のもとになったシンポジウムが焦点としている「クィアな変容・変貌・変化《トランスフィギュレーション》」という観点からこの点について振り返ってみたい。ＢＬが日本から輸出される際には、アジア地域の消費者に「希望に満ちた」言説を広める可能性があり、その消費者たちのセクシュアリティについて深い影響を与える。本章で述べた中国人ゲイ男性にとっても、本書で体験を分析されるその他のグループの人々にとってもＢＬは、同性愛は危険、非正当、変態であるとする言説とたたかうための潜在的な力をもっている。日本の文脈では、ＢＬは潜在的に問題の多い表象の政治学に満ちていることを理解することは重要ではあるが、[★34] 日本のＢＬは国際化によって変容し、境界逸脱的な方法でＢＬというジャンルそのものを崩してゆくと信じている。七名の中国人インフォーマントにゲイの欲望の特殊に「日本的な」言説を提供することで、ＢＬは彼らに同性愛を許容できるかどうかについて、中国の異性愛主義的な観念を「クィア化」させ、日本のゲイ文化に存在する反中感情に対処することを可能にした。一九七〇年代のホモエロティックな少女マンガが日本の若い女性たちにとって解放的な可能性があったように、越境的な場において日本のＢＬも解放的な可能性をもっている。したがって、日本国内外のさまざまな場におけるＢＬの可能性を今後も調査する必要がある。

〔英語版タイトル〕
Aspirational Reading: BL as a "Resource of Hope" for Temporary Chinese Gay Migrants in Japan

---

★33 José Esteban Muñoz, *Cruising Utopia: The Then and There of Queer Futurity* (New York: New York University Press, 2009), 1.

★34 詳しくは、石田仁「ゲイに共感する女性たち」を参照してもらいたい。

ゲイ「ファン」の「ファン」

想像と存在のはざまから立ち上がるタイのボーイズラブ

カン＝グエン・ビュンジュ・ドレッジ
佐藤まな訳

筆者は今日（二〇一四年七月六日）、バンコクをツアー中のミレニアム・ボーイ（Millenium Boy：以下MB）を追いかけている。だが厳密には、筆者はMBの一部を追っているにすぎない。MBはK-POPの男性アイドルグループ・EXOをカバーしているダンスグループで、EXOと同様、グループ内にKとMの二つのサブグループを擁している。各サブグループには六人ずつメンバーがいて、グループ全体は計一二人となる。午前中、MB-KとMB-Mはそれぞれ別々に、デパート系複合企業・セントラルが所有するショッピングモール、セントラル・ラドプラウとセントラル・ワールドにて、家電量販チェーン店ジェイマートのプロモーション用パフォーマンスを行う。そして午後には、ザ・モール・バンカピ内にあるMCCホールで行われるダッチミル乳業提供の全国若者K-POPカバーダンス・コンテストに、今度はグループ全員がヘッドライナー〔主役を務めるアーティスト〕の片割れとして登場することになっている。この大会には二〇歳未満のみが参加でき、優勝グループには賞金二〇万バーツが贈られる（この額は六、五〇〇米ドルに相当し、タイでは新人公務員の給料一八カ月分になる）。こういった大会の賞金額は急上昇を続け、たった数年で倍増した。

ザ・モール・バンカピでの大会は大規模で、四時間にも及ぶ。大会には、タイの有名ポップスターであるフィム（Film）もヘッドライナーとして登場する。フィムのファンは大挙して、彼の名前や応援メッセージを記したボードを舞台に向かって掲げ、ステージを取り囲んでいる。彼とともに、二〇一三年に韓国のK-POPカバーダンス・フェスティバルで優勝したMBがヘッドライナーを務める。MBのファンは、フィムのファンと比べて圧倒的に多く年齢層も若い。イベント閉会後には、たくさんの人々——そのほとんどが少女だ——がセルフィー〔自撮り〕やサインを求めてヘッドライナーたちに殺到したが、より多くの人々が押し寄せたのは、フィムよりMBの方だった。ショッピングモール兼コンベンションセンターで開催された無料のイベントで、自分の曲を自分で歌うポップスターよりも、K-POP音楽に合わせて踊る若い男性たちの方が大きな注目を集めてしまう——あなたには、これが奇異に見えるだろうか？　それはもしかすると、あなたがどれほどボーイズラブ（以下BL）の力を信じているか次第なのかもしれない。

起源と伝播

タイではやおいは、「ゲイ・カートゥーン」と定義されることが多い。タイではここ数年の間に、BL、ヤオイ、[☆1]ゲイ（そして時にはレズビアン）の各ジャンルや形式が、ひとつに収斂しつつある。加えて、タイや日本、韓国、そしてその他のグローバルなBLの源泉が、ますます解きほぐしがたく絡み合いつつある。タイのBL愛好家たちは概ね、韓国と日本からイメージを得たり、参考にしたりしている。だが彼女らは、そのように吸収したものを、新たな装いにして送り返してもいる。タイはアジア各地におけるBLの盛り上がりの中で中継点的な役割を果たしており、ポピュラー文化が現地化され再構築され、そして中国、台湾、ベトナム、インドネシア、フィリピン、南米、さらには「開祖」である韓国や日本といった国での消費を媒介するハブとなっている。タイで制作されるBLコンテンツは、タイの「ゲイ／トランスジェンダーのパラダイス」という地位によってブランド化されている。タイのBLの名声を殊に支えているのは、「現実の」ゲイの人々を包含していることなのだ。

本章では、タイにおけるBLファンダムのさまざまな構成要素や形式の間に存在する予期せぬつながりや対話的な関係性を探っていく。特に明らかにしたいのが、どのようにBLがタイのゲイカップルを包含するようになり、「BL」と「ゲイ」のジャンルの間を分かつことの多かったファンタジーと現実の境界線を批判的に曖昧にしているのか、ということだ。本研究の根本にあるのは、東アジアのポピュラー文化が、東・東南アジア全域を通していかに現地化され、新たな装いを与えられ、再流通している

☆1　以下、タイにおけるyaoiの用法は「ヤオイ」とし、日本の「やおい」とは区別して訳している。

かということへの関心である。この関心は、筆者が二〇〇九年から二〇一一年の学位論文執筆中に行ったフィールドワークでの参与観察、インタビュー、メディア人工物の収集から生じたものだ。筆者は二〇一二年以来、年間約一〜二カ月にわたってタイを訪れ、「美と愛」をテーマに、人種やジェンダー、セクシュアリティ、階級、ナショナリティについて調査を続けてきた。筆者はゲイのK‐POPカバーダンサー一〇名、韓国の花美男《イケメン》風の装いを好む「トム」（マスキュリンなレズビアン、トムボーイの略）八名、「ティン・ガオリ」（韓流ファン）と「サオ・ワイ」（BLファン）を自認する若い女性二名を対象に、「コリパニーズ（Korpanese: Korean と Japanese を組み合わせた語）」ファンカルチャーへの参与について、計二〇回のインタビューを行った。また、オンラインおよびバンコクでのイベントを通してK‐POPカバーの現状を追うとともに、BL連続ドラマと関連メディアの爆発的人気についても調査を続けている。

筆者は「コリパニーズ」を、現在のタイにおける東アジアのモダニティの想像上の源泉として、簡潔に定義したい。これは中国が東アジアの伝統の源泉として想像されるのとよく似ている。タイでは、一般的に、韓国と日本がきわめて密接に結び合わさってイメージされる。例えば、日本料理屋で寿司を頼めばキムチが一緒に出され、接客係は韓国の伝統衣装を着ていて、BGMはK‐POP――といった具合に。BLに関して言えば、コリパニーズ・メディアは、根源的ながらハイブリッド化された源泉となっている。タイのBLファンは、BLの起源が日本にあることを認識しているものの、彼女らがBLイメージを構築するのに用いる素材は、今は概ね韓国のものとなっているのだ。なおこの韓国の素材自体が、Kブランド化された日本のBLの残響でもある。ゆえにBLはしばしば「韓流」――二〇〇〇年代にまでさかのぼる、アジア地域および世界全体におけるポピュラー文化の「コリアンウェーブ」――

に関連づけられる。さらには、タイで制作されるＢＬがあまりに多いために、中国、ベトナム、インドネシアやフィリピンのＢＬファンの中には、ＢＬはタイから始まったのだと思っている者も少なくない。★1

グローバルなＢＬ、殊にコリパニーズ的影響を受けたタイのＢＬは、いくつもの重なり合う流れの中に織り込まれている。そのような流れは、ＢＬの生産消費者《プロシューマー》としての日本という起源を見えづらいものにしている。だが、タイの人々は現在、スキャンレーション☆2や創作などといったファンによるローカルな制作物、またはネット上の番組に加えて、劇場公開される映画や地上波で放映されるテレビシリーズを通して、ＢＬを拡散させている。以下、ＢＬの流通、そして生産消費者としてのＢＬファンダムを、現代タイのメディアの風景という文脈に位置づけてみたい。その際に依拠するのは、同性愛、男性の女性性、そしてもっと大きく言えばジェンダー表現について、現在進行形で行われている議論だ。これを私は「タイ的マスキュリニティの危機」と呼んできた。これは、ヘテロセクシュアル女性がヘテロセクシュアルの男性パートナーを得られないという感覚、そして間断なく続く政治的騒乱である。★2ピーター・ジャクソンが述べたとおり、プラユット・チャンオチャ陸軍総司令官が起こした二〇一四年の

★1　Thomas Baudinette, "Dislocating Japanese Popular Culture: Creative Misreading of 'Thai Boys Love' by a Filipino Fan Community," presentation at the Association for Asian Studies Annual Conference, Washington, DC, March 22–25, 2018などを参照。

★2　Dredge Byung'chu Käng, "*Kathoey* 'In Trend': Emergent Genderscapes, National Anxieties and the Re-Signification of Male-Bodied Effeminacy in Thailand," *Asian Studies Review* 36, no. 4 (2012); Dredge Byung'chu Kang, "Surfing the Korean Wave: Wonder Gays and the Crisis of Thai Masculinity," *Visual Anthropology* 31, nos. 1–2 (2018).

☆2　スキャンレーション（scanlation）は、海外ファンがマンガを入手し、スキャン（scan）・翻訳（translation）のうえ再配布する行為・活動を指す語。

クーデターは、現在のタイにおける王位継承の状況と、軍部の影響を強める政治全般の再編成を揺るがぬものとするだろうという見解が、広く共有されている。この状況において、王室と軍部権力の相互強化や、伝統的エリートたちによる覇権掌握を脅かさない事物は、浅薄なもの、ただの大衆文化として見過ごされることもある。つまり独裁の時代というものは、必ずしもクィア・メディアを抑圧するわけではなく、それどころか繁栄の余地を与える可能性もあるのだ。★3

重要用語とステークホルダーたち

ボーイズラブ実践に心酔し、それを行い、そして批評するステークホルダー（利害関係者）たちは、一連の専門語彙を生み出した。ＢＬというジャンルの重要な一側面に、男性身体をもつ人物、とりわけ若い男性カップルに焦点を当てることがある。したがって、タイのＢＬのさまざまな側面が、カップルを意味する「クー（คู่）」という言葉に関係してくる。「ファン（แฟน）」という単語は、英語の「ファン（fan）」をタイ語に取り入れたものだが、タイではこの語に二つの異なる意味が与えられている。第一にファンは、英語と同様、アスリートや映画スター、音楽グループなどに夢中になっている人や、製品、ファッションスタイル、文化的トレンドなどに熱中する人を指す。ファンとしての自覚は通常、ファンクラブ（タイ語でもファン・クラブ。例えばＥＸＯ－Ｌのファンを指す「トム・ビ」など）への自己同一化を通して得られる。第二に、ファンは恋愛関係のパートナーを意味し、ボーイフレンドやガールフレンド、場合によっては配偶者を指す。これらファンがどう区別され、また融合しているかについては、男性カップルの関係と、その関係をファン——主に彼らに惚れこんだ若い女性と「オネエ」たち——がいかに偶像化しているかを検証することによって、より明確に見えてくるだろう。

「ボーイズラブ」をタイ語に音訳すると「ボイ・ルーフ（บอยส์เลิฟ または เบอยเลิฟ）」となり、世界の他の場所と同様、さらに異なるサブジャンルに区分される。例えば日本で言う「少年愛」である「チョーネン・アイ（โชเน็นไอ）」や「ヤオイ（ยะโอะอิ）」などがあり、後者の方がより性的なサブジャンルとなっている。ヤオイは時に、日本語で「ゲイ」に相当する語として、誤って用いられることもある。またタイ語では、男性同士のカップルのことを「クー・ワイ（Y）」と呼ぶ。「クー」はカップルを指し、「ワイ」はヤオイを縮めたものだ。日本語の「かわいい」の音をもじったような形にもなっている。クー・ワイは一般に、「かわいい」「ソフトな」「優しげな」若い男性たちとして思い描かれる。しかし、世界の他の場所と同じく、ジャンルのカテゴリーはたいてい重なり合う。しかもその重なりは、相互互換的な形を取ることが多い。[★4] 重要なのは「Y」の一文字だ。このYはyaoiを縮めたものだが、オスがもつ染色体であるY染色体や、ソーシャルメディアを使いこなす現代のジェネレーションY[☆3]を指すなどとも言われる。「Y」は、日本語の「やおい」を英語に音写したyaoiを通して、タイ語に持ち込まれた。また、

★3　Peter A. Jackson, "A Grateful Son, a Military King: Thai Media Accounts of the Accession of Rama X to the Throne," *ISEAS Perspective* April 26, 2017, https://www.iseas.edu.sg/images/pdf/ISEAS_Perspective_2017_26.pdf; Peter A. Jackson, "The Thai Regime of Images," *Sojourn: Journal of Social Issues in Southeast Asia* 19, no. 2 (2004).

★4　Mark McLelland and James Welker, "An Introduction to 'Boys Love' in Japan," in *Boys Love Manga and Beyond: History, Culture, and Community in Japan*, ed. Mark McLelland, Kazumi Nagaike, Katsuhiko Suganuma, and James Welker (Jackson: University Press of Mississippi, 2015).

☆3　Y世代とも。一九八〇年代から一九九〇年代に（狭義には米国で）生まれた世代を指す。一九八〇年代から二〇〇〇年代生まれを指すミレニアル世代とおおよそ重複する。

タイ語において日本の腐女子——BL・やおいに熱狂する若い女性——に相当するのは、「ヤオイに熱中する女性」である「Yガール」を意味する「サオ（สาว）・ワイ」だ。とはいえタイのBLファンには、おそらく他国のファンダムよりも多くのゲイ、レズビアン、ヘテロセクシュアル男性が含まれている。★5

サオ・ワイたちは広大なオンラインコミュニティを形成しており、オフラインで強烈な存在感をもつ別のグループと重なっている。別のグループとは「サオ・ティン（ติ่ง）」または「ティン」である。ティンは「付属物」や「くっついているもの」という意味であり、例えば「ティン・ヌア」は「いぼ」だ。ゆえに「信者」、あるいはファン関連の語彙でいえば「親衛隊」のような意味ももつ。だが現在のタイでは、この言葉は特定の存在を指して使われている。「ティン・カオリー（กาหลี）」、英語で言う「コリアブー（Koreaboo）」である。コリアブーは、日本文化好きを指す「ウィーアブー（Weeaboo）」☆4から来ており、韓国人ではなく、韓国の音楽やドラマ、映画、マンファ（マンガ）、ファッション、化粧品、整形手術や食べ物などに病的なほど熱中している人を指す。サオ・ワイたちは家にこもってネットでBL映画を見ていることも往々にしてあるが、ティンたちは外に出て、目に見える形で韓国人スターを追いかけ、歓声を浴びせ、プレゼントを贈り、K-POPのカバーダンサーたち、さらに近頃はクー・ワイたちとセルフィーを撮る。★6サオ・ワイたちとティンたちはどちらも、ロマンティックなファンタジーの世界に住んでいる韓流のソーシャルメディア中毒者で、韓国語を学びつつ韓国ドラマを大量視聴し、新作を待ち焦がれ、感情の起伏が度を越している——といった具合に、ステレオタイプ化されている。中でもティンたちは、公的領域（コンサートやカバーダンス・コンテストなどのイベントや、彼女たちにとってのアイドルの帰国時の出迎えなど）における生身の存在感が大きいせいで、公的言説において批判されることが多く、社会的保守層やナショナリスト、BLを不快に思うゲイ男性などからは常に「韓国狂い」と呼ばれている。簡単に言えば、サオ・ワイとティンはかわいい男の子文化――アニメの中であれ、自分で公開した自作の物語の中であれ、ドラマの中であれ――の「ファン」なのだ。そして彼女たちが追いかけている少年たちもまた、想像上の、あるいは現実の恋愛関係において、カップル《ファン》とされているのである。

サオ・ワイが心惹かれるのは特定のタイプ――タイ語では「サペク（สเป็ค）」――の男の子だ。そのタイプとは、そのものずばり「少女っぽいゲイ」を意味する「ゲイ（เกย์）・サオ」である。サオ・ワイたちは「シッピング」（shipping: relationshippingを縮めた語）を行い、その際、おそらく実際はヘテロセクシュアルである二人のグループメンバーが、恋愛関係にあると想像する（図1）。「チッパ（ชิปเปอร์）」すなわちシッピングを行う人《シッパー》は、例えば「フンハン」（EXOのセフンとルハン）などといった特定の「クー・チプ」すなわち関係《リレーションシップ》のファンである。同じチプ（関係《リレーションシップ》）に心酔するチッパたちは、「運命

★5　Dru Pagliassotti, "Reading Boys' Love in the West," *Particip@tions* 5, no. 2 (November 2008), http://www.participations.org/Volume%205/Issue%202/5_02_pagliassotti.htm.

★6　Dredge Byung'chu Käng, "Idols of Development: Transnational Transgender Performance in Thai K-Pop Cover Dance," *Transgender Studies Quarterly* 36, no. 4 (2014); Dredge Byung'chu Käng, "Cultivating Demi-Idols: The Queer Convergence of New Media and Korean Dance Performance in Thailand," in *New Media Configurations and Socio-Cultural Dynamics in Asia and the Arab World*, ed. Nadja-Christina Schneider and Carola Richter (Baden-Baden: Nomos: 2015).

☆4　weeabooは「日本文化好き」「日本オタク」を意味するネットスラング。「日本人になりたがるやつ」を意味するWapaneseが蔑称と見なされるようになったため、響きの似たweeabooが使われるようになった。言葉自体は米国のマンガ家ニコラス・グレヴィッチ（Nicholas Gurewitch）の作品から採られており、音や綴り自体に意味はなく、日本とも無関係。

図１　ファンによるスーパージュニアのメンバーのシッピング、ウンへ（EunHae、ウニョク×ドンへ）

共同体である」という意味をもつタイの慣用句「同じ船《シップ》に乗る」を読み換えて同じ関係《チップ》に関心を抱いていることを示し、絆を結ぶ。[★7] チップの表象は、グループメンバーたちが一緒にいる写真をフォトショップで切り貼りして作る、あるいは広告写真に新たな文脈を与えたりハートなどの飾りを足したりして改造するといった形で行われることが多い。アイドルたちがチッパのファンを喜ばせるためにハグを交わしたりキスをしたりしている「ファンサービス」写真は、特に高く評価される。だがシッピングはクー・ワイに限って行われるわけではない。想像上のクー・ワイは、より広いカテゴリーである「クー・ジン（จิ้น）」の一部なのだ。「想像する（จินตนา《ジンタナ》）」を語源とし、「想像上のカップル」を意味するクー・ジンでは、映画やドラマで共演したり、公の場で一緒にいるのを目撃されたりした異性の、または同性の（女性同士を含む）役者二人が、噂や舞台裏の写真、パパラッチ写真などを根拠にカップルとして描かれ、ゴシップ雑誌のネタにされる。しかしネット上やソーシャルメディアの世界では、想像上のカップルたちは、圧倒的にクィアな傾向を見せてくる。

ボーイズラブから「ゲイラブ」へ

多くの研究者が、日本におけるＢＬは実際の男性同性愛よりもむしろ、女性によって生産され消費されるファンタジー的表象に焦点をあてていると述べている。[★8] とはいえ、ＢＬファンの全てがヘテロセクシュアル女性であるわけではない。トーマス・ボーディネットはゲイ男性も熱心にＢＬを読むと指摘しており、ジェームズ・ウェルカーはＢＬがレズビアンの自己形成に影響を与えうることを記している。[★9] タイでは、ＢＬとゲイ・メディアは次第に重なりつつある。作品リストがこれらのジャンルを一緒にした形でまとめられるのはよくあることだ。現に「ゲイ」は、それ自体ひとつのジャンルとしての地位を維持している一方で、同時にＢＬのサブジャンルにもなりうるし、その逆もまた同様だ。ゲイ男性によってゲイ男性のために製作されたメディアをサオ・ワイも熱心に消費しており、同様に一部のゲイ、

★7　「船」のメタファーは、「船を転覆させる」という表現にも広げられている。この表現は、シッピングされていたカップルが別れたときや、二人の関係に失望するようなニュースが流れたときに用いられる。
★8　McLelland and Welker, "An Introduction to 'Boys Love' in Japan."
★9　Thomas Baudinette, "Japanese Gay Men's Attitudes Towards 'Gay Manga' and the Problem of Genre," *East Asian Journal of Popular Culture* 3, no. 1 (2017); James Welker, "Beautiful, Borrowed, and Bent: 'Boys' Love' as Girls' Love in Shôjo Manga," *Signs: Journal of Women in Culture and Society* 31, no. 3 (2006).

特にゲイ・サオも、BLメディアにそそられているのである。

タイに関して特殊なのは、二〇一〇年頃から、クー・ワイのシッピングが、アイドルのみを対象とする活動から拡大し、K-POPのスター本人よりもタイ人のK-POPカバーダンサーなど、自国の「半アイドル」たちまで含み込む活動となっていった点ではないだろうか（図2）。これが可能となった理由は、タイでカバーダンスが広く行われていること、そしてショッピングモールや企業、ブランドなどの出資を受けたダンスの大会が広がったことにある。タイのBLファンダムは、日本やそ

図2　タイのK-POPカバーダンサーたちのシッピング（写真左がココ）

図3　『ボーイズ・ストーリーズ――ザ・ムービー』に
登場した実際のゲイカップルたち（下列中央左がココ）

図4　『ボーイズ・ストーリーズ――ザ・ムービー』に
登場したカップルたちとの交流イベントの宣伝

の他の場所のＢＬファンダムから、特にこのような点で分岐している。想像されたカップルと現実のカップルの間の境界線が、だんだん曖昧にされているのだ。サオ・ワイとティンによるファンタジー的シッピングの実践は合体し、二〇一二年、「クー・ラク・ゲイ」——「ゲイの恋人たちのカップル《クー・ラク・ゲイ》」「愛し合うゲイカップル《クー・ラク・ゲイ》」——という、クー・ワイの新たなバージョンによって、公的空間で現実化された。「ゲイの恋人のカップル」はクー・ワイと重なるが、彼らは実際にゲイである（図3）か、キャラクターとしてゲイを演じている人物である。カップルだと想像されるヘテロセクシュアル男性や、ゲイではないがたまたま男性と付き合っている人物などではないため、より広い意味でのＢＬのお約束とは異なっている。さらに言えば、クー・ラク・ゲイは必ずしも「クー・ラク・ゲイ・ワイルン（วัยรุ่น）」、つまり若い男性同士のカップルだとは限らない。サオ・ワイたちの間では今も「よりソフトな」少年たちの方が人気であるとはいえ、「ゲイ・マン」すなわちマスキュリンなゲイ男性たちがクー・ゲイとなっているのだ[★10]。

今日のＢＬファンダムがゲイを自認する人々を組み入れるようになったことは、サオ・ワイたちによる実践の中でも際立った展開である。ココ（Coco、図2および3）はプロのＫ‐ＰＯＰカバーダンサーで、現地の半アイドルだ。彼はかつて「少女時代」をカバーするグループ「少年時代」のリーダーの一人を務めており、今はＭＢのリーダーとなっている。ＭＢはファンミーティングを開き、グッズも販売している。国際的に人気となり、二〇一三年にはFacebookで一〇万件を超える「いいね！」を集めたＭＢに対し、二〇一四年、ＥＸＯの所属元であるＳＭエンターテインメントから、著作権侵害のかどで訴訟が突きつけられた。これを受けたＭＢはＫ‐ＰＯＰ流に、タイ語と韓国語で、英語字幕つきの謝罪ビデオを発表した。

ココはサオ・ワイとティン、いずれの間でも人気であり、K-POPカバーダンサーとして、「少年時代」とMB、両方のメンバーとシッピングされていた。二〇一三年、インディペンデントのスタジオmrbigpictureが、タイのゲイカップル七組を描いた映画『ボーイズ・ストーリーズ――ザ・ムービー』を発表した。カップルたちは、宣伝の中ではクー・ジンと呼ばれていたが、実際の映画本篇は、クローズアップで撮ったインタビューで個々のカップルの出会いを語り、彼らの日常生活を描くものだった。映画によってそれぞれのカップルにファンがつき、カップルたちはファンミーティングを開いたり、Tシャツを売ったりするようになった（図4）。同年の後半、MBは韓国のK-POPカバーダンス・コンテストで優勝し、全国的スターダムへと駆け上がった。タイに帰国した時には、彼らは空港でアイドルとして出迎えられ、次いで全国ニュースやバラエティ番組などで特集された。

ゲイをBLの世界に織り込んだサオ・ワイとティンのファンダムはやがて、新たな実践へとつながっていった。実在のゲイカップルを熱愛することである。ヘテロセクシュアルの男性有名人たちがクー・ジンやクー・ワイとしてシッピングされたのに対し、新しいクー・ラク・ゲイの実践では、若くかわい

★10　メガン・シノットによれば、二一世紀に入ってから、トム（マスキュリンなレズビアン）たちは「トム・ゲイ」（トムと付き合うトム）という新しいセクシュアリティを引き受けるようになっている。これは、かつて「トム」と「ディー」［トムに対し、伝統的な女性性に則った装いをする女性を指す］のカップルが一般的だった頃には考えられないことだった。筆者の観察やインタビューによれば、今日の「トム・ゲイ」のカップルたちは驚くほど「クー・ワイ」に似て見えるが、彼女たち自身はBLの美的様式からは一切影響を受けていないと語る。「トム・ゲイ」たちはむしろ韓流のマスキュリニティを手本としており、そのような二人をカップルにすると、「クー・ワイ」に見えるのである。Megan Sinnott. *Toms and Dees: Transgender Identity and Female Same-Sex Telationships in Thailand* (Honolulu: University of Hawai'i Press, 2004); Megan Sinnott, "Korean-Pop, Tom Gay Kings, Les Queens and the Capitalist Transformation of Sex/Gender Categories in Thailand," *Asian Studies Review* 36, no. 4 (2012)を参照。

図5　ボースとニューイヤー。ベトナムのゲイ・ブログ「アジアン・ボーイズ・ラブ・パラダイス」に投稿されたテイルズ化粧品のCMのスクリーンショットより

らしいゲイカップルたちがちょっとした有名人に仕立て上げられた。スターダムから想像上のゲイネスが生まれるという方向性が逆転し、現実のゲイネスからスターダムが生まれるようになったのだ。魅力的なゲイカップル自身とそのファンが、ショッピングモールで買い物をしたり、レストランで食事をしたり、スカイトレイン［バンコクを走る高架鉄道］に乗ったりして親密な時間を共有している日常を写真に撮ってFacebookにアップロードしたり、YouTubeに動画の形で投稿したりするようになった。人気のカップルはソーシャルメディアの恋人となり、テレビやラジオの番組でインタビューされ、ファッションや美容関連の商品の宣伝に出て、ファンミーティングを開き、まるで芸能人であるかのように空港などで出迎えられる。★11 中でも特に売り出されているカップルの一例が、

ボース（Both）とニューイヤー（New Year）、通称ＢＮＹだ（図５）。ＢＮＹが付き合い始めた二〇一二年二月当時、ボース（本名ナッタポン・チンソポンサプ）はチャンネルＶタイランド［音楽チャンネル］でビデオジョッキーをしており、ニューイヤー（本名ギティワッ・サワッディミリン）は名門チュラロンコン大学に心理学専攻として出願中だった。現実のカップルであるＢＮＹはあまりにかわいらしく、サオ・ワイたちの間で一躍スターとなった。いわばタイでは、クー・ラク・ゲイの間で「ヤオイ」が現実化したのだ。

ゲイの現実化とファンタジー的現実

タイにおける「ゲイ」は、現地でトランス女性を指す「ガトイ（kathoey）」とは別の存在と見なされているが、カテゴリーの変動により、これらのグループが区別されなくなることもまま起こる。[★12]ゲイ男性は次第に、「マン・マン（แมนๆ）」という「男らしい」ゲイと、ゲイ・サオまたは「オク（ออก）・サオ」という「女っぽい」ゲイを区別するようになっている。後者は一般に、自称も含め、「トゥート（ตุ๊ด）」すなわち「おかま」「オネエ」と呼ばれる。この「オネエ」たち、または若くフェミニンなゲイが、サオ・ワイに最も欲望され、偶像化されるタイプだ。ゲイ・マンの組み合わせは、主流ゲイ・メディアの至るところで見られるようになっているが、他方でゲイ・サオのカップルへの受容度も、ゲイ男性コ

★11　「クー・ラク・ゲイ」は女性に美容用品を宣伝する。ゲイ男性向けの美容用品の宣伝には男性的なモデルが使われる。

★12　Käng, "*Kathoey* 'In Trend'."

ミュニティの内外で、おそらくはBL消費に呼応して、上昇してきている。ゲイ・マンは、ガトイとゲイ・サオの両方に、あからさまな嘲笑や嫌悪を向けることがある。またゲイ・マンは通常、BLをあしざまに言う。日本人ゲイ男性の一部は、BL的イメージを積極的に拒否し、独自のマンガのスタイルを築いてきた。[★13] マスキュリンなゲイにとって、サオ・ワイやティンがゲイ・サオに夢中になっている様子は、せいぜい滑稽なものにしか見えないのだ。それよりも、彼女たちの欲望は奇怪あるいは病的で、「本物の」ゲイ男性の欲望や生きられた経験とは対極にあるものだ、と見なされることの方が多い。[★14] 例えば、G Thaiというウェブサイトや Facebook ページにあるゲイ向けマンガの中では、サオ・ワイやティンのゲイ・サオへの心酔ぶりが嘲られる。だが皮肉なことに、これらのマンガは時々「ヤオイ」に分類されて、改めてオンラインで広められている。

タイにおけるゲイの文化受容とBLの間の関係は、張り詰めた、時には敵対的な、しかしその本質においては対話的なものだ。マスキュリンなゲイ男性はBL的イメージを積極的に拒否するものの、BL人気はおそらくタイ社会において、現実上の同性愛に対する寛容性の向上に貢献している。そしてこれは、サオ・ワイとゲイの両方に消費されるクィアな表象の激増につながっている。ゲイ・サオたちはしばしば、サオ・ワイとティン、そしてその他の女性の友人たちがBLメディアやファンダムに向ける欲望は、同性愛の社会的受容を支持する共通基盤となってくれると語る。[★15] タイ語には「チェリー（シェリ・เชอร์รี่）」というセクシュアリティのカテゴリーができたが、これはゲイ／ガトイを性的に好む女性を意味する。[★16] ひょっとするとこれもまた、現実世界へBLファンタジーが発展した例と言えるかもしれない。

BL映画とテレビ番組の関係は、生きられた現実と複雑な形で絡まり合っている。例えば『ミウの歌～ Love of Siam ～（サヤムの恋《ラク・イン・サヤム》）』（チューキギアッ・サクウィーラグン監督、二〇〇七年）は、BLの大ヒット作と見なしてよいだろう。本作の広告は、男の子二人と女の子二人の間の恋愛関係を示唆しており、さながら典型的なティーン・ロマンス映画であるかのように見せかけていた。実は男の子たちが恋人同士なのだということへの言及は映画広告にはなく、表面上ホモセクシュアル[☆5]な恋愛物語を見ることになって騙されたと怒る観客も一部存在した。[★17]この映画はタイ国内にとどまらず、アジアを中心とした

★13 例えばAnne Ishii, Graham Kolbeins, and Chip Kidd, eds., *Massive: Gay Erotic Manga and the Men Who Make It* (Seattle: Fantagraphics Books, 2014) などを参照。

★14 日本の家父長制に対するポップカルチャー的抵抗の一形態としてのBLについては、Mark J. McLelland, "The Love Between 'Beautiful Boys' in Japanese Women's Comics," *Journal of Gender Studies* 9, no. 1 (2000) を参照。

★15 BLはまた、一部のBLファンの間で現実のゲイ男性に対する関心に火をつけた。この関心は、メディアによるゲイへの注目の高まりとも関連づけられる。石田仁は「少年愛」を一九九〇年代の日本メディアにおけるゲイ・ブームと、女性からゲイ男性に対する問題含みの「共感」に結びつけている。石田仁「ゲイに共感する女性たち」『ユリイカ』第三九巻第七号、二〇〇七年六月、総特集「腐女子マンガ大系」を参照。またWim Lunsing, "'Gay Boom' in Japan: Changing Views of Homosexuality?" *Thamyris* 4 (1997) を参照。「ホモ」雑誌『薔薇族』の女性読者については、James Welker, "Flower Tribes and Female Desire: Complicating Early Female Consumption of Male Homosexuality in Shōjo Manga," *Mechademia* 6, no. 1 (2011) を参照。

★16 ゲイ男性に惹かれるヘテロセクシュアル女性の存在は、日本などアジアの他地域でも証言されている。初期の例として、Wim Lunsing, "Japanese Gay Magazines and Marriage Advertisements," *Journal of Gay & Lesbian Social Services* 3, no. 3 (1995) を参照。

★17 Brett Farmer, "Loves of Siam: Contemporary Thai Cinema and Vernacular Queerness," in *Queer Bangkok: 21st Century Markets, Media, and Rights*, ed. Peter A. Jackson (Hong Kong: Hong Kong University Press, 2011).

☆5 「表面上ホモセクシュアル」というのは、『ミウの歌』がタイ本国で公開された当時、ティーン・ロマンス映画の文法を用いつつ、少年同士の恋を描いてそこから逸脱した本作はいわゆる「ゲイ映画」＝ホモセクシュアリティを中心テーマとした映画の範疇に入るのか、という議論がタイの観客の間で盛んだったことを踏まえた表現と考えられる（★17 Farmer, pp. 90-91 参照）。

外国でも大人気を博した。同年、マスキュリンなゲイを描いた大作であり、タイの『ブロークバック・マウンテン（*Brokeback Mountain*）』（アン・リー監督、二〇〇五年）になるはずだった『バンコク・ラブストーリー（友よ、君を愛してる《プーイン・グ・ラク・ムン・ワ》）』（ポッ・アノン監督、二〇〇七年）は、興行的に失敗に終わった。★18 ポッ監督は、ＢＬ的戦略を用いてゲイ映画を売ろうと試み、出演俳優たちが恋愛関係にあるという噂を流したとして非難された。このマーケティング戦略はうまくいかなかったのである。『バンコク・ラブストーリー』は、『ミウの歌』と異なり、ゲイ男性の間では人気を博したものの、サオ・ワイの間では振るわなかった。サオ・ワイはたいてい、ゲイ・マンよりもゲイ・サオのイメージを好むのだ。

だが観客の好みは発展し続けている。これはＢＬとゲイ、両方のジャンルに心酔するサオ・ワイとゲイ・サオの間で続けられてきた交流によるところがある。ＢＬ、ヤオイ、ゲイ、そしてＬＧＢＴは、ファンタジー――現実、恋愛的――性的、アジア――西洋などの直交しあうスペクトラムを縦軸と横軸にして、互いに関連性をもつジャンルを構築してきた。また、ジャンルとしてのＢＬとゲイは結合されている。数年前には不適切なように思えただろうが、現在はクー・ジン、クー・ワイ、クー・ラク・ゲイとして、次第にごちゃ混ぜになってきているのだ。ファンたちの実践は、想像上の同性愛と実際の同性愛の間に厳然と存在していた境界線を溶かし始めている。二〇一三年、『*Hormones*《ホーモン》（戸惑う若者たち《ワイ・ワウン》）』（ＧＭＭタイハブ製作、原作は二〇〇八年の映画）のシーズン1が放映された。三シーズン続くこととなったこの連続ドラマの登場人物の中には、若いゲイカップルがいた。このドラマや、メジャーのスタジオ・システム以外で製作されたゲイ映画の根強い人気が、これまでのガトイやゲイ・メディアとは異なる、オルタナティブなゲイ映画やＢＬドラマの人気を爆発させるきっかけとなった。対象とする観客層はそれぞれ違うものの、二〇一三年から二〇一七年の間に、二〇作を超えるゲイやＢＬの連続ドラマが製作されている。例えば、ゲイを対象にＨＩＶ予防を呼びかける『ゲイ・オーケー・バンコク』や『トッツィーたちの日記（タイアリー・トゥツィ）』、そして『恋煩い（ラブ・シック）』『My Bromance（お兄さん *My Bromance*）』『ウォーターボーイ（*Water Boyy*）』といったタイトルを冠し、多くの場合映画を原作とする、たくさんのＢＬ連続ドラマなどだ。これらの作品はコリパニーズ的要素に依拠している。例えば『ウォーターボーイ』は、日本映画（矢口史靖監督『ウォーターボーイズ』）を踏まえたタイトルとなっており、複雑な人間関係という韓国ドラマの典型的特色を取り入れている。

サオ・ワイやゲイを対象としたメディアの爆発的人気から視線を転じたスクリーンの外でも、ＢＬカップルたちは重要な存在となっている。現在、サオ・ワイたちは、クー・ラク・ゲイたちを公の場で文字通りストーキングしている。サオ・ワイとティンは彼女たち独自のＢＬゲイダー[☆6]とも言うべきものを発展させてきた。ＢＬ警報が発動すれば、サオ・ワイたちとティンたちはそれぞれに、手をつないでいたり、お揃いの服装をしていたり、仲睦まじく振る舞ったりしているクー・ラク・ゲイたちの後をつけ、ソーシャルメディアに投稿するための写真をこっそりと撮影する。一方が他方の肩に頭を預けている電車内のカップル、お揃いのシャツを着た後ろ姿、バナナスプリットを二人でシェアしているかわいい少年たち——。サオ・ワイたちの間では、インスタフェイマスな、つまりソーシャルメディア上で

★18 クリス・ベリーは、中国で『ブロークバック・マウンテン』がどう受け止められたかを理解するには、現地におけるＢＬ人気をある程度考慮するべきだと論じている。Chris Berry, "The Chinese Side of the Mountain," *Film Quarterly* 60, no. 3 (2007) 参照。

☆6 「ゲイダー（gaydar）」は「ゲイ」と「レーダー」の合成語であり、ある人物が同性愛者であるか否かを直感的に判断する能力のこと。本章における「ＢＬゲイダー」の場合は、サオ・ワイやティンが街中で魅力的なクー・ラク・ゲイを目ざとく見つける目を養ったことを指している。

図6　BLをテーマとした写真に収まるポーシュアームの二人（PorschArm, ポーシュ×アーム）

有名なカップルには微笑みかけてもよいことになっている。微笑み返してくれたカップルには、写真撮影やセルフィー、サインを求めて近寄ることが許される。男性たちは、韓国語を用いて「オッパ」（兄やボーイフレンド、近しい友達などを指して、より年若の女性が用いる名称）と呼ばれている。クー・ラク・ゲイが公的領域で認識される理由のひとつは、彼らがBLにおける美のお約束のコードを参照しているからだ。サオ・ワイたちは、オンラインでフォロワーのいないカップルにはほとんど近寄らないが、チャンスがあればこっそり写真を撮り、オンラインに記録を残している。加えて言えば、BLの美的様式はゲイの文化的規範にも影響を与えている。例として挙げられるのが、ゲイカップルが自らの写真を撮る際に、美少年的またはBL的イメージを再現するケースだ（図6）。ここでは、ファンタジーと現実の間の境界線が、ゲイの

BL批評者たちが投げかける逆向きのまなざしによってぼやかされているのだ。タイの人々は、クー・ラク・ゲイを公の場でストーキングすることが可能になっているのは、メディアではBLが一般的に見られても公的空間ではゲイカップルの可視性が低い韓国や日本などと対照的に、タイでは一見してゲイであることがわかる男性がたくさんいるからだ、とこともなげに言う。

さらに言えば、BLの美的様式は、ゲイのスタイル以外にも影響を与えている。ヘテロセクシュアルのタイ男性はしばしば、コリパニーズ的なやわらかいマスキュリニティのモデルが女性、特にサオ・ワイの欲望を惹きつけると信じ、それを体現する。トムたちもまた、韓流のトレンドに倣っている。ゲイ・サオ、トム、そしてタイ人一般が参考にすることの多い韓国ドラマとして、二〇一二年にタイでリメイクされた「コーヒープリンス1号店」（MBC製作、二〇〇七年）、「美男《イケメン》ですね」（SBS製作、二〇〇九年）などが挙げられる。筆者が別稿で述べたとおり、若いトムたちとゲイ・サオたちのジェンダー表象は、韓流マスキュリニティという共通の基盤を介して溶け合いつつある。そしてこの韓流マスキュリニティは一部、BLの美的様式に依っているのだ。★19

★19 Dredge Byug'chu Kang-Nguyễn, "The Softening of Butches: The Adoption of Korean 'Soft' Masculinity among Thai Toms," in *Pop Empires: Transnational and Diasporic Flows of India and Korea*, ed. S. Heijn Lee, Monika Mehta, and Robert Ji-Song Ku (Honolulu: University of Hawai'i Press, 2019).

★20 Mark J. McLelland, *Male Homosexuality in Modern Japan: Cultural Myths and Social Realities* (Richmond, U.K.: Curzon, 2000).

進化してゆく地勢

本章では、タイにおけるBLメディアの興隆、それをめぐる論争、そしてBLのより広範な流通を、公的領域で同性愛や生きられたゲイの生が普通のこととなっていく動きに関連づけて描いた。この対話的な関係の中、BLファンダムは、同性愛の社会的受容拡大につながる前提条件を拡充している。例えばマーク・マクレランドは、美少年および過度にマスキュリンなゲイ表象を実際のゲイの経験と対照的なものとする日本の論争を検証したが[20]、本書においては、ギタ・プラムディタ・プラメスワリ、ラクシュミ・メノン、そしてワン・ペイティが、BLにおける男性同性愛のイメージと現実におけるゲイ男性の関係をめぐる議論を広げてくれている。タイの状況において特殊なのは、ファンタジーやスクリーンの中のクー・ワイが文字どおり具現化したということだ。つまり、実際のゲイカップルがBLの美的様式を体現しており、またクー・ラク・ゲイ（若く女性的な男性のゲイカップル）が――そしてクー・ゲイ（マスキュリンな男性のゲイカップル）もある程度――若い女性たちにとってのクー・ジン・ゲイ（想像上のゲイカップル）の理想化されたロマンスを現実化しているのである。クー・ラク・ゲイは「互いに愛し合っている」ゲイカップルを指すだけでなく、「他者に愛されている」ゲイカップルも意味し、これらの意味の区分はしばしばBL消費者によって曖昧にされる。BLの世界づくりは、ますます主流メディアとゲイの生活世界に入り込むようになってきている。かわいい男性たちが現実世界に存在し、他者に描かれることで形作られ、また積極的に自らの描写を形作り、BLとゲイの両ジャンルで一般的なお約束の数々を模倣すると同時に、それらを拒否しているのだ。カップルたちは、BLのファン実践にタイ独自の捻りを加えたものであるクー・ワイを通して、アイドルに仕立て上げられる。驚くべきは、新たに有名人となったゲイカップルたちは、アイドルを使って想像上のカップルを作り上げるというこれまでの実践を逆転させていることだ。むしろ、現実のゲイカップルがスターへと変身させられているのである。BLファンダムをめぐる近年のタイにおける展開と傾向は、公的領域におけるホモエロティシズムへの受容上昇の指標である。それと同時に、モダンでコスモポリタンな「アジア」をローカルな場で味わわせてくれる文化的流れを受け入れ、そして再び外へと送り出すにあたってタイが発揮している影響力を指し示しているとも言えるだろう。

〔英語版タイトル〕
Fan of Gay *Fan*: Realizing Boys Love in Thailand betwixt Imagination and Existence

抑圧か革命か？

同性婚合法化運動に対する台湾のＢＬファンコミュニティの反応

ワン・ペイティ（王 佩迪）
佐藤まな訳

二〇一九年五月一七日、台湾の国会に相当する立法院は、同性婚を認める法を可決した。この法は一週間後に施行され、台湾はアジアで初めて同性婚を合法化した国となった。台湾における同性婚をめぐる議論は、二〇一七年五月、憲法裁判所が同性婚を禁止する現行民法に違憲判断を下し、立法府に対して、二年以内に関連法を改正または新たに施行するよう求めて以来、国際的な注目を集めるようになった。だが台湾政府は必要な法制定への取り掛かりを遅らせたため、同性婚に反対する人々は、現行民法に同性婚を盛り込むことの賛否を問う公民投票の実施に持ち込んだ。二〇一八年一一月に行われたこの公民投票では、民法における結婚の定義を改訂することに反対する票が多数を占めた。だが立法府が二〇一九年に取った動きにより、台湾ではとうとう同性婚が合法化されたのだ。この新法も、完全に平等な権利を同性カップルに与えるものでは決してないが、それでも台湾の、さらにはより広くアジア全体のＬＧＢＴコミュニティにとって、大きな一歩であることに変わりはない。

台湾では、一九八〇年代後半から数十年にわたり、フェミニズム運動およびＬＧＢＴの権利運動が続けられてきた。その結果、台湾社会、特に若い人々の間では、ジェンダーの多様性と平等の概念が広がり、徐々に受け入れられつつある。ジェンダー平等のための闘いはしかし、決して平坦な道ではなかった。これまで戦わされてきた数々の議論の中でもとりわけ白熱していたのは、同性婚にまつわる論争だ。台湾社会では、二〇一七年五月の憲法裁判所判断に先立って、同性婚をめぐる激しい議論が何カ月にもわたって行われており、深刻な緊張状態が続いていた。二〇一六年の冬に同性婚法案が立法院の第一読会を通過すると、同性婚賛成派と反対派の両陣営が相次いでデモを催した。

これらのデモの中で最も大規模だったイベントは、同年一二月一〇日に台湾「同志《トンヂー》（ＬＧＢＴ）」ホットライン協会[☆1]とその他のＬＧＢＴ関連組織が開催した「人生を大切にし、婚姻平等の権利を支援しよう」コンサートである。このコンサートには、さまざまな経歴をもち、異なる文化的集団に属する人々が同性婚を支持するため集結した。弁護士や内科医、警察官、ソーシャルワーカー、精神科医、アーティスト、歴史家、教師などといった職業を代表するさまざまな職能団体のメンバーたちがその一例だ。少なくとも一人のジャーナリストが、コンサートの参加者は二五万人を超えたと報じている。[★1]参加者たちの中には腐女《フーニュ》もいた。腐女とは、台湾の腐女子――ボーイズラブ（ＢＬ）メディアの女性ファンである。[★2]自分が腐女であることを隠してコンサートに参加した者たちもいたが、他方では、腐女というアイデンティティを同コンサートのキャンペーンを支持するために用いた者たちもいた。

本章では、同性婚が合法化されるかもしれないという状況を目の当たりにした台湾のＢＬファンたちの反応について、ソーシャルメディアで展開された議論や、コンサートキャンペーンの時期に筆者が行ったオンライン調査の結果を引きながら、予備的な考察を行いたい。オンライン調査によれば、同性婚を支持する腐女の割合はきわめて高い。だがインターネット上の言説に視線を転じると、ＢＬファンたちは、キャンペーンを支持するにあたって腐女というアイデンティティを用いるべきか否かをめぐり、相当に異なる姿勢を見せていた。ここでは、このキャンペーンに対する腐女たちの意見の裏にあるさまざまな動機について考察する。結論として筆者が述べたいのは——個々人が、腐女であることを隠す自己規制に従うこととオープンであることのどちらを提唱したか、抑圧されていたか革命的であったかには関係なく——そのような議論に参加するという行為それ自体によって、腐女たちは自らのジェンダー・アイデンティティを再考でき、自らの個人的経験を台湾におけるＬＧＢＴの生の現実につなげられたのだということである。議論への参加はさらに、腐女たちがミソジニーやホモフォビア、異性愛の

★1　Liu Hsiu Wen, "250,000 turn out in Taipei for same-sex marriage," *Asia Times*, December 12, 2017, http://www.atimes.com/article/250000-turn-taipei-gay-marriage/.

★2　台湾では、「腐女子」は「フーヌーヅゥ」、もしくは「フーニュズー」と呼ばれる。男性のＢＬファンは「腐男《フーナン》」と呼ばれる。最近の論考では、男女両方、さらにはその他のジェンダーを包含するため、「腐衆《フーチョン》」（「腐った人々」の意）もしくは「腐腐《フーフー》」（「腐った腐った」の意）の語を用いる批評家が多い。本章では、自らを明確かつ積極的に「腐女」と定義するＢＬファンに特に言及するため、「腐女」の語を用いた。それ以外の一般的・公的な議論の場面においては、単に「ＢＬファン」とする。

☆1　中国語では「台灣同志諮詢熱線協會」。一九八〇年代に設立された組織であり、四つのＬＧＢＴ・ジェンダー関連団体が連合して、当事者支援などを行っている。なお「同志」の語は、現代台湾・香港では主にＬＧＢＴの人々を指して用いられる。

ヘゲモニーなどの問題をめぐるフェミニズムの思想に触れることも促したのである。

ＢＬファンダムは「対抗的公共圏」だと論じる研究がいくつかある。この対抗的公共圏では、ＢＬファンたちが、欲望の表現を通して、主流社会における異性愛のヘゲモニーに異議を唱えることが可能なのだという。[★3] 例えば本書でも、ラクシュミ・メノンやギタ・プラムディタ・プラメスワリによる各章は、インドやインドネシアの腐女子がＢＬを読むことでジェンダーや性的な多様性の思想にアクセスしたり、ＬＧＢＴをめぐる問題に関わったりすることができるようになり、場合によっては同性愛に対する宗教的・社会的な禁止や排斥を見つめ直すに至っていることを示している。フラン・マーティンは、台湾のＢＬカルチャーもまた対抗的公共圏であるとする。[★4] だがチャン・フェイチー（江斐琪）によれば、台湾のＢＬファンの一部は、実在人物同士をカップリングする物語に抵抗感を覚えるのだという。チャンはこの事実を踏まえ、実のところ主流社会の価値観を信奉するファンもいるのだという点において、ＢＬファンが必ず対抗的公共圏を構成するとは言えないと論じている。[★5]

事実、ＢＬファンダムは均質な集団などではない。ＢＬファンたちはそれぞれ多様な読書体験をしており、異なる社会的圧力の下にあるのだ。筆者は同性婚論争の事例の分析から、台湾のＢＬファンダムの内実は多様であること、それでいてジェンダー平等、とりわけ同性婚についての意見となると、よく似た視座を共有していることを発見した。ファンたちは激しい論争を展開したが、それでもこの言説空間はなお、暗示的であれ明示的であれ、ＢＬとそのファン言説に内在するフェミニズム的批評によって力づけられる感覚を得られる、ある種の「フィールド」と見なしうるのだ。[★6] このような「フィールド」は、ＢＬを「言説の戦場」と見なす溝口彰子の見解や、アンドレア・ウッズが提唱した、ＢＬファンの間の抵抗の形としての「クィアなるもの」概念と共鳴する。[★7] 最後に、一部のＢＬファンが、ファン実践や同性婚コンサートキャンペーンへの参加を通して、自らのアイデンティティを強化し欲望を表現できるようになったことを表現するにあたり、「腐女子パワー」なるものをひとつの形として提案し、結論に代えたい。

★3　Mark McLelland and Yoo Seunghyun, "The International Yaoi Boys' Love Fandom and the Regulation of Virtual Child Pornography: Current Legislation and its Implications," *Journal of Sexuality Research and Social Policy* 4, no. 1 (2007): 100; Andrea Wood, "'Straight' Women, Queer Texts: Boy-Love Manga and the Rise of a Global Counterpublic," *Women's Studies Quarterly* 34, no. 1/2 (2006): 405, 409.

★4　Fran Martin, "Girls Who Love Boys' Love: Japanese Homoerotic Manga as Trans-national Taiwan Culture," *Inter-Asia Cultural Studies* 12, no. 3 (2012): 374-375.

★5　Feichi Chiang, "Counterpublic but Obedient: A case of Taiwan's BL Fandom," *Inter-Asia Cultural Studies* 17, no. 2 (2016).

★6　女性の読者・観客が、恋愛小説を読んだりソープオペラ［英語圏におけるラジオ・テレビの長編連続メロドラマを指す語。ラジオドラマ時代のスポンサーに石鹸会社が多かったことに由来する。日本で言う「昼ドラ」に相当］を見たりすることでいかにエンパワーされるかをめぐるフェミニスト・カルチュラルスタディーズとしては、Janice Radway, *Reading the Romance: Women, Patriarchy, and Popular Literature* (North Carolina: University of North Carolina Press, 1984) を参照。

★7　Akiko Mizoguchi, "Male-Male Romance by and for Women in Japan: A History and the Subgenres of *Yaoi* Fictions," *U.S.-Japan Women's Journal* 25 (2003): 65; Andrea Wood, "Boys' Love Anime and Queer Desires in Convergence Culture: Transnational Fandom, Censorship and Resistance," *Journal of Graphic Novels and Comics* 4, no. 1 (2013): 46.

キャンペーンの開始と腐女調査

「人生を大切にし、婚姻平等の権利を支援しよう」コンサートの開催日が発表されてすぐ、台湾でBL研究者・ライターとして知られているCocomeと筆者は、あるキャンペーンを立ち上げようと決めた。二〇一六年一二月一〇日のこのイベントに参加するために腐女を組織するキャンペーンだ。自らをゲイ男性だが「腐女」でもあると認識するCocomeは、ゲイと腐女はいずれも自らの性的欲望のせいで明らかに抑圧されスティグマ化されていると考えている。彼はこの発想のもと、腐女とゲイ、それぞれのコミュニティ間のアライ[☆2]関係の形成を促そうとしたのである[★8]。結婚の平等を支持するために団結しようと腐女に呼びかけるこのキャンペーンの一環として、私たちはFacebookにイベントページを立ち上げた[★9]。だがこのキャンペーンは、インターネット上のBLファンコミュニティからかなりの抵抗を受けるに至った。その抵抗には、同性婚のためのアクティビズムにおいて腐女が目立つ役割を引き受けることに反対する議論、腐女によるゲイ・カルチャーの搾取をめぐる論争、BL文化内部のミソジニーについての内省などが含まれていた。

これと同じ時期に、筆者は、同性婚をめぐるBLファンの総体的な意見について中国語のオンライン調査を行った。調査はさまざまなソーシャルメディアを介して拡散された。例えばFacebook上のファンページ、BBSフォーラム、そして台湾のBLファンの多くが使っている重要なソーシャルネットワーキングおよびマイクロブロギング・サービスであるPlurk《プラーク》などだ。二〇一六年一二月一日から八日にかけて集まった合計四、〇五〇件の回答から明らかになったのは、BLファンたちの圧倒的多数が同性婚を強く支持しているということだった。

「クローゼットから出てくる」腐女たち？

Cocomeと筆者が腐女に同性婚コンサートへの参加を促すキャンペーンを立ち上げるやいなや、インターネット上では、ＢＬファンがこのコンサートで同性婚を支持するにあたり「腐女」という符号を用いることの是非をめぐって、たくさんの議論が巻き起こった。多くのＢＬファンは本能的にこの提案を拒否した。これらのファンたちは、自分たちの「腐女」アイデンティティが公のものとなることに強い不安を覚えたのだ。

インターネット上の議論では、多くのＢＬファンが「暗闇に留まる（躲在陰暗角落）」「目立たない（低調）」といった言葉を用いて、自分たちの関心を公表することは控えたいという衝動を表現していた。★10 ＢＬファンが「暗闇に留まる」ことを選ぶ理由はいくつもある。何よりもまず、同性間の関係は、台湾では未だ差別されている。そのような関係に向けられる腐女たちの「変態的な」ファンタジーがどう見られるかは言うまでもない。このような性的ファンタジーは個人的で私的なものであり、さらに重要な

★8　台湾のＢＬファンが、ゲイ・コミュニティの状況と似た形で、いかに抑圧されスティグマ化されたかをめぐっての彼の研究・インタビューについては、Cocome『腐腐得正——男人的友情就是姦情』奇異果文創、二〇一五年を参照。
★9　「相挺為平権腐腐撐同志」Facebook, https://www.facebook.com/events/698193253687698/（二〇一六年一一月三〇日開設）。
★10　インターネット上の議論についてのデータは、PTT、Plurk、Facebook上のスレッドやメッセージ、会話の観察およびそこから集めたデータを元にしている。本章では、プライバシー保護の観点から、ＢＬファンたちのユーザー名を変えている。
☆2　アライ（ally）とは英語で「同盟者」「盟友」を意味する語であり、ここでは性的マイノリティを理解し支援する人のこと。

ことには、保守的な一般公衆には受け入れられず、スティグマ化されてしまうものなのだ。多くのＢＬファンがインターネット上で述べたとおり、ファンたちは「暗闇に留まる」ことで、トラブルを避けようとするのである。

オンライン調査からは、ＢＬファンは概して、腐女というアイデンティティは秘密にしておくべきものであると考えていることも読み取れる。回答者のうち五〇・八％が、ＢＬへの関心を外部者――つまりＢＬファンではない人々――には明かさないと答えた。一方、外部者にも明かすと答えたのは三〇・五％に留まった。さらに、回答者の六一・二％が「ＢＬコンテンツについて外部者とは話さない」と答えた。ＢＬファンは仲間内に留まり、自らのファンダムについて他者と話すことを避ける傾向があることが、ここからわかる。

一部の腐女は、ＢＬに関心を抱くことを、社会的にスティグマ化されていると見なす。それはもっぱら、これらのファンたちが、ＢＬに対して抱く感情を親や友人に知られ、「病的」「変態」「同性愛者」などと見なされるという不快な経験をしているためだ。このような経験をもつ腐女たちは、社会のホモフォビアとヘテロノーマティビティに対し、自らの性的なファンタジーを検閲したり抑圧したりすることを選ぶのだ。端的に言えば、一部のファンは、自分がＢＬファンであることに否定的な反応を向けられるという経験をしたがために、「暗闇に留まる」ことを選んだのである。となれば、腐女が積極的かつオープンに参加することを奨励する同性婚キャンペーンが多くのファンの心に葛藤を引き起こしたのは、驚くには値しないことだ。これらのファンたちにとっては、同性婚の合法化に賛成していてもなお、規範に適う「ヘテロセクシュアル」として、または他の何らかの集団の一員としてコンサートキャンペーンに参加する方が、「腐女」としてオープンに参加するよりもよほどましなのだ。これらの議論は概ねインターネット上で展開された。ＢＬファンのための重要なオンラインフォーラムであるPTT BBSのＢＬ板も、議論の場となった。この掲示板に集うユーザーの一人であったyylover（なおこのユーザー名は匿名性を保つために筆者がつけたものであり、以降に登場するユーザー名も同様である）は以下のように語っている。

「ヘテロセクシュアル」のアイデンティティを使って同性婚を支持する方が、もっと集合的力を発揮できると思います。腐女というアイデンティティについては、理解のない人たちも多いですから、〔イベントの〕本筋の目的が見えにくくなってしまうのではないでしょうか。（yylover）

「腐女」の旗印を掲げて同性婚を支持することは「妥当」なのかという疑問を呈したユーザーはyyloverだけではなかった。これらのＢＬファンの懸念は、腐女は誤解され偏見をもたれた、社会的に不利な集団を成しているというところにあった。台湾にはただでさえＬＧＢＴに対する否定的ステレオタイプや誤解を抱いている人々が多いのに、もし腐女がキャンペーンに参加したら問題をもっとややこしくし、同性婚という「本筋のゴール」をわかりにくくしてしまうのではないか。このような心配を、ファンたちは抱いていたのだ。このような姿勢が含意していることのひとつは、腐女は社会的に差別されているという認識だ。腐女に対する社会的な印象をめぐるこれらの議論は、ＢＬファンの間で長年にわたって実践されている自己規制にもつながってくる。

自己規制

日本の同人誌《ファンジン》文化は、一九八〇年代半ばから後半にかけて、『聖闘士星矢』の男性間の恋愛を描いた派生作品やそれに類する作品という形で台湾にもたらされた[★11]。だが初期のうちは、同性愛や女性の性的ファンタジーを語ることはまだタブーだった。そのため台湾のＢＬファンは、否定的なステレオタイプを向けられることに慣れていってしまった。トラブルを避けるため、ファンたちは自己規制の集合的システムを少しずつ形成していった。例えば自らのウェブサイトやブログにＢＬの文章や絵を投稿するときには、閲覧者がウェブサイトに足を踏み入れる前の段階で、「警告：このウェブサイトにはＢＬ（やおい）が含まれます。このジャンルを受け入れられない方はお帰りください」などといった明確な警告文を載せなければならないのだ。もちろん、公の場でＢＬコンテンツについて話すことも、きわめて不適切な行為と見なされていた。

このようなルールが明文化されたケースもある。例えばPTT BBSのＢＬ板では、メンバーたちが参加者用のルールを設定した。これらのルールを遵守しないユーザーがいれば、そのユーザーの投稿は掲示板から削除される。特にひどい違反があった場合は、そのユーザーのＩＤはブロックされる。

現在のPTTにおけるＢＬ板の基本ルールの一部は、以下のとおりだ。

> 性行為の描写、実在人物同士のカップリング、ネタバレなど、公の場で話すには（つまり、フォーラムにたまたま足を踏み入れてしまった非腐女には）ふさわしくないと思われる内容の投稿については、投稿タイトルに警告を付記し、投稿の冒頭に一ページ分の空白を追加してください。

このようなBLファン間の自己規制は、外部者がBLファンのファンタジー世界に乱入してきて誤解が生じることや、さらに悪いことには、BLファンが激しく責め立てられるような事態を避けるために作られたものだ。このように否定的な印象をもたれたり、衝突が起きたりといった事態は、かつて実際に起こっている。そのため多くのBLファンたちは、これらの規制を自らのコミュニティを守るために必要なものだと見なしていた。さらに言えば、公の場や外部者の前でBLの話をしないこと、そして腐女というアイデンティティを外部者に明かさないことも、腐女の自己規制ルールに含まれていた。Cocomeは二〇一五年の著書『腐腐得正』(「二人の腐女／二つのネガティブなものが集まればポジティブに変わる」の意)で、この状況を以下のように説明している。

ホモフォビックな空気や、外部の人間に敵意を向けられる状況の中では、腐女は自分たちの関心や情熱が「目立たない」ようにしなければならない。〔中略〕すなわち「クローゼットの中に隠れている」のだ。腐女たちのBLへの関心は語ってはならない秘密となり、〔クローゼットのドアの〕後ろに隠されてしまうのだ。★12

Cocomeが指摘したとおり、腐女は、LGBTコミュニティと似た形で、「同性愛者」や「変態」と

★11 Miyako「台灣同人活動的轉變與特色」王佩迪主編『動漫社會學——本本的誕生』奇異果文創、二〇一六年、八〇—八一頁。
★12 Cocome『腐腐得正』二一七頁。

して差別される状況にある。腐女たちは、自らの経験から、情熱や欲望を抑圧してクローゼットの中に隠れることを学習したのだ。言い換えれば、これらの規制は腐女たちにとって身を守る手段であると同時に、自己抑圧のひとつの形でもあるのだ。腐女として公に運動を支持するという発想に対して本能的に湧き出る拒否感は、ある種の防衛機制と見なすことができるだろう。

BLのファンタジー対ゲイの現実

インターネット上の議論の中で、そもそもLGBTの権利を支持することに腐女というアイデンティティは関係あるのかという疑問を呈したファンもいた。BLファンはこれまで、BLのファンタジーと実際のゲイ男性の経験の間に線を引いており、これらの間には一切関係などないと言い切るファンもいた。先に述べたソーシャルネットワーク・サービスであるPlurkでは、ある投稿者が次のように語っていた。

> 最初の頃は、ゲイ男性は腐女を嫌っていた印象があります。〔PTT BBSの〕ゲイ板には、腐女を嘲笑うような言葉もありましたから。(Agnes)

BLファンたちは、一方では、実際のゲイ男性が腐女についてどう思っているかを気にしていた。これらのファンが恐れていたのは、腐女はゲイの生の表象を搾取しているという非難をゲイ男性から受けることだった。これは実際に日本で問題になったことのある事態だ。[★13] このような不安を抱くうち、腐女の一部は、ゲイ男性の性生活を覗き魔のように見つめることや、そのようなイメージを消費・妄想・再現することに罪悪感を覚えるようになった。このような同性間のファンタジーは、腐女にとって快楽の源であるのと同時に、罪悪感の源でもあるのだ。ゆえに多くのＢＬファンは、ＢＬのファンタジーとゲイの現実の間のつながりを認識すること、そして自らが腐女であるとＬＧＢＴの人々の前で表明することの両方を拒否したのである。

他方では、フィクションのＢＬ物語を楽しんでいながら、実際にはゲイ男性を嫌っているＢＬファンも存在するということがしばしば語られてきた。「全ての腐女が実際のゲイ男性を好きなわけじゃない」「〔実際の〕ゲイ男性のことを〔考えて〕気持ち悪いと思うだろう腐女を何人か知っている」などといった台詞が、ファンのネットワーク内で頻繁に繰り返されてきたのだ。興味深いのは、このような話は決まって発言者本人ではなく他者への言及であるということだ。一例として、Djzeroという Plurk ユーザーの投稿を紹介したい。

> 実際のゲイ男性を気持ち悪いと思っている腐女を何人か知っています。全ての腐女が必ずしも同性婚を支持しているとは思いません。（Djzero）

同様に、同性婚への支持や実際のゲイ男性——あるいはＬＧＢＴの人々全般——について、ＢＬファ

★13　Ishida Hitoshi. "Representational Appropriation and the Autonomy of Desire in *Yaoi*/BL," in *Boys Love Manga and Beyond: History, Culture and Community in Japan*, ed. Mark McLelland, Kazumi Nagaike, Katsuhiko Suganuma, and James Welker (Jackson: University Press of Mississippi. 2015).

ンダムは果たして一様な意見をもっているのかという疑問を呈したファンたちもいた。実際、腐女が均質な集団であったことなどはなく、同性婚に反対する腐女がいる可能性はもちろんある。それでもなお、ホモエロティックなロマンスについてのファンタジーを共有するコミュニティとして、驚くほど多くのBLファンが同性婚への支持を表明したのだ。この数字は一般人口のそれをはるかに上回っていた。とはいえ、支持の理由が現実に根差したものであるとは限らない。Plurkでは、Nanalinというユーザーが、次のように指摘していた。

同性愛に対してきれいで理想的なファンタジーを抱いているせいで同性婚を支持する腐女は多いです。〔腐女たちが生きているのと同じ〕実際の社会空間を生きる多様な同性愛者が存在することを現実として知っているから支持しているというわけではないんです。(Nanalin)

筆者が行ったオンライン調査では、BLファンの回答者のうち九五・八%が、「性的指向(異性愛、同性愛、両性愛など)に関わりなく、全ての個人の権利と義務が、法によって平等に保証されるべきだと思いますか?」という問いに対し、賛成と回答した(図1)。加えて、九三・二%が「同性婚は民法に含まれるべきだと思いますか?」に対して「賛成/強く賛成」と回答した(図2)。この質問に対し、「特に意見なし」と答えたのはわずか三・六%であり、民法を変えることに「反対/強く反対」と答えたのは三・一%だった。BLファンのコミュニティ内部では「一部の」腐女はゲイ男性を嫌っているという憶測が広く共有されているにも関わらず、調査の回答からは、BLファンは驚くほどに高い割合で同性婚を支持していることが、相当にはっきりと見えてくる。これに対し、中央研究院の調査研究センター

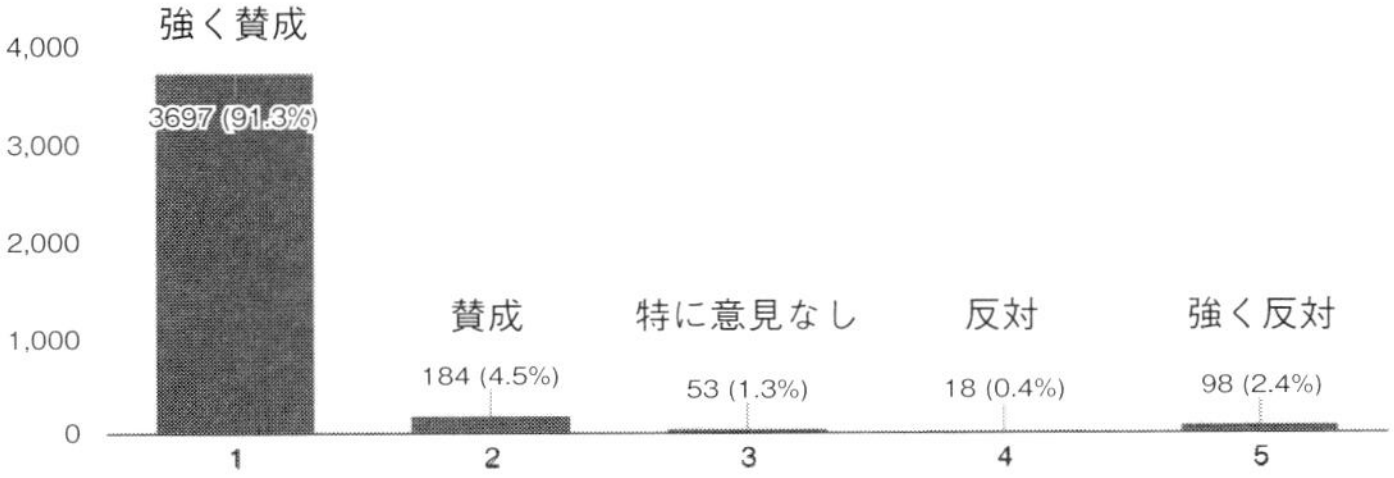

図1　「性的指向（異性愛、同性愛、両性愛など）に関わりなく、全ての個人の権利と義務が、法によって平等に保証されるべきだと思いますか？」（N=4050）

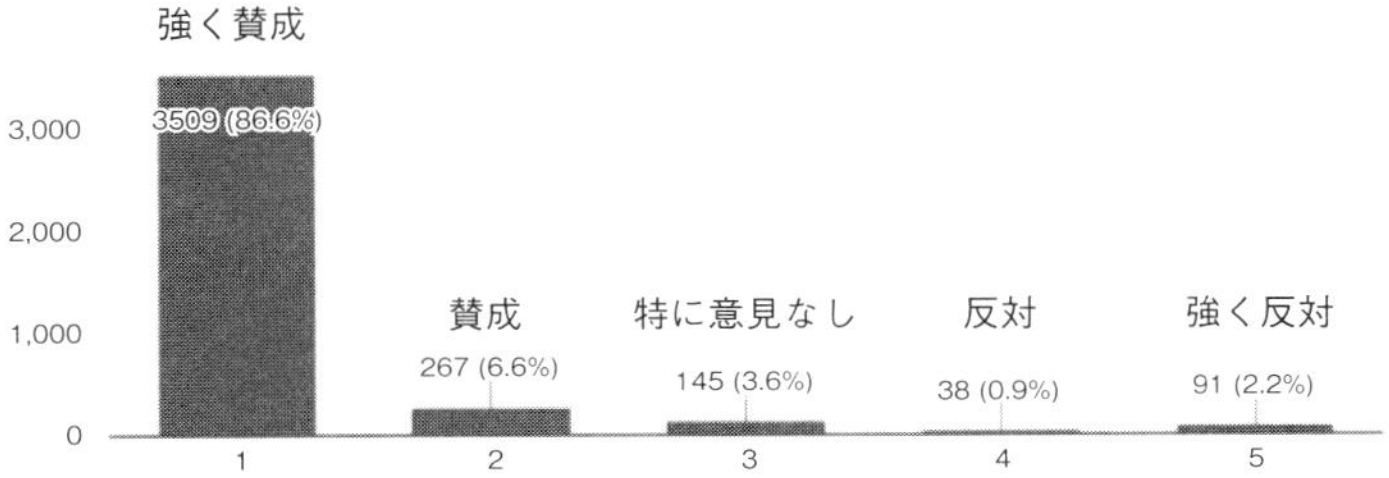

図2　「同性婚は民法に含まれるべきだと思いますか？」（N=4050）

（Center for Survey Research at Academia Sinica：中央研究院・調査研究専題中心）が二〇一五年に行った台湾社会変遷調査の結果を見ると、同性婚を支持するのは台湾市民のわずか五四・二％、反対は三七・一％となっている。[★14] 海外のBLファンと比較してみると、台湾のファンを対象とした筆者の調査は、英語話者およびイタリア語話者のBLファンを対象に二〇〇五年から二〇〇七年にかけて行われた調査を踏まえたドルー・パリアソッティの報告ときれいに重なっている。その報告によれば、BL読者の九六％が、同性婚の合法化を支持していたという。[★15]

革命、そして前へ

同性婚キャンペーンに腐女として参加することに反対するBLファンたちがい

た一方、逆の意見をもつ者たちもいた。これらのファンたちは、ＢＬファンコミュニティの自己規制が一種の自己差別として機能していることに気づいており、罪の意識も、腐女としてのアイデンティティを隠す必要も感じていなかったのである。Plurkにおける議論では、Mimiというユーザーが、以下のように述べている。

一般の人たちに誤解されがちだからっていうだけで、クローゼットの中に隠れて、私たち自身の腐女というアイデンティティを切り捨てるんですか？　これは一種の自己差別でしょう。〔中略〕あなたはまるで私の腐女というアイデンティティを差別しているみたいです。私たちはみんな顔〔アイデンティティのこと〕を隠して、目立たないようにするべきだって言うんですか？　このアイデンティティは非倫理的だから、私たちはみんな恥じ入って、声なんて上げずにいるべきだって言うんですか？　そういう考え方はこのキャンペーンのゴール――平等の追求からは程遠いと私は思います。（Mimi）

キャンペーン賛成派のファンたちは、「目立たない」主義は腐女が社会で抑圧されていることの証明にほかならないと批判し、腐女としてのアイデンティティを公の場で表明するなと言われたときには腹を立てた。上で引用した発言者のMimiはさらに、「目立とうとしない」という考え方は「人生を大切にし、婚姻平等の権利を支援しよう」コンサートの核にある思想に反していると指摘した。Mimiのこのような信条は、ＢＬファンたちのラディカルで革命的な側面を象徴している。このようなファンたちは自らの性的ファンタジーを肯定的に受け入れ、腐女に対する差別に――その差別が腐女自身によるものであっても、直接立ち向かったのだ。このファンたちが展開した議論や、積極的に行動するという選択は、ＢＬ文化に内在する抵抗に光を当てた。その抵抗とはすなわち、主流社会における異性愛のヘゲモニーや女性の欲望の抑圧との闘いだ。

同性婚をめぐるインターネット上の議論の中で、キャンペーン賛成派のＢＬファンたちはまた、台湾における社会環境が変化していることも指摘した。一〇年前ならば、腐女は社会全般やゲイ・コミュニティからの偏見に晒されていたかもしれないが、今は違うのだ。さらには、腐女というアイデンティティがいかにＬＧＢＴイベントにつながっているか、またＬＧＢＴの権利を支持するために腐女としてのアイデンティティを表に出すことはなぜ有意義で重要なのかを説明するため、自分自身の経験に言及するファンたちもいた。Mimiは次のように回想している。

ＢＬの世界に足を踏み入れる前は、ゲイ男性は変だと思っていたこともありました。だけどいろいろなＢＬ作品を読むうちに、二・五次元[☆3]のＢＬ製品〔プラスチックフィギュアなど[★16]〕やゲイ関連

★14 2015 Taiwan Social Change Survey, Center for Survey Research, Academia Sinica (2017), https://srda.sinica.edu.tw/datasearch_detail.php?id=2221.

★15 Dru Pagliassotti, "Reading Boys' Love in the West," *Particip@tions* 5, no. 2 (November 2008), http://www.participations.org/Volume%205/Issue%202/5_02_pagliassotti.htm.

★16 「二・五次元」とは、二次元のマンガ・アニメのキャラクターを、プラスチックフィギュアやコスプレ活動といった三次元製品にすることを指す。

☆3 最近の日本のサブカルチャーの文脈で「二・五次元」といえばマンガ・アニメの舞台化作品を指すことが圧倒的に多いが、原文に従って訳出した。★16も同様。

の映画を見ることに慣れていきました。BLは必ずしも実際のゲイ男性につながっているわけではないけれど、〔ゲイの生の現実を理解するにあたって〕近づきやすくしてくれる橋になると思います。

（Mimi）

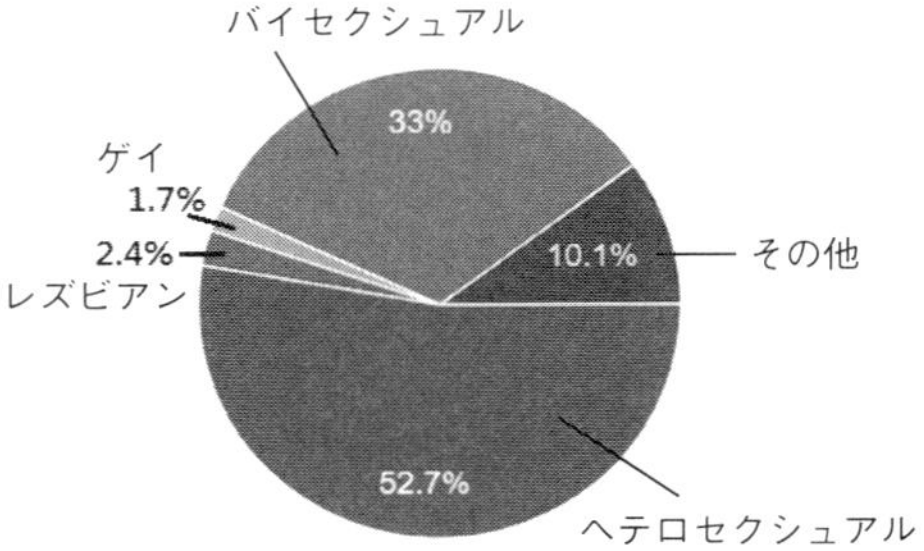

図3　性的指向（N = 3851）

Mimiのように、個人的なBL読書実践と、LGBTコミュニティとの（初）接触とを結びつけることができたBLファンは多い。今なおこれらを異なる二つの世界、すなわちファンタジー対現実だと認識しているとしてもだ。だが、BLのファンタジーとゲイの現実との間の境界線が曖昧になりつつあることに気づいている人々もいる。例えばPlurkでの議論において、Lucyというユーザーは、BLファンとLGBTコミュニティはもはや二つの別個のカテゴリーなどではないことを指摘している。彼女が言うように、LGBT関連のイベントに積極的に関わっているBLファンもいるし、LGBTの人々もおそらくBLファンなのだ。

台中基地〔Taichung GDi：LGBTのための協会〕を訪問したら、BLと成人向けマンガでいっぱいの本棚があることに気づくと思います。ボランティアたちに目を向ければ、そこで働いている非LGBTの若い女の子たちは、たぶんBLファンでもあるということにも気づくはずです。その子たちにスタッフが冗談を言っているのも聞けると思います。「ここに来るのはハンサムなゲイを観察するため?」とか、「ハンサムなT〔トムボーイ、すなわちマスキュリンなレズビアンのこと〕を探してるの?」とか。姉のもっているBLマンガを読んだことで性的指向が目覚めたと語ってくれる一〇代の男の子もいるかもしれません。(Lucy)

実際、多くのBLファンがLGBTコミュニティの一員なのだ。筆者のオンライン調査からは、BLファンの性的指向とジェンダー自認は多様であり、さらに回答者の相当数がバイセクシュアルと自認していることがわかる。調査結果によれば、BLファン回答者のうち、五二・七%が「ヘテロセクシュアル」、一・七%が「ゲイ(男性)」、二・四%が「レズビアン」、三三%が「バイセクシュアル」、一〇・一%が「その他(アセクシュアル、パンセクシュアル、不明、無回答を含む)」と自認していた(図3)。さらに、ジェンダー自認についての質問に対しては、九二・三%が女性(トランス女性と回答した〇・三%を含む)、三・七%が男性(トランス男性と回答した〇・三%を含む)と自認していた。二・三%が自らをジェンダークィアと見なしており、一・五%が上記のカテゴリーには当てはまらない形で自らのジェンダーを説明した。これに対し、台湾の成人を対象とした二〇一二年の世論調査によれば、台湾の成人市民のうち、バイセクシュアルと自認するのは一・七%、ホモセクシュアルと自認するのは〇・二%とわずかだ。[★17]筆者の調査によって判明したBLファンの間の性的指向・ジェンダー自認の多様性は、先述したパリアソッティによる西洋諸国の調査と共鳴する。パリアソッティの調査からはさまざまなことが明らかになったが、そのうちのひとつが、筆者の調査結果同様、バイセクシュアルと自認しているBL読者

★17 2012 Taiwan Social Change Survey, Center for Survey Research, Academia Sinica, (2014). https://srda.sinica.edu.tw/datasearch_detail.php?id=2216.

が高い割合で存在するということだ。英語話者のBL読者のうち二五%、イタリア語話者の読者のうち一八%が、自らをバイセクシュアルとしていた。パリアソッティは、米国のBL読者は日本のBLファンと比べると性的指向がより多様であり、BLを読むことをゲイの権利の支持と結びつける傾向がより強いことなどを結論の一例として述べた。[18]台湾の例は、米国のそれに近い現象が現在形で作用していることをはっきりと示している。

LGBTコミュニティとのアライ関係

上述のとおり、台湾のBLファンは一枚岩ではない。BLファンダムはヘテロセクシュアル女性だけから成るわけではないのだ。また、BLファンとLGBTコミュニティのメンバーは、二つの別個の集団というわけでもない。さらに、先に引用したLucyのコメントにあるとおり、BLテクストを読むことが、BLファンの性的指向に影響を与えているかもしれないのだ。ジェームズ・ウェルカーも同様に、日本のレズビアン・コミュニティのメンバー自身がBLやその他の性別越境的なマンガに影響されてきたことを指摘している。[19]溝口もまた、彼女の個人的なBL読書体験がレズビアンとしての目覚めにつながったことを語っている。[20]

一部のゲイ男性が腐女に対して負の感情をあらわにしていたのは過去の話だと言い切ってしまうことは危険だろう。だが、台湾のBLファンダムの初期にゲイ男性が腐女に対して抱いていた敵意は現在、ほぼ受容へと変わっている。ジェンダー平等のための集合的闘いにおいて、腐女を自らのアライとして受け入れるゲイ男性すらいるのだ。そして「人生を大切にし、婚姻平等の権利を支援しよう」コンサートに関して言えば、ＬＧＢＴ団体から成るオーガナイザーは、腐女を公式にアライとして迎え入れてくれた。

結論

同性婚キャンペーンに「腐女」として参加するべきか否かをめぐる論争は、台湾のＢＬファンの間にある差異を際立たせた。だが、問題の核心は同性婚を支持するか否かではなく、腐女というアイデンティティは「目立たない」ものであり続けるべきか、それとも公の場に出てくるべきかというところにあった。本章で示したとおり、「自己規制」に従っていたＢＬファンの一部は、二〇一六年から最高裁判断に至るまでのキャンペーンの時期にかけて、「クローゼットから出てこい」という圧力を感じていた。一方、公の場で腐女を自認し、さらには自らのＢＬ読書体験をＬＧＢＴの権利の支持と結びつけることに抵抗を感じない者たちもいた。だがどの陣営でも、同性婚キャンペーンをめぐる議論は、全員が同性婚の合法化に賛成であるという前提のもとで行われていた。

★18　Pagliassotti, "Reading Boys' Love in the West," Table 3.

★19　James Welker, "Beautiful, Borrowed, and Bent: 'Boys' Love' as Girls' Love in *Shôjo* Manga," *Signs: Journal of Women in Culture and Society* 31, no. 3 (2006): 843.

★20　Mizoguchi, "Male-Male Romance by and for Women." 溝口彰子『ＢＬ進化論――ボーイズラブが社会を動かす』太田出版、二〇一五年、一一一―一一二頁も参照。

★21　Peiti Wang, "On Fujoshi Power: How Taiwanese Fujoshi Play with the Sex/Gender System," paper presented at The Labor of Animation Conference, Institute of Ethnology, Academia Sinica, Taiwan (June 17-18, 2016).

同性婚キャンペーンをめぐる議論の中、ジェンダーとセクシュアリティをめぐる他の問題にいくつも光が当てられたことは、特筆すべきだろう。例えば、BLファンダムは「ミソジニー」文化の一部であって、「ホモフォビア」「異性愛のヘゲモニー」「家父長制的抑圧」などの概念を必然的に伴っているのではないか、などといったことだ。参加したBLファンたちは、ジェンダー理論についての知識を得ると同時に、自分たちが本当にジェンダーフリーか、ミソジニー的ではなかったか、他の何らかの形でジェンダーをめぐる偏見をもってはいなかったかと自省することになった。

これらの議論は、多くのBLファンがLGBTの権利と並んでジェンダーの問題にも敏感であること、そして現代台湾社会における女性の状況に積極的な関心を抱いていることを示している。今回の議論や交流によって、BLファンたちは女性としてエンパワーされ、またそのことを表現できるようになった。これを筆者は別稿で「腐女子パワー」と表現した[★21]。台湾では、BL文化への参加が女性たちの間でますます一般的になっており、ジェンダー関係に彼女たちが向けるまなざしを変えつつある。「腐女子パワー」——より厳密には「腐女パワー」——とは、BLファンたちが、BLファン実践を通して、現存する家父長制的なジェンダー構造に疑問を呈し、女性の主体性や女性の欲望に対して真剣な注意が向けられるべきだと主張する力を得ることだ。同性婚キャンペーンへの腐女たちの参加と、このトピックをめぐってBLファンたちが繰り広げた熱い議論は、まさに好例だ。腐女であることをオープンにして参加することに賛成したかどうかには関わりなく、ほぼ全てのファンたちが、自分なりにキャンペーンに貢献することを望んでいたのだ。狭くは今回のキャンペーンをめぐって、そしてより広くは自己規制をめぐって、BLファンコミュニティの中には多少の緊張があった。筆者はそれでもなお、台湾のBLファンたちは、自らの社会のセクシュアリティとジェンダーに根深く存在する不正義や不平等に疑義を呈し、抵抗し、無にさえ帰しうる潜在力をもっていると考えている。

〔英語版タイトル〕
Repression or Revolution? On the Taiwanese BL Fan Community's Reactions to the Same-Sex Marriage Legalization Movement

Desi《インド人》 Desu《デス》[☆1]

インドの都市部における性、セクシュアリティ、BL消費

ラクシュミ・メノン
佐藤まな訳

インドにボーイズラブ（BL）マンガの読者層は存在するのだろうか？ 国内の状況をざっと眺めれば、きわめて単純に「存在しない」と答えたくなるだろう。そもそもインド亜大陸では、一般的に言って、マンガ・アニメのファン層がまだひよっこだ。また、現代インドの保守的な性格が、人々がBLファンになることを妨げていると推測されるかもしれない。だがインドにも、アジアの他地域と同じく、BLファンがいるのみならず、見ようによってはファンたちのコミュニティまで存在するのだ。このコミュニティは、BLの始まりの地である日本や、本書の他章で論じられている他アジア諸国のそれとは対照的に、いささか見つけづらく、ゆえに研究することも難しい。これにはいくつか重要な理由がある。

まず、インドは歴史的に豊かなセクシュアリティ表象の文化を有しているにも関わらず、現在はきわめて保守的な国となっていることだ。同性愛はごく最近まで犯罪とされており、今もおしなべてタブー扱いされている。さらに、少なくとも同じぐらいには重要なのが、インドでは女性がセクシュアリティにまつわる事柄を議論しようとするだけで甚大なスティグマを押しつけられてしまうということだ。ましてや同性愛を描いたエロティカなどについて語ろうものならなおさらである。しかしながら本章では、他ならぬこのファンたちのコミュニティに視線を向けてみたいと思う。

本章ではまず、インドにおけるアニメとマンガの歴史を概観する。このうちアニメは、一九九〇年代初頭にインドに紹介され、当時はテレビを利用できる者なら誰でも見ることができた。だが最近では、アニメ鑑賞は大多数の人々にとって不可能となってしまい、アニメファン層を構成するのはもっぱら都市に住み英語を話す上流および中産階級の人々となった。筆者が見るに、このアニメファン層の中でも、インドのBLファンたちはさらに国内有数の大都市に住んでいる。次いで、筆者の行ったオンライン調査の結果や、ファンたちと筆者自身とのやり取りを検証して、インドで広く見られる性とセクシュアリティに対する考え方をとらえ、そしてBLに触れることでインド人女性のセクシュアリティ観やLGBTコミュニティへのまなざしがどう変化したかを考察する。最後に、インドのBLファンダムがどのように稼働しているかを、日本やアジアの他地域のファンダムや、グローバルな英語話者BLファンコミュニティと比較しながら見ていく。インドのファンコミュニティは、まだ独特のファン実践を生み出したり、ローカルなBLコンテンツを多く世に送り出したりするような段階には至っていない。だがこのコミュニティは、本章で示すように、セクシュアリティのさまざまな側面を理解して支配的ジェンダー・イデオロギーへの抵抗力を育てるためのツールを、BLというジャンルの内に見出しているのである。

インドにおけるアニメとマンガ

インドの人々は、一九九〇年代初頭からアニメのテクストに触れてきた。皮切りとなったのは、一九九二年にインド国営放送ドゥールダルシャンのチャンネルで放映された、日本アニメーション制作『ジャングルブック・少年モーグリ』のヒンディー語吹き替え版だった。だがストーリーにローカライゼーションも相まって、『ジャングルブック』はとても外国製メディアには見えなかった。アニメがようやく日本のものと認識されるようになったのは、ケーブルテレビチャンネル「スタープラス」[☆3]が一九九三年に『ロボテック』[☆4]などの英語に吹き替えられたアニメシリーズを放映し始めてからのことである。次いで一九九七年には、ソニーのチャンネルAXN[☆5]がアニメ専用の放送枠を立ち上げた。二〇〇一年にはインドのカートゥーンネットワークがTOONAMI枠[☆6]で『ポケットモンスター』や『ド

☆1　原題Desi Desuはインド的かつオタク的な語彙を使った駄洒落であり、「インド亜大陸の人/もの」、この場合はとりわけ「インド人」を意味するヒンディー語desiと、日本語の「です」がアニメ等を介して英語のネットスラングに入ったdesuを合わせたものである。
☆2　『ジャングルブック』がインドを舞台にした物語であることを指していると思われる。
☆3　スタープラス（StarPlus）はインドのケーブルテレビチャンネル。ドラマを中心に放送している。
☆4　『ロボテック』は、厳密には単純な日本アニメの「英語吹替」作品ではなく、『超時空要塞マクロス』をはじめとしたロボットアニメ三作品を米国で再構成して一本のアニメとし、英語に吹き替えて放送した作品である。
☆5　AXNはソニー・ピクチャーズ・エンターテインメントが立ち上げた映画・ドラマなどを中心とするチャンネル。日本を含む世界五〇カ国以上で放送されている。

ラゴンボールZ』、のちには『NARUTO―ナルト―』などの放映を開始し、より若い視聴者を取り込んでいった。若い視聴者の数は、二〇〇四年にソニーがアニメ専門チャンネル、アニマックス・インディアを立ち上げてからさらに増加した（なおこのチャンネル自体は長続きしなかった）。アニメはインド版Amazon PrimeやNetflixといったストリーミングサービスでも一通り見られるようになっている。だが潜在的消費者の多くは、違法のトレントダウンロードやストリーミングサイトで入手できるものには金を払いたがらない。そして公の経路でアニメを見るために金を払おうが払うまいが、インターネットカフェの数が限られており回線も安定しないインドでは、そもそもインターネットにアクセスできるのは主として中産・上流階級のインド人のみという状態になっている。[☆7]

このようにアニメに触れることが難しい状況にも関わらず、インドではファン活動が定期的に行われている。コミックコンベンションや毎年ムンバイで開かれるクールジャパン・フェスティバルでは、コスプレコンテストにインド人オタクが押し寄せる。ファンたちはインターネット上のフォーラムや、AnimestanやAnimeindiaなどのFacebookグループを通してつながりを保っている。これらは当初数十人から数百人のメンバーしかいない小さなグループだったが、現在は規模を広げ、地域支部を立ち上げたり、州や市ごとに特定のアニメ作品のファングループを作ったりするまでになっている。これらのグループやアニメ・マンガフォーラムをぱっと見渡すと、メンバーや参加者の大半が、『NARUTO―ナルト―』や『BLEACH』『銀魂』などの少年ものを好んで消費する男性であることがわかる。筆者の推測では、このようなジェンダー格差は、インド人女性が消費してしかるべきメディアの種類にまつわる規範と大きく関係している。筆者が行った調査の参加者の何人かによれば、インドでアニメファンであるうえでジャンルを問わず一番大変なのは、社会の大多数が、アニメという媒体を総じて子供向けのものだと決めつけていることだという。そのため多くの女性が、適切なふるまいをしなければならないという観念のもと、ファン実践に没頭することをためらうのである。

テクノロジーは、インドとアニメ・マンガとの関わりを研究するにあたって重要な要素である。なぜならばファンたちは、先述のとおり、アニメやマンガを楽しむにあたって、他のファンたちが翻訳し、違法にアップロードしたものに頼るからだ。ゆえに、アニメを見られるか否かは、高速インターネット接続などといったテクノロジーを利用できるか否かと直結している。インド全国インターネット・モバイル協会（The Internet and Mobile Association of India：略称ＩＭＡＩ）が二〇一七年に発表した報告「インドにおけるインターネット」によれば、インターネットはインド国内に順調に浸透している一方で、これを利用できるか否かには明らかなジェンダー・ギャップがあるという。インドにおける四億八、一〇〇万人のインターネットユーザーの中で、女性はわずか一億四、三〇〇万人、全体の三〇パーセントに過ぎないのだ[★1]。加えて都市―農村間の格差も大きい。都市に住まう人々のインターネット利用率はほぼ六四パーセントにのぼるが、農村ではおよそ二〇パーセントにすぎないのだ[★2]。インドの都

★1　Tarush Bhalla, "Male Users Still Dominate Internet in India: IAMAI Report," *YourStory*, February 20, 2018, https://yourstory.com/2018/02/men-still-dominate-internet-in-india/.

★2　Surabhi Agarwal, "Internet Users in India Expected to Reach 500 Million by June: IAMAI," *Economic Times*, February 20, 2018, https://economictimes.indiatimes.com/tech/internet/internet-users-in-india-expected-to-reach-500-million-by-june-iamai/articleshow/63000198.cms.

☆6　トゥナミ。カートゥーンネットワークのアニメ専用放送枠。

☆7　ビットトレント（BitTorrent）。超高速・大規模でファイルダウンロードを行う技術。その特性から、アニメやゲームなどの違法配布にも使われてきた。

市人口は農村人口より相当に小さいことを考えると、デジタル格差は数字の上で見るよりもはるかに深刻である。よって、アニメとマンガに触れる機会を制限し、ファン活動への積極的参加を阻んでしまうジェンダー・階級格差は、決して見過ごしてはならないものなのだ。

インドにおけるジェンダーとセクシュアリティ

インターネット利用者やアニメ・マンガファンの人口構成とはまるで対照的に、インドのBLファンダムは完全に、さもなければ概ね、女性読者から成っている。これは筆者自身がこのファンダムと関わってきた経験からも明らかだ。筆者の調査の回答者は、全員がシスジェンダー女性と自認していた。[☆8]調査を目にした男性のBL読者もいたかもしれないが、性別を明かすことをためらい、回答しなかった可能性がある。この女性ばかりの読者層を見るにあたっては、インド社会における女性のセクシュアリティ観が——東南アジア諸国の多くに浸透しているそれと同様——厳格であることをふまえる必要がある。このセクシュアリティ観のもとでは、女性がBLのようなコンテンツを消費することやそれについて話し合うことは伝統的に許されないのだ。

BLは同性同士の関係に焦点を当て、しばしば性行為を描写するという性質があるため、ほとんどのインド人女性が幼少期に教えられる、行いの適切さ、あるいは慎み深さの観念(サンスクリット語ではヴィナヤ〔vinaya〕[☆9])に反するものだ。この適切なふるまいの規範に逆らう者たちは、英語で言う罪悪感(guilt)、恥(shame)、あるいは両者の組み合わせとして定義されるような感覚を覚えるべきとされている。この感覚を表す言葉はインドで話されているほぼ全ての言語に存在し、例えばヒンディー語、ベンガル語やその他のインド・アーリア語群の言語ではラッジャ（lajja）、マラヤーラム語などドラヴィダ語族の言語ではナーナム（naanam）になる。女性のセクシュアリティやジェンダー役割について表現すること、あるいはそもそもこれらについて議論することは、きわめつけのタブーのひとつなのだ。★3

右翼的保守主義に凝り固まった現在のインドでは、メディアに加えられる検閲もまた、女性がセクシュアリティとそのパラダイムを理解するための経路を見出す妨げとなる。若い世代がコスモポリタン的であるおかげでこのような考え方が変わり始めていることは容易に想像できるだろうが、私がインタビューした二〇人の女性の中には、バイセクシュアルとパンセクシュアルを自認する者たちがそれぞれ一人ずついたにすぎなかった。またいずれも、家族には自らのクィア・アイデンティティを明かしていないと、すかさず付け加えていたことにも留意すべきだろう。家族空間は、都市の上位中産階級の一部を除いて、未だ保守的である。見合い結婚が今なお普通であることはその一例だ。人類学者ヘンリケ・ドナーや社会学者ジョティ・プリーの研究においては、インドの都市に住む中産階級女性が、幼少時から成人後まで課せられ続ける貞節と世間体の遵守に際して、いかなる経験をするかが描かれている。★4

★3　Kavyta Kay, *New Indian Nuttahs: Comedy and Cultural Critique in Millennial India* (Cham, Switzerland: Palgrave Macmillan, 2018), 55.

★4　Henrike Donner, "Doing it Our Way: Love and Marriage in Kolkata Middle-class families," *Modern Asian Studies* 50, no. 4 (2016): 1172; Jyoti Puri, *Woman, Body, Desire in Post-Colonial India: Narratives of Gender and Sexuality* (New York: Routledge, 1999), x-xi.

☆8　シスジェンダー（cisgender）とは、生まれた時に割り当てられた性別と性自認が一致している人のことを指す。

☆9　「ヴィナヤ」という語は、サンスクリット語の辞書的意味では「導き」「教導」、転じて「規律」やその規律に従った「礼儀正しい振る舞い」「つつましさ」などを指す。なお日本には教団内の規律を意味する仏教用語として入っており、「律」と訳されている。

規範に背く女性の身体は本質主義的なインド文化観を侮辱する存在と見なされ、クィアな身体も同様に、社会の「純粋性」への侮辱として社会的に構築される。インドで同性愛が犯罪化されたのは一八六〇年、英国による植民地支配下のことであり、独立後およそ七〇年経つまでこの扱いが解かれることはなかった。インド刑法三七七条が最高裁判所によって無効とされたのはつい最近、二〇一八年のことである。これによりインドにおけるLGBT運動は新たな勢いを得ることとなった。だが弁護士でありアクティビストでもあるアロク・グプタが指摘しているとおり、この運動には限界が存在することは述べておかねばならない。その限界とは、さまざまな特権の有無やアクセスの可否にまつわるものだ。都市と農村それぞれにおける文脈や西洋化の度合い、言語へのアクセスには、無視できない顕著な違いが存在するのである。★5

よって、家族や家庭、学校の境界内では、クィア・コミュニティに属する人々の多くが今なお、自らのセクシュアリティの受容やジェンダーにまつわる経験をオープンに表現する自由を求め、絶えず闘い続けなければならないのだ。インドの主要都市のほとんどではプライドパレード☆10が開催されているが、農村人口の大半にとっては、主流と異なるセクシュアリティやクィアなアイデンティティについての知識を得ることさえ、未だに縁遠いものなのである。

オンラインで出会うインドのBLファンたち

ここまで実証してきたとおり、インドにはBLのようなジャンルをオープンに楽しみ評価することを阻む保守的な空気が満ちている。それにもかかわらず、インド国内にはBLファンダムが存在する。では、このBLファンダムにはどこで出会えるのだろうか。インドのBLファンダムは、幾重にも折り重なった社会的期待や、多くのファンが共通して抱く、「知られたくない秘密」があるという感覚の背後にほとんど隠されており、総じてインターネット空間にのみ存在する状態にある。

インドのBLファンについて理解を深めるため、筆者はオンライン調査を通して二〇人にインタビューした。この中には筆者の個人的な知り合いもいれば、調査参加者を募集するFacebookやTwitterの投稿に応答した人々もいる。調査は英語で書かれており、参加者が応答に用いた言語も英語であった。以下の議論では、参加者の匿名性を維持するため、彼女たちのファーストネームのみ、もしくは仮名を用いる（仮名の場合は初出時のみカギカッコを用いて示す）。オンラインやコンベンションにおける筆者自身の参与観察をふまえると、今回の回答者たちは、インドのBLファンとしておおよそ典型的な人々であると考えられる。回答者たちはインド最大の都市のいくつか——ニューデリー、バンガロール、コルカタ、チェンナイ、コーチ——に住む女性であり、その多くは地方から仕事や教育のため都市に移り住んだ人々であった。都市住民であること以外にも、いくつか共通する特徴が見受けられた。彼女たちの年齢層は一〇代後半から三〇代後半であり、高等教育を受けられる中産階級ないし上位中産階級家庭の出身であった。英語で教育を行う名門大学に通う学部生・大学院生もいれば、そのような大学を卒業し、IT業界で高賃金の仕事に就いている者、大学で講師として働いている者もいた。こ

★5　Alok Gupta, "Englishpur ki Kothi: Class Dynamics in the Queer Movement in India," ed. Arvind Narrain and Gautam Bhan, *Because I Have a Voice: Queer Politics in India* (New Delhi: Yoda Press, 2005), 129.

☆10　プライドパレード（pride parade）とは、性的マイノリティの存在を可視化し、尊厳や権利回復をアピールするパレード。

れらの調査結果やファンコミュニティにおける筆者自身の参与観察を踏まえると、平均的なインド人BLファンは英語に堪能かつ十分に裕福であり、さらにはテレビや高速インターネット接続を利用でき、オンラインで活動しているという、先述したインドでも少数派の女性たちの一部であるとまとめられよう。

回答からは、インドのBL読者たちはそれぞれ異なる形でBLを「発見した」ことがよくわかる。同じくアニメ好きの親しい友達のすすめでBLを読み始めた者もいれば、フォーラムでたまたまBLテクストに出会った者たちもいた。バンガロール出身の二一歳の学生「サリタ」にどのような経緯でBLに関心をもったのか質問したところ、彼女は次のように答えた。

一一歳の頃からアニメ関連のフォーラムに参加してきました。そんなフォーラムのひとつで——確かAnimestanだったと思います——、たまたま『純情ロマンチカ』についてのトピックを見つけて、投稿をスクロールして読んでみたんです。そこで交わされていた話は私がこれまで読んだことのあるものと全く違っていて、とても興味を惹かれたので、すぐにオンラインでマンガを探しました。もちろんそれ以来、一度も後戻りはしていません。こんなにユニークで美しいものに出会えて、とてもわくわくしたんです。[★6]

また、BL以外のテクストがきっかけでBLにたどりついた者たちもいた。例えばカートゥーンネットワーク・インディアで放送されたアニメシリーズ『カードキャプターさくら』に関心を抱いたファンたちは、原作であるマンガ版『カードキャプターさくら』を探し出し、暗示的に描かれた桃矢と雪兎のクィアな関係に、そして彼らにまつわるファン作品に出会った。アニマックス・インディアで放送された『GetBackers─奪還屋─』や『今日からマ王！』のファンの多くも同じような経験をしていた。日本の大人気少年マンガ雑誌『週刊少年ジャンプ』掲載作品はインド市場でも徐々に手に入るようになってきているが、正式認可された印刷版のＢＬ作品を見つけることは困難である。だがインドの書店にたどりつく作品は少ないながらも存在し、見つけたファンが素早く、かつこっそりと買っていく。実は筆者も小田切ほたると神奈木智による二〇〇二年の作品『その指だけが知っている』[☆11]を一冊所有しているのだが、何よりも「ばれる」ことが怖かったせいで、自分だけの本棚が手に入るまでずっと実家の机にしまい込んで隠していた。このような理由により、インドのＢＬファンは、ＢＬ消費にあたってインターネットに頼り、mangafoxやmangagoなどといった未認可のスキャンレーションを違法で提供するサイトにアクセスしたり、フォーラムでの議論に参加したりするのである。

インドのＢＬ読者を組織化するために協力し合おうというような動きは現状存在しないものの、彼女たちはインターネット空間でコミュニティを構成できている。彼女たちは、得てして圧倒的に男性ばかりの空間であるインドのアニメ・マンガファンダムに、多くの点で真っ向から対立する。筆者の調査にオンラインで答えてくれたうちの一人、バンガロールに住む学部生の「ヘマ」は、他のＢＬファンを探し始めた理由を次のように語った。「男の子たちはバカすぎて何ひとつちゃんと評価できないんです。ゲイっぽい要素があるものは何でもゲーッ、とかうわーっ、とか間違ってるぜ、なんだもの[★7]」。

★6　サリタ（学生）、インタビュー、二〇一七年四月。
☆11　『その指だけが知っている』は神奈木智による二〇〇一年の小説作品だが、筆者が言及しているのは翌二〇〇二年に出版された小田切ほたるによるコミカライズ版だと思われる。

インドのＢＬファンダムは英語圏の言説からいくつかのお約束、とりわけ用語を借用して自らを作り上げてきた。特に注目すべきは、インドのＢＬファンが、他の国・地域における英語話者のファンと同じように、露骨な性的描写を含むマンガと含まないマンガを区別して、「ヤオイ（yaoi）」と「ショウネンアイ（shounen-ai: ショーアイ〔sho-ai〕と略される）」の語を用いていることだ。[☆12]これに対し、ＢＬは総称として、もしくは性表現の露骨さの程度において中間あたりに位置する作品を指して用いられる。多くのファンたち、とりわけ年齢層が上でありファンダムで少なからぬ時間を過ごしてきた者たちは、他に良い等価語が存在しないため、熱心なＢＬファンを指す日本語「腐女子」を用いて自分たちを形容する（これは、ＢＬファンは「腐った女の子」だとする、巧妙な日本語の言葉遊びだ。なおインドでは「フジョ（fujo）」と略されることが多い）。この「腐女子」という言葉における corruption——腐敗、堕落、変造——という要素は、ＢＬを読む女性たちが、元のテクストのヘテロノーマティブな構造をばらばらにしてホモエロティックな内容で染め上げる、テクストの破壊者という自己認識をもっていることを本質的に反映している。そして「腐女子」という言葉を用いるインド人ＢＬファンたちもまた、このことを受け入れている。これはＢＬ、とりわけ「ヤオイ」に関心を抱くことは、堕落と無垢の間に引かれた皮肉な線の綱渡りにも似た何かなのだと見なされている証である。

セクシュアリティとインドのＢＬファンコミュニティ

インド人ＢＬファンにとって、同じ関心をもつ他者を見つけ、いかに小さなものであろうともファンコミュニティを築くことは、他の国のＢＬファンにとってのそれと変わりなく重要である。インド人

BLファンたちは、これまで示してきたとおり、主流を外れたどこかに、完全に不可視とは言わないまでも隠れ潜む形で存在する女性のコミュニティだ。このことをふまえれば、この女性たちがBLというジャンルに触れたことで、このコミュニティがレズビアン、クィア、フェミニズムのアクティビズムをめぐる言説が起こりうる空間として機能できるようになった次第を検討できる。BLのファン空間は、長池一美が「女性のセクシュアリティとアイデンティティをめぐる諸問題、例えば両性愛やホモソーシャリティ、そしてヒエラルキー化された異性愛的パラダイムに抗うその他さまざまの様式に、女性自らが参与していくことを可能とするダイナミックな空間[★8]」と表現したようなものになってゆくのだ。BLというジャンルはさらに、結婚や生殖、親になること、家族や血のつながらない家族についての伝統的な概念などをはじめとする、一般に受け入れられた社会規範、ジェンダーシステムや人間のセクシュアリティを絶えず問い直し、その限界を押し広げていく。これらのトピックをめぐる議論は、女性たちの間では、社会的期待を念頭に、「深刻すぎる」として避けられがちだ。だがBL読者たちは、コミュニティの絆があるおかげで、そして性的欲望の主体であることによって、自分のセクシュアリティについて語れるだけの安心を得られているのだ。

調査回答者の一人でありデリーに住む「ゼフラー」は、BLの好きなところの一つとして、「セックスシーンでトップにもボトムにも自分を重ねることができるんです。というのも、どちらも女性じゃな

★7 ヘマ（学生）、インタビュー、二〇一七年四月。

★8 Kazumi Nagaike, "Perverse Sexualities, Perverse Desires: Representations of Female Fantasies and Yaoi Manga as Pornography Directed at Women," *U.S.-Japan Women's Journal* 25 (December 2003): 99.

☆12 以下、インドで使われるyaoiの用例は「ヤオイ」とし、日本における「やおい」とは区別して訳した。

いから、大した違いはないので」[9]と語った。他方、コルカタ出身の一九歳「アヌ」は、BLファンであることで自由に性的ファンタジーを発見し探求できるようになったと語ってくれた。

実は私、レイプ萌えなんです。初めて気づいたのはすごく小さいときだったんですけど、それを何て呼べばいいのかわからなかったし、親友に話したらドン引きされました。でも今はゲイもののエロマンガのおかげで、自信をもって認められるようになりました。[10]

回答から明らかなように、インドのBL読者にとってこれらのファン空間は、BLというメディアの何が面白いかを話し合えるだけでなく、セクシュアリティや欲望について自分たちの考えをもっと大胆に共有できる、誰にも非難されない領域なのだ。これが叶う要因の一端は、上に引いたゼフラーの応答にあるとおり、BLには女性身体が不在であるということだ。「やおいの男性同性愛ナラティブでは、神秘化された女性の性的アイデンティティに束縛を促すような他の種類のポルノグラフィとは異なり、女性読者自身のエロティシズムをさらけ出すことに対する無理解や批判について考える必要はない」[11]空間となるのがBLなのである。

女性たちはまた、BLによって、自らのセクシュアリティにおける他の側面を探究することもできるようになった。筆者の調査の回答者のうち、自らをクィアと定義する者たちは、BLマンガでクィアな主題に触れたことが主流と異なるセクシュアリティについての理解を深めるうえで大きな助けとなり、やがては自分自身のこともそのような方向性でとらえるようになったと語った。まだ年若いうちにBLというジャンルに触れたことが、LGBTコミュニティ全般に対する思いを形作るうえで重要だったと語る回答者も多かった。そもそも同性愛というものを知ったきっかけ自体が、マンガの中で「ゲイ」カップリングに出会ったことだったという者たちさえいた。このことは「BLファンであることは、同性愛に対するあなたの見方に影響していますか？」という問いに対する以下の回答にはっきりと表れている。

LGBTコミュニティ全般について知識を深められたということに加えて、LGBTの人々が、彼らのようなセクシュアリティが受容されないコミュニティで直面する問題への感受性が高まったと思います。もちろんBLに対する批判（ヘテロセクシュアル女性を対象としている、現実的問題に取り組めていない、などなど）はありますし、それは決していわれのない批判ではないと思います。でも考え方や心のあり方をもっとオープンにする助けになってくれることは間違いありません。★12

（「スワーティー」、二三歳、バンガロール）

BLマンガはいつだって、誰が誰を愛そうとも、誰と心を通わせようとも、他人がどうこう言うべきじゃないって思わせてくれます。私が一〇代の頃からずっとそうでした。なので、他人がゲイだからって問題だと思ったことはありません。こういうマンガはひょっとすると、ちょっとユートピ

★9 ゼフラー（IT専門家）、インタビュー、二〇一七年一二月。
★10 アヌ（学生）、インタビュー、二〇一八年五月。
★11 Kazumi Nagaike, "Perverse Sexualities, Perverse Desires," 84.
★12 スワーティー（学生）、インタビュー、二〇一七年四月。

ア的すぎるときもあるのかもしれません。でもそんなこと、気にしなくたっていいじゃないですか。[★13]

（「アルナ」、二八歳、講師、ニューデリー）

BLはファンたちの多くにとって、クィアな主題への入り口となったかもしれない。だがより長いことBLに触れてきたファンたちの回答（あるいはアルナの場合、研究者としての立場）からわかるのは、より年齢層が上の読者たちはBLをポジティブなゲイ表象のほとんどない国において重要なツールになりうると捉えつつ、本質的にゲイ表象に害を及ぼしうるジャンルでもあるという問題も認識しているということだ。このような考えは、次の回答でさらに深められている。

「BLのおかげで」同性愛について学べました！ それ以前は、「ゲイ」は子供たちが軽く使うスラングだとしか思っていなくて、意味なんてまるで考えたこともありませんでした。でもBLマンガを読んでたくさんのキャラクターに心を傾けてからは、同性愛は異性愛と同じくらい普通のことだと思うようになりました。男の子同士や女の子同士が愛し合っているだけで世間が狼狽する理由がよくわからなかったんですが、そのうち、自分の場合は物語を通して「これは普通なんだ」っていうことを理解できたんだと気づきました。だからこの点については、マンガにすごく感謝してます！ でも何事にもマイナス面はあるもので（笑）、私の場合はステレオタイプを覚えてしまったことでした。私はいつもカップルのどちらかが関係性において「男」でもう片方が「女」なんだって、ジェンダーを問わず決め込んでいました。というのも、ほとんどのマンガがそういうふうにカップルを描写していたからなんです。ごく最近になって、自分は同性愛を異性愛化していたんだって気づき始めました。それは良くないことでした……本当に間違ってました！[14]

（「V-chan」、三一歳、バンガロール）

マンガでゲイの人々があまりにも露骨に性的モノ化されているのを見ると、時々悲しくなります。でもマンガやアニメであれ、本であれフィクションであれ、ゲイのキャラクターが登場する物語が芸術で取り上げられることによって、ジェンダーの社会通念に従わない人々に対する世間の共感度が上がってきたんだということもわかってます。[15]

（「タスリマ」、二〇歳、コルカタ）

コルカタに住む学生タスリマは、クィア・コミュニティの一員として、BLにおけるゲイ男性の性的モノ化にはいくらか不快を覚えると語ってくれた。彼女の懸念は日本で石田仁が「表象の横奪」と呼んだ現象と共鳴する。石田は、BL作品はフィクションではあるものの、そのテクスト内のクィア性を実際のクィア・コミュニティの人々から切り分けることは、究極的には困難だと論じている。[16] インドにおいては、BLはクィアな主題をもつメディアへの最初の入り口となっている。だが、BLマンガにおける表象はステレオタイプ的、あるいは理想化されている傾向があるという事実をBL読者たちが理解で

★13 アルナ（研究者・講師）、インタビュー、二〇一六年一二月。
★14 V-chan、筆者へのEメール・メッセージ、二〇一七年二月一〇日。
★15 タスリマ（学生）、筆者へのEメール・メッセージ、二〇一七年四月一二日。
★16 Hitoshi Ishida, "Representational Appropriation and the Autonomy of Desire in *Yaoi/BL*," in *Boys Love Manga and Beyond: History, Culture and Community in Japan*, ed. Mark McLelland, Kazumi Nagaike, Katsuhiko Suganuma, and James Welker (Jackson: University Press of Mississippi, 2015), 218–219.

きるようになったのは、ＢＬそれ自体に触れることに加え、その後クィア・コミュニティにおける現実の問題と関わるようになったこと、これら両方を通してのことなのである。

結論

インド国内で制作されたＢＬコンテンツ、とりわけ印刷物形態のそれは、ほぼ存在しないといってよいが、これは何も驚くには値しないことだ。筆者の研究調査の回答者の一人、バンガロールに住む三一歳のV-chanは、マンガ的な画風の二次創作イラストとオリジナル作品を制作するアーティストである。V-chanは自分で描いたＢＬ二次創作をコミックコンベンションなどのアートイベントで展示することには乗り気でなく、オリジナルのＢＬ作品をオンラインプラットフォームの個人ページで公開することについても同様だった。彼女が描くのはたいてい前述の『カードキャプターさくら』に登場する桃矢と雪兎の二次創作であり、彼女の友人たちが創作したキャラクターを元にしたオリジナル作品もある。だがこれらの作品を見ることができるのは、元からＢＬファンだった彼女の知り合いだけである。

私がＢＬに出会ったとき、ＢＬはただでさえ小さいアニメ・マンガファンのグループの中でもすごくニッチな領域でした。自分がこれを好きなことに疑いの余地はなかったけれど、他人を無理やりそこに引き込みたいとは全く思いませんでした。このごろはＢＬもマンガファンの間に普及してきましたけど、ＢＬは私のささやかな秘密の楽しみなんだっていう考え方はまだ私の中に残っているので、作品を公開するに至ったことはないんです。

恐怖ももちろん理由のひとつです。私の夫も、父方・母方問わず上の世代の家族たちも、同性愛についてそれほどオープンな考え方をもっていないので、そういうシーンを描いた作品を見つけられたら、家族全体で大騒ぎを引き起こしかねないんです。〔中略〕最後に、私がこういう作品を売ろうと思わないもうひとつの理由は、他のタイプの作品と比べると採算が取れないことです。若い子たちの間ではこういう作品のファンベースが広がったかもしれません。でも、もっと古い考え方をする親と一緒に住んでいたら、そういうポスターは貼れないかも。つまり、そんなに売れないかもしれないということになります。[★17]

おしなべて抑圧的な社会から非難されることへの恐怖は、他のアーティストにも影響を与えている。この恐怖は今なお、BLコンテンツを制作するインド人アーティストが匿名性の高いインターネットで作品を共有することを好む主な理由なのである。特筆すべき例外として、パールヴァティ・メノンを紹介したい。彼女はwinged-peach名義で二次創作イラストを盛んに制作する傍ら、『家へとつづく道(*The Way Home*)[★18]』(図1、2)と題されたインドのBLマンガを英語で執筆した。彼女のFacebookページに投稿されたこの作品は、インド社会が直面している大きな課題のいくつかを浮き彫りにするものだ。この物語に登場するカップルはヒンドゥー教徒とムスリムであり、二人の関係は二重のタブーとなっている。作者の意図は、日本のマンガテクストに現状あまりなじみのない人々でも読めるようなテクスト

★17 V-chan、筆者へのEメール・メッセージ、二〇一七年四月一二日。
★18 Parvati Menon, "The Way Home," Facebook, June 18, 2017, https://www.facebook.com/parvati.menon.3/posts/10207282876269253.

を用いて、クィアの人々が直面している問題について意識喚起しようとしたところにある。このマンガは今のところオンラインでしか読むことができないが、メノンはさらに多くの人に読んでもらえるよう、クィアの権利団体の力を借りようと考えている。

インドのＢＬファンが自らを政治化しようとし、ＢＬに政治的なアプローチをとっていることは、本章をしめくくるにあたって興味深い視点を与えてくれる。ＢＬとの接触を通してクィアであるとはいかなることかを理解し始めた者たちの多くは、それ以来、プライドパレードに参加したり、アライまたは

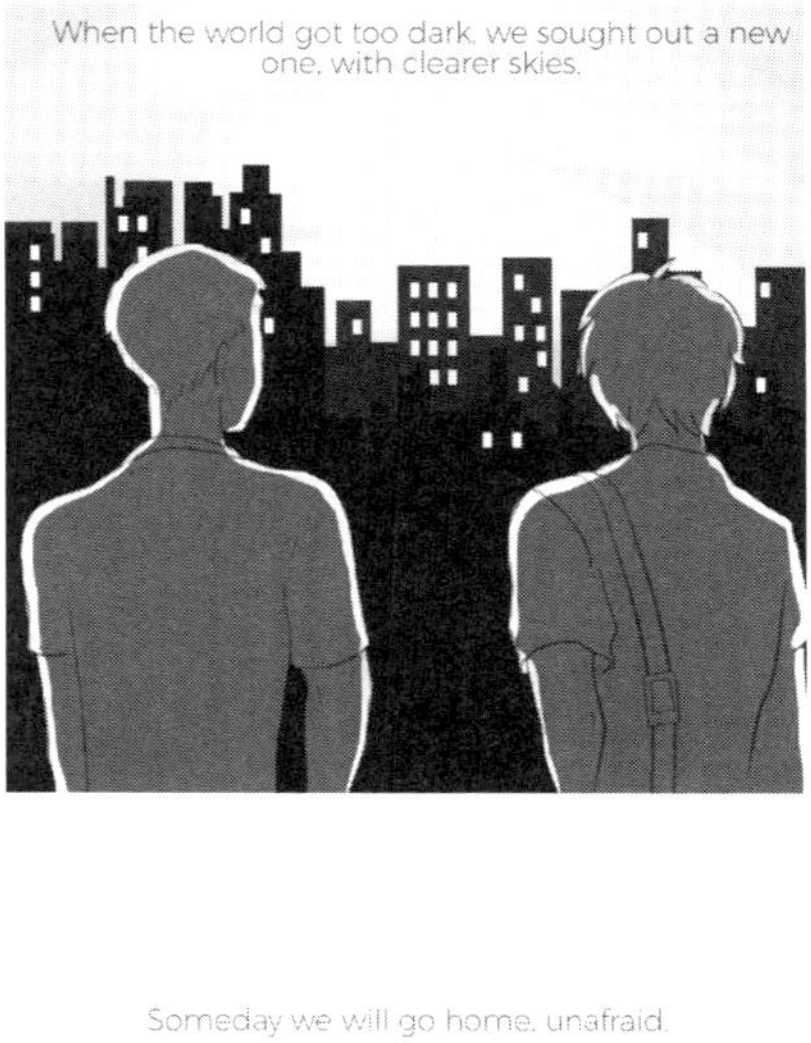

上：図１　下：図２　パールヴァティ・メノン『家へとつづく道』より

ＬＧＢＴコミュニティの当事者として支援団体に加入したり、その他さまざまな方法で、インド国内におけるクィアの人々の権利のための運動に関わっている。このようなＢＬの政治化は決してインドだけで起こっていることではない。ワン・ペイティらが本書の他章で示唆するとおり、彼女たちはＢＬというジャンルの内に、セクシュアリティのさまざまな側面の理解につながる、本来ならば見つけることがきわめて困難な経路を見出しているのである。インド人ＢＬファンたちはこの意味において、アジアの他地域との連続体の中に位置づけられるのだ。これまでのところＢＬファンダムは（インドのＬＧＢＴ運動と同様）もっぱら都市空間を中心としているが、オンライン空間へのアクセスが広がればさらに拡大する余地がある。より多くの人々がインターネットや携帯電話を使えるようになりつつある今、ＢＬファンダムがいずれインドの準都市地域や農村地域に広がり、より多くのファンたちがセクシュアリティやＬＧＢＴコミュニティをめぐる問題に目を開くきっかけとなるだろうことは、決して夢物語ではないのだ。

総じて言えば、インドのＢＬファンダムはそれ自体に、そしてアジア全域のＢＬとの関係において、さらなる研究が進められるべき道筋をいくつも残している。インドのＢＬファンは、東・東南アジアを含む世界の他地域のＢＬファンとの間に多くの共通点をもっているが、彼女たちが占める修辞的空間は、インド社会の性質ゆえに、独特のものとなっている。まだ新しく、拡大の余地を残したインドのＢＬファンダムは、セクシュアリティやジェンダー役割をめぐる新たな言説が生まれる場として、また紛れもなくインド的なＢＬ観がいずれ発展しうる場として、立ち現れているのである。

〔英語版タイトル〕
Desi Desu: Sex, Sexuality and BL Consumption in Urban India

不調和な情熱

インドネシアにおけるボーイズラブ・ファンのアイデンティティ交渉とLGBTに向けるまなざし

ギタ・プラムディタ・プラメスワリ
佐藤まな訳

二〇一七年九月、ジャカルタのカルティカ・エキスポ・センターにてアマチュアのコミックイベント「コミックフロンティア9」が開催されて一週間も経たない頃、友人が筆者に、ある情報を届けてくれた。同月、市内のもう少し小さい会場で、「ロイヤル・ボーイズラブ・コンベンション」と題されたボーイズラブ（BL）ファンの集いが開かれるというのだ。イベントではドラマCDを聴く催しや、BLキャラクターに扮したコスプレイヤーの撮影会、BLグッズのオークション、ダンスセッション、コスプレイヤーが参加するミニ「無茶ぶり」ゲーム——緊縛テクニックを競ったり、目隠しをしてパートナーの身体のどこに触っているかを当てたり——などが企画されていた。だがこの情報がオタクコミュニティ全体に広がるや、イベントは開催中止の危機に晒された。イベントがLGBT文化を奨励していると非難して、中止を求める署名運動を起こした者たちがいたのだ。イベントを中傷する人々は反LGBTの立場を取っていたが、これはLGBTが権利や可視性を得ることを拒む、より大きな宗教的・道徳的言説に根差している。このような言説はインドネシアで圧倒的な影響力を保っており、時には全国的な大論争に火をつける。二〇一〇年代に起こった論争がその一例である。

ロイヤル・ボーイズラブ・コンベンションがあわや中止に追い込まれかけた事件からわかるように、インドネシアのオタクコミュニティは長いこと、宗教的なものと「罪深い」もの――BLであれ、百合（女性同士の同性愛関係を描く）であれ、ロリコン（思春期前の少女を性的なシチュエーションで描く）であれ、その他のジャンルであれ――との間で板挟みになってきた。インドネシアのアニメ・マンガファンにはこういったジャンルを好む人々が多くいるが、これらのジャンル、中でもBLは、オタクたちの間でしばしば宗教的・道徳的論争を引き起こす。BLファン当事者さえ、BLファンであることは「罪深い」と感じていることが一般的だ。インドネシアのきわめて宗教的な文化によって、BLファンたちは、BL好きであることをオープンに語りづらい状態に置かれている。とはいえこれは、コミックコンベンションや同種の集まりに参加するなどといったファン活動をさまたげてはいない。近年における公の場での反LGBT言説の高まりと、BLファンたちが自信を深めていることとの間には、興味深い矛盾が存在する。この矛盾からは、重要な問いが引き出される。BLファンたちは、自分がBLファンであることを、LGBTをめぐる議論にいかに結びつけているのか。そしてファンたちの複雑なアイデンティティには、LGBTコミュニティに対する感情がどう反映しているのかという問いである。なおここで、BLは男性間の同性愛を焦点としているものの、インドネシアで――そして本書の他章にあるとおり、世界の他の場所でも――BLを好む人々と嫌う人々の注目を集めている諸問題は、より広くLGBTコミュニティに及ぶものであるということには留意しておくべきだろう。

よって本章では、まず近年のインドネシアにおけるLGBTをめぐる議論とBL人気の伸びを紹介し、次いでインドネシア人BLファンに見受けられる二つのタイプを検討する。まず、自らの宗教的およびナショナルなアイデンティティゆえに、BLファンとしてのアイデンティティとLGBTをめぐる議論とをなかなか結びつけられずにいる者たち。そして、LGBTをめぐる近年の公的議論を自分のBLへの関心に結びつけようとしている者たちだ。前者のカテゴリーに当てはまるファンについては、二〇一七年に行った詳細なインタビューの結果を踏まえて考察し、後者は、Wattpad《ワットパッド》におけるインドネシアを舞台としたBL小説の作者・読者間のやり取りの調査から考察する。Wattpadはカナダの企業が運営する文章投稿プラットフォームであり、アマチュア作家がオリジナル作品や二次創作小説を発表できる。本章では、宗教的アイデンティティとファン・アイデンティティの不調和な関係を描く。それとともに、フィクションであるBLの世界と現実のLGBTをめぐる議論、それぞれについてのBLファンたちの認識を遠く隔たらせているのは、宗教以上に、インドネシア人としてのナショナルな意識そのものであることを論じたい。

インドネシアにおける反LGBTのレトリック

海外での一般的なイメージとは違って、インドネシアは憲法上、世俗国家ではなく、「唯一神」の存在を憲法で宣言している。憲法は市民に各々の選んだ信仰を実践する自由を保証しているものの、この自由は実際にはないがしろにされがちだ。インドネシアには六つの公認宗教——イスラーム、キリスト教プロテスタント、キリスト教カトリック、ヒンドゥー教、仏教、儒教——があるが、人口の大多数（約八七％）がムスリムであり、残りはプロテスタント（七％）かカトリック（三％）がほとんどである。[★1]国の道徳に圧倒的な影響を及ぼしているイスラームにおいても、またキリスト教においても、同性愛は神の秩序への反抗であり、ゆえに禁忌と見なされることが多い。インドネシア人の同性愛に対する意見をめぐる二〇一三年の調査の結果には、このような同性愛観が反映されている。調査によれば、インドネシア人の九三％が同性愛は道徳的に許されないと考えているという。[★2]

二〇一六年一月、LGBTをめぐる論争が、名門・インドネシア大学のコミュニティベース型組織「セクシュアリティ研究サポートグループおよび研究センター（Support Group and Research Center on Sexuality Studies: 略称SGRC）」をきっかけに爆発した。この組織は、実際にはセクシュアリティにまつわる問題のカウンセリングを提供しているだけだったにも関わらず、LGBT的なライフスタイルを奨励しているとして非難されたのだ。[★3]大学当局は後日、SGRCを学生組織一覧から削除した。だがこのスキャンダルの影響は既に全国に広がっており、テレビや集会、インターネット上で、さまざまな年齢層、エスニシティ、宗教、ジェンダー、階級のインドネシア人を巻き込んだ議論の的となっていた。このスキャンダルがもたらした論争は最終的に、LGBTコミュニティ自体に現実的な影響を及ぼし始めた。例えばジョグジャカルタの「プサントレン・ワリア」——ワリア[☆1]（トランスジェンダー）のための「寄宿学校《プサントレン》」——が、イスラーム系活動家集団の抗議運動により閉鎖に追い込まれた。[★4]インドネシア放送委員会は、LGBTの人々の人生を普通のものとして描くような表象を一切禁止する規則を承認した。[★5]さらに、複数のグループが、憲法裁判所を相手に、同性愛および婚外の性行為にまつわる法の見直

しを提案するプロセスを開始した。これはＬＧＢＴコミュニティの存在自体を違法化することにもつながりかねない事態だ。★6

「宗教的」国家におけるＢＬ人気

反ＬＧＢＴ言説はインドネシア社会に浸透しており、先述したとおりの影響力をもっている。だがインドネシアのＢＬファンたちはこのような状況を生き抜いてきており、最近は公の場で開かれるイベン

★1 Statistics Indonesia, "Population by Region and Religion," Sensus Penduduk 2010, http://sp2010.bps.go.id/index.php/site/tabel?tid=321.

★2 Pew Research Center, "The Global Divide on Homosexuality," Pew Research Center's Global Attitudes Project, June 04, 2013, http://www.pewglobal.org/2013/06/04/the-global-divide-on-homosexuality/.

★3 Liza Yosephine, "A Portrait of a Gay Indonesian," *Jakarta Post*, May 16, 2016, http://www.thejakartapost.com/longform/2016/05/16/a-portrait-of-a-gay-indonesian.html.

★4 Bambang Muryanto, "Yogyakarta Transgender Islamic Boarding School Shut Down," *Jakarta Post*, February 26, 2016, http://www.thejakartapost.com/news/2016/02/26/yogyakarta-transgender-islamic-boarding-school-shut-down.html.

★5 Kyle Night, "Dispatches: Indonesia Censors LGBT Radio and TV," Human Rights Watch, February 16, 2016, https://www.hrw.org/news/2016/02/16/dispatches-indonesia-censors-lgbt-radio-and-tv.

★6 Linawati Sidarto, "Feminism in Indonesia under Siege by Muslim Conservatives," *Jakarta Post*, March 8, 2017, http://www.thejakartapost.com/life/2017/03/08/feminism-in-indonesia-under-siege-by-muslim-conservatives.html.

☆1 ワリア（waria）は、インドネシアの伝統的な「第三の性」を指す語。wanita（女性）とpria（男性）の合成語であり、「男性の身体に女性の魂を宿した」人々とされる。現代の欧米や日本の文脈でいえばトランスジェンダー（ＭｔＦ）に当てはまる人々だけでなく、異性装者の男性やフェミニンなゲイ男性なども含み込む概念。

トで、以前にも増して堂々とBLメディアへの関心を表現するようになってさえいる。BLはインドネシア国内で商業出版されたことも、公的な商業ルートで流通したこともないが、数千人、あるいは数万人の若い女性BLファンがこの国に存在することは間違いない。BLは、世界第四位の人口を誇るこの国のマンガ・アニメファンたちに、一九九〇年代後半ごろ、ファンが自ら翻訳しインターネットで流通させているスキャンレーションを通して紹介されたとみられる。インドネシアでは二〇一二年ごろから、アマチュアクリエイターに活動の場を提供するコンベンションが急増している。アニメフェスティバル・アジア・インドネシア（AFAID）、コミックフロンティア（略称コミフロ）、OTPコンなど[★7]だ。AFAIDでは同性愛関連の物品の販売が禁じられているものの、実際の会場では、BL関係のドウジン（doujin：インドネシア語では、ファンの制作するアマチュア本である同人誌をこう呼ぶ）や商品がほぼ必ず目に入る。

杉本バウエンス・ジェシカによれば、インドネシアのようにきわめて宗教的な国では、BLが海外からもたらされた、かつ比較的珍しい存在であるために、人々がBLファンの存在に気づかない可能性が高くなるという。そのため、カニア・アリニ・スコチョの言葉を借りれば「丸見えなのに隠れている」ことが可能なくらい、社会の大多数にとって遠い存在であり続けることができるのだ[★8]。つまり、同性愛を表象するテクストにろくに触れたことがない人がほとんどであるがために、ファンが見せ合っているBLをたまたま目にする人がいたとしても、おそらくその「異常さ」を認識できないだろうというのである。加えて、BL的題材は通常アニメやマンガの形で流通するが、ほとんどの人々はこれらを自分には全く無関係かつ無害なものと見なすのだ。無害というのは、アニメやマンガはもっぱら子供の消費するメディアであり、よって深く調べる価値もないと見なされているからである。だが筆者は、インドネシアの宗教的文化がファンたちにもたらしてきた「安全」は、二〇一六年に火がついたインドネシアのLGBTコミュニティをめぐる激論の影響で、少しずつ脅かされてきていると考える。この論争では宗教的意識も問われているため、インドネシア社会の大多数はどちらかの側を選ばねばならないと感じている。だがBLファン当事者はどうだろうか。肝心な問題はこれだ。メディア消費における違いは果たして、この問題をめぐるファンたちの意見に影響を及ぼしているのだろうか？

トリシア・アビゲイル・サントス・フェルミンは、東南アジアの――とりわけフィリピン、シンガポール、インドネシアのBLファンは、自分たちが消費し時には制作するBLと、自分の周囲に浸透している同性愛への不寛容が生み出す現実の問題との間につながりを見出そうとする傾向があると論じている。★9 言い換えれば、東南アジアのBLファンたちは、自分たちの関心が支配的な社会慣習にも自らの宗教的信条にも逆行するように見えるせいで、BLに関心をもつことが果たして許されるのかどうかを考える傾向が強いのだ。BLが地元で商業出版されておらず輸入の一ジャンルに留まり、社会的に受け

★7　OTPは"one true pairing（唯一の真実のカップリング）"の略ではないかと考えられ、コン（con）はコンベンションの略である。OTPコンは、毎回特定のシリーズ／テーマに焦点化した同人誌オンリーのコンベンションである。

★8　Jessica Bauwens-Sugimoto, "Negotiating Religious and Fan Identities: 'Boys' Love' and *Fujoshi* Guilt," *The End of Cool Japan: Ethical, Legal, and Cultural Challenges to Japanese Popular Culture*, ed. Mark McLelland (London: Routledge, 2017), 191; Kania Arini Sukotjo, "Hiding in Plain Sight: Yaoi Content in Surabaya's Anime Convention," paper at AAS-in-Asia, Seoul, June 24-27, 2017.

★9　Tricia Abigail Santos Fermin, "Uncovering Hidden Transcripts of Resistance of Yaoi and Boys Love Fans in Indonesia, Singapore and the Philippines: Critiquing Gender and Sexual Orders within Global Flows of Japanese Popular Culture," PhD diss., Osaka University, 2014, 171.

入れられるためのローカライズを経ていないインドネシアの場合は、なおさらである。となれば、この一見異質なメディアに触れることで、ファンたちが心理的葛藤を感じても不思議ではない。杉本バウエンスは、信仰心のきわめて強いファンだけがそのような葛藤を感じるとしているが、個人の信仰心のレベルがBLの世界の外部にあるLGBTをめぐる意見にも影響するかどうかは明言していない。[★10]だがフェルミンの論によると、インドネシアのBLファンに関して言えば、インドネシアの保守的な社会で脅威を感じるがゆえに、少なくとも宗教的マジョリティの前では「ノンポリ」のままであることを選び、「ヘテロノーマティブな」価値観を公に支持する者たちが多いという。この現象には、本書でワン・ペイティが描いているような、台湾のBLファンがこれまで取ってきた典型的行動に通じるものがある。[★11]よって、東南アジアのBLファンはLGBTコミュニティを支持している可能性も拒絶している可能性もあるが、いずれの場合も自らの考えを表に出すとは限らない。インドネシア人BLファンたちは、自分がLGBTをめぐる議論においてどのような立場を取るのか再三にわたって自問しているかもしれないものの、フェルミンが述べるとおり、その主たる関心はBLのエンターテイメントとしての価値にあり、その裏にある政治にはさほど注目していないのだ。

調査手法

二〇一七年四月、筆者はインドネシアで、インターネット通話により、一一人のインドネシア人BLファンを対象とした詳細なインタビューを行った（インタビューからの引用は本章において英訳され、さらに本章の翻訳者によって和訳されている）。インフォーマントは全員筆者の知り合いであり、BL

という共通の関心を通して親しくなった人もいれば、お互いをよく知るようになって初めてBL好きであることを告白してきた人もいる。インフォーマントたちは全員私を個人的に知っていたので、電話インタビューに不安を感じず、内容を録音する許可もくれた。インフォーマントたちは全員二〇代であり、ほとんどがインタビュー時点で大学四年生、あるいは新卒で就職したばかりだった。なおプライバシー保護のため、個々のインフォーマントに言及する際は仮名を用いる。インタビューでは、BLとの出会いから、BLと自分のセクシュアリティの間のつながり、そして反LGBT言説をめぐる経験まで、さまざまなトピックに触れた。だが本章では、きわめて宗教的な国という文脈におけるインドネシア人BLファンとしてのインフォーマントたちの経験に焦点を絞りたい。

インタビュー結果からは、ファンたちは自らのファン活動からLGBTに関する議論を締め出そうとする傾向をもっていることがわかった。そのため筆者は、インタビュー結果を、先述のWattpadにおいてインドネシア人BL作家や読者を観察した結果と並置することにした。インドネシアで人気を博しているこのプラットフォームには、インドネシアを舞台としたオリジナルのBLフィクションが何千も投稿されており、中にはインドネシアのきわめて宗教的な社会におけるLGBTコミュニティの苦闘をめぐって問題提起をしている作品もある。

だが本章における筆者の分析は、インドネシアのBLファンダムのうち、筆者がよく知っている特定の部分を対象とするものであり、必ずしもインドネシア人BLファンの全てを代表するものと見なされるべきではない。これらの記述に当てはまらない経験をもつインドネシア人ファンも十分に存在しうる

★10 Bauwens-Sugimoto, "Negotiating Religious and Fan Identities," 193.
★11 Fermin, "Uncovering Hidden Transcripts," 171.

ことを申し添えたい。

LGBT的価値観を容認すれども受け入れず

筆者がインタビューした人々の多くは、BLコンテンツに触れるまで、同性愛のことを知りさえしなかった。BLは、男性同士の恋愛・性愛関係というものが存在し、そのフィクション表象を作り楽しむ人々もいるのだということをインフォーマントたちに教えてくれた初めてのメディアだったのだ。ヒジャーブを着用するムスリムのミラは、かつてあるマンガを読んでいたとき、その作品の絵柄が典型的なショウジョ(shoujo: インドネシア語で「少女マンガ」の意)と似ていたため、BLに当てはまる作品だとは気づかず楽しんでいたと語った。

BL作品の内容にショックを受けたことがあると明かしたインフォーマントの多くは、手に取った作品における同性愛関係よりもむしろ、性的な卑猥さに愕然としたと語る。「ショック」や「罪悪感」といった感覚は、自分が元々もっていた価値観に逆行する題材に意図して触れたときに生じうるものだが、この場合のインフォーマントたちは、初めてBLに出会ったときには同性愛についてほとんど知らなかったため、男性同士のセクシュアリティ表象そのものを問題とは認識しなかったようだ。他方(とりわけ女性が)品位をもち人前をはばかるべしという文化は、インドネシアの子供たちに深く染み込まされている。ゆえに、何かを読んでいて前触れもなく性的な内容にぶつかれば、大きなショックを受けうるのだ。

一〇代の頃は同性愛について考えたこともあまりなかったかもしれないこれらのファンたちだが、インドネシア社会は同性愛を許容しないということに異議を唱える者はいなかった。これらのファンたちの半数は宗教的学校で思春期を過ごしていたが（学校の厳しさの程度はさまざまだった）、在学中どこかの時点で、宗教的価値観に基づいた反LGBT的なメッセージを耳にしていた。そのようなメッセージにどう反応したのか質問したところ、よく覚えていないと答える者たちが多かった。そのときは大きな問題であるとは感じられず、自分に関係あることだとも思わなかったからだそうだ。

だが、自らをLGBTコミュニティの一員と見なすBLファンたちにとっては、そのようなメッセージを忘れることは容易でないかもしれない。自らをトランスジェンダーでありおそらくクィアと認識する一人のインフォーマントは、学校や社会にそのような考え方を教え込まれたせいで、大学教育のためにインドネシアを離れるまでずっと、自分自身を憎み続けていたと告白した。このインフォーマントはまた、自分自身を投影できる「メディア」の一形態としてBLをとらえていた。

インフォーマントのほとんどはしかし、BLはLGBTをめぐる議論における自分の意見とはほぼ無関係だと口を揃えた。いかにも、BLはインフォーマントたちに同性愛の存在を意識させ、自らの宗教的価値観をある程度問い直させた。だがインフォーマントたちの示唆するところでは、LGBTコミュニティやLGBTの権利をめぐる考えの形成に寄与した最大の要因は、オンラインならびにオフラインでの他者との議論だったようだ。その一方で、BLを読むことで同性カップルに情緒的愛着を覚えるようになったと表明する者たちも何人かいた。このことは、このファンたちがLGBTをめぐる議論において最終的に「中立」の立場を選んだこととつながっていると考えられる。「中立」というのは、仮に現実世界の非ヘテロノーマティブ・非シスジェンダーの人々を受け入れられないと感じていたとしても、LGBTをめぐる議論には関わらないでおくという意味である。だが無意識下では、ファンたちは、B

Lで描かれる男性同士の関係に情緒的愛着を抱くことで、彼らに共感し、彼らもまた同じ人間なのだということを理解できているのだ。金融会社で働くムスリム女性のヴィンダは、イスラームにおいて同性愛者であったりトランスジェンダーであったりすることは罪であり、LGBTの人々は死んでも天国には行けないと信じていると語った。だが続けて、彼女はこうも言った。「でも、何かできることなんてあるでしょうか? もし元からそうなのだったら、私たちにはどうしようもないですよね」。

他の女性インフォーマントたちも、ヴィンダと同様、自分たちの信仰においてはLGBTであることは罪とされると口を揃えながらも、「それは罰当たりなことか否か」という問いに自分自身の答えを出すとなると歯切れが悪くなった。LGBTコミュニティへの支持を表明した者たちも何人かいたが、LGBTの人々を受け入れる、ましてや支持すると言い切れる者たちは多くはなかった。彼女たちにとっては、この問題は自分たちに直接影響を与えるものではなく、またLGBTコミュニティに対する暴力を支持しないとしても、自分たちにできることがあるとは考えもしなかったのだ。ミラとズゥイの言葉からもわかるように、彼女たちの考え方には時折、重大な内面の葛藤や矛盾が見受けられる。

同性愛は、変えようとしなければ罪になると思います。喩えて言うなら、フリーセックスみたいなものです。欲望に従ってそれをし続ければ、罪を犯していることになります。罪と見なされるのは、「同性愛者」であるという状態より、それをふまえてどう行動するかだと思います。性的指向それ自体についてだったら、どうこう言うつもりはありません。ゲイの権利の話だったら、私の人生には関係がないので、黙っているつもりです。私は中立の立場です。(ミラ、二五歳、ムスリム女性)

現実のＬＧＢＴの人々に関して言えば、彼らの人生に干渉したいとは思いません。彼らの人生は彼らの人生ですから。でも私は、他の人がＬＧＢＴだとしても別に「大丈夫」だけど、家族がそうだったら話は違う、という典型的なインドネシア人です。だけど、そういう人たちを軽蔑するのは良くないと思っています。私にはゲイの上司がいるのですが、同僚たちが時々彼に対してすることは気に入りません。それでもやっぱり、私は〔ＬＧＢＴであることは〕間違っていると父に教えられて育ったので、自分の信仰に従う以上、〔ＬＧＢＴの支持は〕しません。

（ズゥイ、二三歳、ムスリム）

先に記したように、筆者がインタビューしたファンたちは概ね、一〇代の頃はＬＧＢＴについて無知だった。だがこの問題が全国的な議論の的となったとき、ファンたちは他のあらゆる問題と同じように、自分自身の意見を形成し始めた。その頃にはファンたちはもはやティーンエイジャーではなく、大学や職場で多様な背景をもつ多くの人々に出会っていたはずである。とはいえ、この女性たちの一部は、ＬＧＢＴをめぐる全国的論争がクローズアップされたヤングアダルト期には、ＬＧＢＴをめぐる議論に未だなじみが薄かったのだということを念頭に置いておくべきだろう。インフォーマントの一人は、インドネシアのＬＧＢＴの人々のことも、公的言説においてこのトピックがどれだけ重要なものであったかもよく知らなかったとさえ語っている。今回のインタビューでは確証に至るだけの情報は得られなかったものの、インフォーマントたちのＢＬ好きとＬＧＢＴをめぐる議論への関心との間に横たわっている溝は、ファンたちがこれまで触れてきたＢＬコンテンツの種類に由来するのではないかと考えられる。

インフォーマントたちは全員、日本のＢＬマンガのファンであった。ただし韓国のＢＬウェブトゥーン（オンラインのデジタルコミック）も読み始めたというファンも何人かいる。BLは日本独自のものであるとか、日本の文化的文脈にのみ属するとまで言う者はいなかったが、BLのナラティブがインドネシアを舞台に語られたら違和感を覚えるだろうということは示唆されていた。インフォーマントたちはBLコンテンツを日本と結びつけるのに慣れており、BLで描かれる男性同士の関係は、自分たちの国の現実よりもむしろジャンルの起源となった国のそれと一致しているものと決めつけてしまうのである。インフォーマントたちのほとんどはしかし、BLの同性愛描写は、他ならぬ日本においてさえ、実際のゲイ男性の生の表象ではないということを認識していた。これは、本書のトーマス・ボーディネットによる章で論じられている中国の若い男性たちの例とは顕著な対照をなしている。インフォーマントの何人かはまた、インドネシアを舞台にしたBLは想像できないものの、説得力のある物語であれば読みたいと思うと語った。だが大多数は、ヴィンダやミラのように、インドネシアのBLには抵抗感を覚えている。

私は、同性愛は罪だと思いますが、BLを読むことは罪ではないと思います。BLはフィクションなので。BL作品がポルノなら話は違ってきますが……でもポルノを読むのは私たちにとって〔性的に〕必要なことなので、こういう形で罪を犯しても別に問題はないんです。〔何も心配せず〕楽しめるのは、作品の中のキャラクターや世界を身近に感じないからかもしれません。インドネシアのBL作品を読みたいかどうかと聞かれたら、読みたくない気がしますね。変な感じがするだろうと思うんです。（ヴィンダ）

日本にいたときに気づいたのは、日本社会はゲイの人々についてどうこう言わないということでした。ですから、BLが日本で一大産業になれたのは、社会がそれを拒もうとはしていないためだと思います。なので、私が日本のBLを楽しんでも許されるのは、何というか、それがあちらの文化の一部だからです。でも〔日本の〕BLの手法でインドネシアを舞台にした作品を書くというなら、私は読みたくないです！　インドネシア文化は、そういうのじゃないので。（ミラ）

このBL読者たちがインドネシアを舞台としたBLに覚える違和感には、初期の日本のBLに通じるものがある。初期の日本のBLはヨーロッパを舞台とすることが多かったのだが、それはオープンな同性愛であれ、少女読者がそれに関心をもつことであれ、そもそもセクシュアリティ自体に関心をもつことであれ、日本の性規範をナラティブの上で乱しやすくするためだったのだ[★12]。初期の日本のBLで描かれた西洋は、日本の一〇代の女性読者にとっては空間的にも時間的にも遠い場所だった。自分の世界から十分に離れたこの未知の世界では、彼女たちは自分を解き放ち、男性同士の関係についてファンタジーを膨らませることができたのだ。このような現象はおそらく、世界のBLファンの間でも作用している。インドネシアのようにきわめて宗教的な、あるいは他の何らかの形で保守的な国ではなおさらである。BLの物語をインドネシアの文脈へリアルに移し替えようとするならば、インドネシア社会に深く染み込み、決して無視できない要素となっている宗教性や道徳といったものを、物語のナラティブに組み込まなければならないだろう。BLファンであることとLGBTについての意見形成とが分離

★12 James Welker, "Beautiful, Borrowed, and Bent: 'Boys' Love' as Girls' Love in *Shōjo* Manga," *Signs: Journal of Women in Culture and Society* 31, no. 3 (2006).

してしまっているのは、読者たちがBL作品で見るものと日常生活で経験することの間に巨大な地理的ギャップが、そしてさらに重要なことには文化的ギャップが横たわっているからではないかと思われる。インドネシアのBLファンにとっては、日本を背景に同性愛を想像することは、日本の現実がBLマンガにおける描写とどれほど隔たっていようとも、容易なことなのかもしれない。だがインドネシアにおいて同性愛を――あるいはより広く、LGBTの存在を――想像することは、これらのファンたちにとって相対的に難しくなる。インドネシア人のBLファンはLGBTについて、典型的なインドネシア人よりは高い意識をもっているかもしれないが、この意識はおそらく、もっぱらグローバルな文脈におけるLGBTを焦点としたものだと考えられ、自分自身の社会はその文脈から除外されている可能性もある。だが近年、Wattpadではインドネシアを舞台としたBL小説が人気を集めており、そこではインドネシアのLGBTにまつわる問題にもっとポジティブに向き合うことをめぐって、読者たちの間で新たな議論が始まっている。

宗教性、ナショナリティ、ファン・アイデンティティを統合する

Wattpadはおそらく、インドネシアの作家たちにとって最大のオンラインプラットフォームであり、何年にもわたって、後々プロの小説家としてデビューすることとなる人気作家たちの誕生の場となってきた。例えば、インドネシア語作家の中で最大の人気を誇るエリスカ・フェブリアニは、一九万九、〇〇〇人以上のフォロワーを有している。Wattpadで二〇一五年に発表された『ディア・ネイサン（*Dear Nathan*）』は、彼女の作品の中でも一番の人気を誇り、Wattpad上で二、七〇〇万を超える

ヒット数を数えただけでなく、二〇一七年には早くも同じタイトルで実写映画化された。

Wattpadに投稿されたインドネシア語作品を見ると、恋愛小説が一番人気のカテゴリーのようだ。二〇一七年一〇月時点では、このカテゴリー下で投稿された小説が一三万作以上存在している。これに次いで作品数の多いカテゴリーはティーン・フィクションであり、六万三、八〇〇作が投稿されている。WattpadにあるBL小説の多くはこれら二つのタグ・カテゴリー下にあり、通常さらに「yaoi」（一万一、二〇〇件。なおyaoiはインドネシアのファンがBLを指してよく用いる語のひとつであり、とりわけ露骨な性描写を含む作品を指す）、「boyxboy」（五、九〇〇件）、「boyslove」（七、七〇〇件）などといったタグがつけられている。書き手たちは小説に「yaoi」や「boyslove」といったタグをつけているものの、これらの小説の多くは日本だけでなく、北米やヨーロッパ、韓国を舞台としており、さらにはインドネシアを舞台とするものもある。

とはいえ、インドネシア人が書くインドネシアを舞台としたBL小説（以下「インドネシアのBL小説」）のプロットとキャラクター類型は、インドネシア人が書く日本を舞台としたBLのそれと似通っている。これらの小説の表紙画像には、インドネシアが舞台でありながら、日本のマンガから採ったイラストが使われていることさえある。物語は通例、美しく若い男性たちを中心に展開し、日本に由来する攻め／受けの語彙や、男性間の恋愛関係を同性愛というよりはジェンダーを問わない愛として描くなどといった、一般的なBLの要素が用いられている。だがWattpadでは、「ゲイ」男性の生と苦闘に光を当てるインドネシアのBL小説も存在感を放っている。これはWattpad自体がLGBTをオープンに支持していることと関係しているのではないかと思われる。Wattpadには、小説コンテストを開催しLGBT関連作品をアーカイブするために作られたLGBTQ+（@lgbtq）という公式アカウントすらあるのだ。このアカウントの存在はのちに、インドネシアのWattpadアンバサダーが管理する公式アカウントLGBTQ+Indonesia（@lgbtina）の誕生につながった。

インドネシアのＢＬ作家たちは、ヘテロセクシュアルの恋愛物語を書く作家たちほど人気ではないが、自費出版した小説を定期的に販売し続けるだけの大きなファンベースをもっている。なお、一般的に言って、インドネシアの出版社は同性間の恋愛を肯定的に描写する物語を出そうとはしない。そのため多くの書き手にとっては、そのような本は自分で印刷出版する方が簡単なのである。これらの本は通常、ネット注文を通して販売されるが、一部の書き手はクリエイター・コンベンションで直接販売も行っている。

人気作品の中には、宗教的コミュニティを巻き込んだ対立やＡＩＤＳなどといった現実の社会問題を焦点とするインドネシアのＢＬ小説もある。一例としてkinchirmainanによる『センナ（*Senna*）』を取り上げたい。これはWattpadで四〇万回以上読まれ、作者自身の手で本としても繰り返し販売された、宗教的要素の強いインドネシアのＢＬ小説だ。描かれるのは、離婚した敬虔なムスリム男性と、ゲイであることをカミングアウトしている若者の間の恋である。敬虔な主人公は、同性への欲望と同性愛を禁じる宗教的信条との間の葛藤に苦しむだけでなく、家族からの批判にも直面する。他の作者の手による人気ＢＬ小説は、ゲイのムスリムとクリスチャンの間の恋や、寄宿学校《プサントレン》におけるゲイの恋愛といった、他の宗教的トピックを中心に展開する。驚かれるかもしれないが、これらの宗教的なＢＬ小説には、クルアーンの節やハディース（預言者ムハンマドの言行録）などといったイスラームの教訓も取り入れられている。こういった要素は物語をリアルにし、ひいてはムスリムの読者も共感しやすいものにしてくれるのだ。このような物語の書き手たちは、宗教とゲイ関連のトピックを融合すれば不快を覚える人々がいるだろうことをよく認識している。そのため、小説の説明には必ず警告文が加えられている。例えばある女性作家は、常に読者に向けて「ゲイのキャラクターたちは信心深いです。ご注意ください！」と念押ししている。このことが逆に、他のインドネシアのBL小説では、キャラクターが信心深くなかったり、インドネシアという文脈にも関わらず宗教的要素がなかったりする物語が多いのだろうという印象を与えている。

プサントレンにおけるゲイの恋愛物語を書いたある作者は、ある章についての備考（この章は後日備考ごと削除された）に、自分の作品で描いたような経験をした、あるいはそのような経験をした人を知る読者たちからプライベート・メッセージを受け取っていることを綴った。彼女の作品に寄せられたコメントの中には、イスラームの教えへの丁寧な言及を賞賛するものもあれば、タブーとされていることについて語ろうという彼女の勇気をたたえるものもある。とある作品の最終章には、以下のような読者コメントが残されていた。

この社会にはいつだってこういうもの〔ゲイの恋愛〕が存在する。これが真実なんです。この物語が面白いのは、嘘をついていないからです。禁じられていることをする信心深い人はたくさんいます。完璧であることができるのは預言者たちだけ。人間は違うんです。

だが、プサントレンのようなイスラーム的施設にもゲイは存在しうるのだということに納得できないムスリムたちからは、作者に向けてネガティブなコメントや冒瀆だという非難が寄せられている。この作者は少なくとも一度、このような非難への対抗として、なぜこの問題について書こうと思ったのかを説明する長い文章を発表している。

Wattpadというプラットフォームはこのように、共感しやすく多くの読者に届くローカルなBLコンテンツを生み出しただけでなく、読者たちが作者や他の読者との議論を通してフィクションと現実を結びつけることを可能にした。本書におけるワン・ペイティの章によれば、台湾のBLファンの多くは、BLを読むことでLGBTコミュニティへの支持を強めたという。他方、インドネシアのBLファンについては、BLを読むことでLGBTをめぐる議論への関心を強めた層が多いかどうかはまだ定かでない。だが、このような議論を呼ぶ物語がインドネシアで人気を集めていることは、インドネシアの人々がこの問題を借りものの表象ではなく、ローカルなそれを通して理解するための大きな一歩なのかもしれない。

結論

ここまで述べてきたように、今日のインドネシアでは、多くのBLファンがBLへの関心と宗教上の信条との間の葛藤にとらわれたままとなっている。自分がBLを好むことは決してLGBTコミュニティへの支持を含意しないが、かといって強く反対しているわけでもないのだと語る者たちもいる。だが、インドネシアのBLファンコミュニティの特定の一部分では新しい現象が見受けられるようになっており、不安定な状況に新たな要素がもたらされつつある。インドネシアのWattpadの世界ではインドネシアのBL小説が急増しており、BLファンたちの多くはこれらの作品を通して、日本のBLのキャラクターよりも共感を寄せやすいキャラクターに出会い、彼らの立場になって考える機会を得ている。作者や他のインドネシア人BLファンとこれらの物語について議論するチャンスもある。このようなBL小説が登場したことで、一部の読者たちは、LGBTをめぐる議論に現実味を感じ、それが自分の日常生活にどれほど近い問題であるかを想像できるようになりつつある。だが近年のインドネシアにおいて、LGBTは非常な物議を醸すトピックとなってしまったため、インドネシアのBL小説を通してLGBTにまつわる意識喚起や情報伝達を行うことはこれまでよりも危険になってくるかもしれない。ワンが台湾のBLファンについて記したのと同じように、インドネシアのBLファンの一部もまた、自らのファン・アイデンティティをLGBTコミュニティ支持のための実際のアクティビズムと結合することを望んでいる。だが他方では、自分がファンタジーを膨らますための安全な場を守ることをなお優先するファンたちもいる。ゆえに、インドネシアのBLファンの間においては、個人的次元でも（ファンたちが自らの信条とBLへの情熱との間にしばしば感じる葛藤という形で）、またファンという集団全体の次元でも（それぞれが情熱を注ぐBLの種類における多様性という形で）、不調和が存在していると言えるだろう。

〔英語版タイトル〕
Dissonant Passions: Indonesian Boys Love Fans' Identity Negotiation and Perspectives about LGBT Issues

あとがき　ラブ＆エロの「やさしい世界」のクィアな欲望

堀あきこ

国際シンポと本書

本書の元となった国際シンポジウム「クィアな変容・変貌・変化《トランスフィギュレーション》——アジアにおけるボーイズラブ（ＢＬ）メディアに関する国際シンポジウム」（二〇一七年七月、神奈川大学）は、とても刺激的だった。私はディスカッサントとして参加させていただいたが、たくさんの国、地域からの報告と、日本のＢＬ研究では見たことのないテーマの数々に圧倒され、興奮気味に帰路についたことを覚えている。

藤本由香里氏（本書「『おっさんずラブ』という分岐点」執筆）が、このシンポジウムをきっかけに新たな研究グループを立ち上げたと書かれているが、私もシンポジウムに影響を受け、守如子氏（本書「日本のＢＬ」執筆）とともにＢＬ研究のテクストブックを企画し、編集を行っている最中である（近日刊行、有斐閣)。この二つのプロジェクトの立ち上がりからも、日本のBL研究者にとって、どれほどシンポジウムのインパクトが大きかったかが伝わるのではないだろうか。このような刺激を与えてくれたジェームズ・ウェルカー氏に、改めてお礼申し上げたい。

日本の地域性とジェンダー/セクシュアリティ

本書では、アジアにおけるBLのトランスフィギュレーションのさまざまなあり方が検証され、BLがトランスナショナルなメディアであることが示される。同時に、BLとジェンダー/セクシュアリティの共闘関係、あるいは緊張関係について、それぞれの地域性を背景に論じられており、読者は、BL文化を通して人びとがどのような/どのように社会と向き合っているのかを知ることができる。

では、BLの起源である日本の地域性とはどのようなものだろうか。

日本ではごく短い期間、鶏姦罪が設けられ、男性間の性行為が犯罪とされたことがあったが、同性愛を禁じる法はない。書店でBLが平積みされ、男性間の恋愛をテーマにしたTVドラマがヒットし(参照「『おっさんずラブ』という分岐点」)、ゲイやオネエタレントをテレビで見ない日はない。同性婚についての全国調査[★1]では、二〇~三〇代の賛成・やや賛成は七二・三%(反対・やや反対は二三・六%)と非常に高く支持されている。これらから、日本社会は同性愛に寛容な社会だと思われるかもしれない。

しかし、同調査の六〇~七〇代の回答は、賛成・やや賛成が三二・三%(反対・やや反対は五六・一%)となっており、世代によって大きく意見が異なっている。別項目では、同性間の恋愛感情を容認した人のうち、約半数が同性間の性行為に嫌悪感をもっていたことや、きょうだいや自分の子供など身近な人が同性愛者であった場合、二〇代でも半数以上が嫌悪感を示すことが明らかになっている。ここから考えられるのは、日本の性的マイノリティへの意識は、一見、「寛容」に見えても、実のところ、かなり限定的な「受容」だと言える、ということである。このような、同性愛者に「寛容」を与える側が「受容」の条件を設定するという非対称な関係性は、[★2]与党の政治家が「ＬＧＢＴは生産性がない」と税金の投入を疑問視した態度に、顕著に現れている。

ジェンダーについて、本書では、いまだ根強い家父長制の存在を指摘する章がいくつかあったが、日本も同様だ。二〇一八年のジェンダー・ギャップ指数（世界経済フォーラム）は一四九カ国中一一〇位と低い。医大入試で女子学生だけが減点されたり、性暴力被害にあった女性がハニー・トラップだとバッシングを受けたり、男性との賃金格差や女性の非正規雇用の多さ、実現しない選択的夫婦別姓制度など、いくつもの事例をあげることができる。

性的マイノリティへの限定的な「受容」や、家父長制と男性中心主義が温存されている日本の状況は、「ジェンダーとセクシュアリティに異議申し立て」するＢＬ（「序章」）が生まれ、浸透・拡散するための土壌となっていると言えるだろう。

では、日本のＢＬはこうした社会とどのように対峙していると論じられてきただろうか。ジェームズ・ウェルカーは本書の主題を、（１）ＢＬのトランスナショナル性、（２）性的規範を揺るがす側面、

★１　釜野さおり・石田仁・風間孝・吉仲崇・河口和也『性的マイノリティについての意識二〇一五年全国調査報告書』科学研究費助成事業報告書、二〇一六年。
★２　風間孝「寛容というホモフォビア」ひろしま女性学研究所編『言葉が生まれる、言葉を生む――カルチュラル・タイフーン二〇一二in 広島 ジェンダー・フェミニズム篇』ひろしま女性学研究所、二〇一三年。

（3）ＬＧＢＴ（Ｑ）をめぐる問題とのつながり、（4）ＢＬの政治性、とまとめている。以下、（2）〜（4）の視点から、ＢＬと女性ジェンダー、ＢＬとクィアの共闘と緊張関係について、先行研究にふれながら所感をまとめる。

ＢＬと女性ジェンダー――性規範からの逃避

ＢＬが男性同士の設定である理由として、しばしばあげられてきたのが「性規範からの逃避」である。これについて「ＢＬはジェンダー秩序への抵抗か？」という問いを立て、整理を行う。

ＢＬは、性差別的な社会において従属的な位置にあり、性的存在として客体化され、性の二重規範を課せられる女性が、そうした現実から逃避するため、作品から女性キャラクターを排除したと考えられてきた。男性同士の設定であることで、女性キャラクターであれば読者が感じてしまいがちな、性的表現にふれることへのスティグマを気にせずにすむ稀有なメディアがＢＬなのである。スティグマの存在を示すものは他に、「やおい」や「腐女子」という自嘲的な自称や、腐女子であることを隠す・自重する風潮がある。腐女子という言葉は一般化したが、買い集めた同人誌を他人に見られたくない、親しくない人には腐女子であることをカミングアウトしていない、という人は多い。

女性の逃避先であるＢＬ世界は、作者と読者の多くが異性愛女性と考えられてきた（実際には異性愛女性に限らない）。そのため、主人公である「少年」や「受け」は、女性たちが自己を投影しやすいよう、女性的な特徴を備えているのだと論じられてきた。男性キャラが女性的な特徴をもつことで、男性同士の恋愛は異性愛恋愛的な様相を呈し、攻め／受けの役割は性役割の割り振りに近づく。このようなカップルに見られる支配―従属の権力関係や、受けが保護されるような関係は、批判的に分析されてきた。

よって、「ＢＬはジェンダー秩序への抵抗か？」という問いには二つの答えが用意できる。一つ目は、男性同士の性愛の物語を女性が楽しむ現象自体が、ジェンダー秩序への抵抗と言える、というものだ。七〇年代の「少年愛」の時代から「なぜ女性が、男性同士の関係に魅せられるのか」が、真摯な自問として考察され、★3 九〇年代初頭の「やおい論争」★4においては、性規範による苦しさを抱える女性にとって、やおいは生き延びるために必要なものである、という切実な声があげられた。

こうしたジェンダー秩序への抵抗は、キム・ヒョジン（「フェミニズムの時代、ＢＬの意味を問い直す」）が紹介する、男性の表象がメインで女性が排除されるＢＬは、女性解放につながるのか、という批判と表裏の関係にある。日本でも、男性同士の恋愛への仮託は現実の女性差別と戦うことからの逃避★5と批判されてきた。しかし、この問題はジェンダー秩序に対抗する方法の違いとして捉えるべきだと考える。直接、女性差別と対峙する方法とは別に、ＢＬが作品世界から女性を除くことで可能にしたものは何かを検証し、そこから女性差別を再照射するという抵抗方法があるからだ。

★3　日本初の専門誌『JUNE』で連載された「美少年学入門」（『美少年学入門』新書館、一九八四年として単行本化）では、中島梓が24年組の作家らとともにこの問いを考察し、後に『コミュニケーション不全症候群』（筑摩書房、一九九一年）、『タナトスの子供たち――過剰適応の生態学』（筑摩書房、一九九八年）も書かれた。

★4　一九九二〜一九九四年にフェミニズムのミニコミ『CHOISIR《ショワジール》』で起こった。『CHOISIR』は、こちらで閲覧可能：https://wan.or.jp/dwan/dantai/detail/57。

★5　栗原知代「概説Ｉ　耽美小説とはなにか」柿沼瑛子・栗原知代編『耽美小説・ゲイ文学ブックガイド』白夜書房、一九九三年。

二つ目の答えは、BLは女性に向けられる性規範には抵抗しているが、ヘテロノーマティビティを男性に当てはめることによって、ジェンダー秩序を温存している、というものだ。これは、「男性同性愛者を、異性愛社会に隷属させるためのステレオタイプに押し込める」「ゲイ差別表現」★6として批判を受けてきた。

この批判に対して、さまざまな角度から検討がなされてきた。守如子（「日本のBL」）は、異性愛カップルに近いと批判される攻め／受けの関係について、ポルノグラフィの快楽の機能から論じている。ここでは、この重要な論点とは別に、シュウ・ヤンルイとヤン・リン（「BLとスラッシュのはざまで」）が、「「攻め／受け」の定型表現は、思想的に誤ったヘテロノーマティビティの再生産というよりも、階層的な社会に内在する権力の不均衡を象徴的に解消」すると述べていることを、さらに掘り下げてみたい。というのも、経済力をはじめ圧倒的な権力をもつ攻めと、攻めに勝るものが何もない受けという設定は、そのまま支配—従属の関係性をなぞらえているわけではないからだ。

筆者が『欲望のコード』★7で示したように、この定型タイプでしばしば見られるのが、攻めが受けに対して激しい恋愛感情を抱いているケースである。「恋愛では惚れた方が負け」という言葉があるように、肉体的・社会状況的には攻めが支配しているように見えるが、精神的な面でイニシアティブをとれるのは受けであり、このバランスによって力が拮抗するパワーゲームが生じている。権力をもたざる受けも、恋愛の領域においては対等なプレイヤーであり、可変的な権力勾配のあり方が描かれていることから、攻め／受けの関係が支配—従属の権力関係にあるヘテロノーマティビティを踏襲しているという決めつけには無理があるだろう。女性たちが愛されるファンタジーとして受けに自己を投影している、という読みだけでなく、性差別のある社会で抑圧される地位にある女性たちが、人として対等に向き合える場として、権力構造を転置させることのできる恋愛という設定を選んだ、という読みの重要性も指摘したい。また、本書でも繰り返し書かれているように、二〇〇〇年代以降のBLでは、典型的な攻め／受けの構造ではないカテゴリーが数多く生み出され、人気を博していることを改めて強調しておく。

BLとクィアの共闘と緊張

BLは、男女間では成立しづらいと考えられている対等な恋愛関係を、男性同士にすることで可能にしたが、(ゲイ)男性との間には共闘関係と緊張関係が併存している。

共闘関係としては、トーマス・ボーディネット(「憧れの世界を読み取る」)によって、BLがゲイ・アイデンティティ構築の手助けとなったり、ゲイ・メディアとしてポルノ的消費がされていること、腐女子の現実逃避や妄想に似た「憧れの世界の読み取り」が提示されている。石田仁(「東京・新宿のゲイ・シーンにおける出会いと「多様性」」)は、ゲイ男性が最初に触れた、あるいは継続的に触れている「ゲイ」コンテンツがBLである層の存在をあげる。またBLが、ゲイ・バイセクシュアル男性に、ホモフォビアを乗り越えようとするアクターがいることへの自覚を与え、男性性を称揚する影にトランスフォビアやミソジニーがあることなどを気づかせる可能性を論じている。長池一美(「「腐男子になる」欲望」)は、BLが男性性のステレオタイプから逃れたい男性の救済として成り立つことを腐男子への

★6 佐藤雅樹「少女マンガとホモフォビア」クィア・スタディーズ編集委員会編『クィア・スタディーズ'96』七つ森書館、一九九六年。
★7 堀あきこ『欲望のコード——マンガにみるセクシュアリティの男女差』臨川書店、二〇〇九年。

インタビューから論じている。カン＝グエン・ビュンジュ・ドレッジ（「ゲイ「ファン」の「ファン」」）は、マスキュリンなゲイ男性はBL的イメージを拒否するものの、タイ社会において、おそらくBLは現実上の同性愛に対する寛容性の向上に貢献していると考察している。

緊張関係としては、先にあげた男性同士の恋愛に持ち込まれるヘテロノーマティビティへの批判、ラクシュミ・メノン（「Desi Desu」）があげる現実のゲイ男性にBLをあてはめてしまう危険性などがある。溝口彰子[8]が、緊張関係を乗り越えるものとして論じるのが「進化形BL」である。ミソジニーの克服、ホモフォビアと異性愛規範を克服するゲイ・フレンドリーな世界が描かれた作品を溝口は「進化形BL」と呼ぶ。進化形BLと対置されるのが、「家父長制と異性愛規範に抑圧された女性性から自由になって美男子キャラに仮託してラブやライフを謳歌するテキストを楽しみたいという欲望、そして、美男子キャラたちが男同士だというハードルを乗り越えることが奇跡の恋愛の証明だという定型表現」のBLであり、この表現は「ミソジニーとホモフォビアの症状であり反映だ」と説明されている。

筆者は「やおい論争」の検証[9]で、BLにおいて行われる、現実のゲイ男性が主要な関心事ではないという「ゲイの他者化」と、社会的通念からの逸脱の記号とされる「ゲイの抽象化」がゲイ差別であると論じたが、それとは別に、なぜ、「奇跡の恋愛」や「究極の恋愛」という概念がBLに持ち込まれるのかを考えてみる必要があるだろう。日本のBLの多くは、ゲイ・アイデンティティをもつ男性二人の物語というより、どちらか、あるいは両方がヘテロセクシュアルの男性であり、彼（ら）が自分の性的指向を超え、恋愛関係になるという作品構造をもつ。近年ではゲイを自認するキャラクター同士の物語も増えたが、私が複数のBL作家とBL編集者にインタビューをした二〇〇六年頃、商業出版では両男性がゲイであることはNG（少なくとも一人はノンケ設定）であった。この奇妙な「お約束」が意味するのは、ＢＬで「奇跡の恋愛」とされているものは、自分のセクシュアル・アイデンティティを超えるほどのもの、ということだ。異性愛者だと自覚しているのに、どうしようもなく恋に落ちてしまうことが、「奇跡」と呼ばれているのである。

男性と恋をするのはその人だけであろう、たった一人の人との出会いによって性的指向が超えられる。二人でセクシュアリティの壁を乗り越えるという「夢」が「俺はゲイなんかじゃない」という問題含みのセリフの背景にあるのだ（現在、このセリフを見ることはほとんどない。「なんか」という言い回しはホモフォビックである）。ヘテロセクシュアルを自認している男性と男性との恋は、セクシュアル・アイデンティティの揺らぎを描き、セクシュアル・フルイディティ（セクシュアリティに関するアイデンティティが変化する、性的流動性）に開かれている。そして、ゲイ・アイデンティティのないまま男性と性行為をしていることは、「あれほど親密な関係なのだから、うっかり受けてしまうこともあるだろう」という腐女子のクィアな妄想の表れとも考えられる。

逃避とバトル――ラブ＆エロの「やさしい世界」の二面性

ジェンダー規範が強固な社会の中で、男が「受ける」ことを腐女子は貪欲に妄想する。男を愛でられる側に配置するときに導入される偏好は、ジェンダー規範を乱すものでもある。「いかついほうが受け、

★8　溝口彰子『ＢＬ進化論――ボーイズラブが社会を動かす』太田出版、二〇一五年。
★9　堀あきこ「ヤオイはゲイ差別か？――マンガ表現と他者化」好井裕明編著『セクシュアリティの多様性と排除』明石書店、二〇一〇年。

髭のあるほうが受け、おっさんのほうが受け、喧嘩の強いほうが受け[★10]」というヤマシタトモコの萌えは、インタビュー時の二〇一二年には珍しいものとして語られていたが、現在は目にすることが多い設定である。この男があえぐ姿を見たいという腐女子の欲望は、ゲイ男性にとって「受け」が自分の性的欲望を「「完全に自然」なものだと肯定」(「憧れの世界を読み取る」)することにつながっている。そして重要なのは、それが嘲笑の対象でなく、嫌悪の対象でもなく、腐女子とゲイの欲望の対象となっていることであり、ジェンダー規範に縛られたものではないということだ。男性同士のラブ&エロを描くBLは、直線的に異性愛規範やホモフォビアを批判するものでなくても、同性愛差別の解消やゲイ解放を間接的に支えているのである。

ジェフリー・ウィークス[★11]は、性的マイノリティの活動がオルタナティブな生活様式の一部になったとき、社会秩序や体制に対する現実の脅威になるという。「なぜなら、人々が性的多元主義の概念を支持するとき、暗黙のうちに彼らは社会的・政治的多元主義も支持している」からだ。ウィークスの言葉にあわせれば、「BLが男性同士の恋愛をテーマに描き拡散し続けていることは、同時に社会的・政治的多元主義を支持する政治的表明となり、それは、社会秩序や体制に対する脅威となる」と言えるだろう。

それを示すのが、二〇〇八年に大阪府堺市で起こった「BL図書排除事件[★12]」である。事件は、女性が性的表現を楽しむことを性規範に反するものとするイデオロギーによって起こった。BL愛好家の女性に対して「真っ当な恋愛、家族形成、子育てができるでしょうか」と旧来的な家族規範を押しつける保守派から非難が浴びせられたのだ。加えて、「BLがある変態図書館」という表現で、ホモフォビアも露わにされている。この事件で明らかになったのは、BLは家父長制や性別役割分業、異性愛規範に刃向かう政治的表明と見なされており、ジェンダー平等とゲイ解放のフィールドとなっているということだ。

日本社会において、腐女子が望もうが望まなかろうが、ＢＬはそのフィールドに立たされている。また、ＬＧＢＴＱの問題と女性差別の問題は、全世界的なイシューとなっていることから、ヘテロセクシズムとホモフォビア、ミソジニーとジェンダー規範への抵抗と直線的に結びつかないタイプのＢＬ作品に、「政治的に正しくない」という批判が向けられることが増えるかもしれない。またそれは、今後のＢＬ研究にとって欠かせない視点となるだろう。

しかし、私たちが生きる社会は、ＬＧＢＴには「生産性」がない、最低三人は子供を産め、と言われる場所だ。そうした現実に疲れた人が束の間、休み、生き延びるためにもＢＬは存在している。ロマンティックなラブとエロでできた現在のＢＬは、自分の存在がそのままで認められ、傷ついても立ち上がることができるよう、恋する二人が幸せになれるよう、周囲の人びとが応援してくれる「やさしい世界」[★13]だ。そこでは、ラブに終始し、ＬＧＢＴＱの問題を捉えない作品も多い。権力関係をエンターテイ

★10　ヤマシタトモコ「恋愛を超える絆を求めて」『ユリイカ』第四四巻第一五号、二〇一二年一二月、特集「ＢＬオン・ザ・ラン！」五六頁。

★11　Jeffrey Weeks, "Sexual Politics," *New Internationalist*, November 5, 1989, https://newint.org/features/1989/11/05/politics.

★12　熱田敬子「「ＢＬ」排除からみえた差別と性の享受の萎縮——堺市立図書館での「ＢＬ」本排除事件」『ユリイカ』特集「ＢＬオン・ザ・ラン！」、堀あきこ「ＢＬ図書排除事件とＢＬ有害図書指定からみる性規範の非対称性——女性の快楽に着目して」『マンガ研究』21、二〇一五年に詳しい。

★13　藤本由香里は本書で、ＬＧＢＴの問題に踏み込まないＢＬを「優しい世界」と批判的に論じるブログ記事を引用している。ここで論じる「やさしい世界」という概念は、ファンタジーと差別問題を直線的につなげるものではないナラティブへの着目であり、両者を分ける目的でかな表記とした。

メント化したオメガバースのような設定や、延々と激しいセックスシーンが続くポルノ的なＢＬも、生と死が隣り合うような刹那的なセックスも、たくさん描かれている。こうした「政治的に正しくない」とされるようなＢＬもまた、クィアな欲望とリンクし、ジェンダーとセクシュアリティにおいて周縁化された人びとが生き延びるための「やさしい世界」として存在しているのだ。ゲイ男性の現実に近づくような、日常やリアリティを丹念に描くＢＬはさらに増えていくだろう。しかし、「やさしい世界」は、「政治的に正しくない」ものも含めて世界を構成している。ＢＬを「正しさ」だけで論じるのではなく、混沌とした世界で描かれる多様な性と生のナラティブをクィアな欲望と位置づけ、そこから差別を捉え直す抵抗方法もまた、必要だと考える。

著訳者紹介

＊氏名、国籍、職業、主な業績。並び方は本書掲載順

ジェームズ・ウェルカー James Welker アメリカ、神奈川大学外国語学部教授。共編著に*Boys Love Manga and Beyond: History, Culture, and Community in Japan* (Jackson: University Press of Mississippi, 2015)、近刊予定の著書に*Transfigurations: Feminists, Lesbians, and Shōjo Manga Fans in Late Twentieth-Century Japan*、編著に*Queer Transfigurations: Boys Love Media in Asia*（ともにUniversity of Hawai'i Press、仮題）など。

シュウ・ヤンルイ（徐 艳蕊）Yanrui Xu 中国、浙江大学寧波理工学院 传媒与设计学院副教授。著書に『当代中国女性主义文学批评二十年（一九八〇～二〇〇〇年代の中国における現代フェミニスト批評）』广西师范大学出版社、二〇〇八年、『媒介与性别——女性魅力、男子气概及媒介性别表达（メディアとジェンダー——女らしさと男らしさとメディアにおけるジェンダーの構造）』浙江大学出版社、二〇一四年など。

ヤン・リン（杨 玲）Ling Yang 中国、厦門大学人文学院助理教授。著書に『转型时代的娱乐狂欢——超女粉丝与大众文化消费（移行時代の娯楽祭典——超少女のファンダムとポピュラー・カルチャーの消費）』中国社会科学出版社、二〇一二年、『新世纪文学研究的重构——以郭敬明和耽美为起点的探索（二一世紀に文学研究を再構成することに向けて——郭敬明と耽美の探検）』厦门大学出版社、二〇一九年など。

キム・ヒョジン（金 孝眞）Hyojin Kim 韓国、ソウル大学校日本研究所助教授。論文に「同人誌文化のグローバリゼーションと韓国の女性同人——二〇〇〇年代以降を中心に」大城房美編著『女性マンガ研究——欧米・日本・アジアをつなぐＭＡＮＧＡ』青弓社、二〇一五年など、翻訳に미조구치 아키코（溝口彰子）『ＢＬ진화론——보이즈러브가 사회를 움직인다（Ｂ

L進化論——ボーイズラブが社会を動かす)』이미지프레임（イメージフレーム）、二〇一八年など。

長池一美 Kazumi Nagaike　日本、大分大学国際教育研究推進機構教授。著書に*Fantasies of Cross-dressing: Japanese Women Write Male-Male Erotica* (Leiden & Boston: Brill Academic Publishing, 2012)。共編著に*Boys Love Manga and Beyond: History, Culture, and Community in Japan*など。

守 如子 Naoko Mori　日本、関西大学社会学部教授。著書に『女はポルノを読む——女性の性欲とフェミニズム』青弓社、二〇一〇年、共著書に風間孝他『教養のためのセクシュアリティ・スタディーズ』法律文化社、二〇一八年など。

齋藤朝子パトリシア Asako Patricia Saito　日本・オーストラリア、メルボルン大学アジア研究所博士課程後期課程在籍。博士論文は"Romancing the Three Kingdoms: Fan Engagement in China, Japan, and Taiwan"。*Cultural Studies Review*、*Asian Studies Review*他の学術ジャーナルや論文集に論文を発表。

藤本由香里 Yukari Fujimoto　日本、明治大学国際日本学部教授、著書に『私の居場所はどこにあるの？』朝日文庫、二〇〇八年、共著に*Boys Love Manga and Beyond: History, Culture, and Community in Japan*など。

石田 仁 Hitoshi Ishida　日本、日工組社会安全研究財団主任研究員／成蹊大学非常勤講師。著書に『はじめて学ぶLGBT』ナツメ社、二〇一九年、共著に*Boys Love Manga and Beyond: History, Culture, and Community in Japan*など。

トーマス・ボーディネット Thomas Baudinette　オーストラリア、マッコーリー大学文学部国際関係学科日本研究所助教授。共編著に"East Asian Pornography and Online Porn Cultures,"*Porn Studies*特集号（近刊予定）、ゲイ・メディアやK-POPファンダム等について*Japan Forum*、*East Asian Journal of Popular Culture*、*Language and Sexuality*他の学術ジャーナルに論文を発表。

カン=グエン・ビュンジュ・ドレッジ Dredge Byung'chu Kang-Nguyễn　アメリカ、カリフォルニア大学サンディエゴ校人類学科助教。タイのクィア文化や韓流、トランスジェンダーなどについて*GLQ*、*Trans Studies Quarterly*、*Culture, Theory and Critique*他の学術ジャーナルや論文集に論文を発表。

ワン・ペイティ（王 佩迪）Peiti Wang　台湾、国立交通大学通識教育中心・国立中央大学通識教育中心非常勤助理教授。シリーズ「動漫社會學」（奇異果文創）を主編し、同シリーズ内に著書『本本的誕生（同人誌の誕生）』二〇一六年など、他に「臺灣漫畫基地（台湾漫画基地）」の展示会キュレーター（二〇一八年六月／二〇一九年一月）など。

ラクシュミ・メノン Lakshmi Menon　インド、ケララ大学VTM NSS学院英語学科助教／ジャワハルラール・ネルー大学英語研究科博士課程後期課程在籍。博士論文は"'Harry and Draco Sittin' in a Tree': Harry Potter Slash Fan Fiction and Fan Communities on the Internet"。

ギタ・プラムディタ・プラメスワリ Gita Pramudita Prameswari　インドネシア、上智大学大学院グローバル・スタディーズ研究科修士取得。修士論文は"Romanticizing the Sacred Sin: Representation of Islam in Boys Love Manga"。現在マンガ専門の電子書店で、海外の人々へマンガを届ける仕事に従事。

堀　あきこ Akiko Hori　日本、関西大学人権問題研究室非常勤研究員／大学非常勤講師。著書に『欲望のコード――マンガにみるセクシュアリティの男女差』臨川書店、二〇〇九年、主な論文に「『彼らが本気で編むときは、』におけるトランス女性の身体表象と〈母性〉」大阪市立大学人権問題研究センター『人権問題研究』No. 16、二〇一九年など。

佐藤まな Mana Sato　日本、翻訳者。英語への共訳書に Masao Sugiura, *Against the Storm: How Japanese Printworkers Fought the Military Regime, 1935-1945* (Interventions Incorporated, 2019)、映画『鉄道運転士の花束』日本語字幕など。

索　引

＊事項索引について「日本」「BL」「ゲイ」など頻出語は拾わず、1頁とばして連続している際は、章をまたがない限り連続頁として扱った。参照項目は「→」で示した。人名索引は本文からのみ拾った。

事項索引

人名索引

ウェルカー、ジェームズ（Welker, James） 9-26, 44, 129, 131, 134, 201, 236, 286-287
ウォーラーステイン、イマニュエル（Wallerstein, Immanuel） 44
ウッド、アンドレア（Wood, Andrea） 13-14
尾崎南（Ozaki, Minami） 47, 52
小田切ほたる（Odagiri, Hotaru） 251
金田淳子（Kaneda, Junko） 83-84, 166
ガルブレイス、パトリック W.（Galbraith, Patrick W.） 95, 120, 122, 128, 177
カン＝グエン・ビュンジュ・ドレッジ（Kang-Nguyễn, Byug'chu Dredge） 17-18, 132, 134, 191-215, 292
神奈木智（Kannagi, Satoru） 251
ギタ・プラムディタ・プラメスワリ（Gita Pramudita Prameswari） 19, 21, 214, 220, 263-283
北丸雄二（Kitamaru, Yuji） 138
キム・キョンヒョン（Kim, Kyung Hyun） 91
キム・ヒョジン（金孝眞、Kim, Hyojin） 24, 47-75, 112, 289
激流作家（Gyeokryujakga） 70
グプタ、アロク（Gupta, Alok） 248
久保ミツロウ（Kubo, Mitsurou） 143
雲田はるこ（Kumota, Haruko） 166
栗原知代（Kurihara, Chiyo） 68
木原音瀬（Konohara, Narise） 39
コン、トラヴィス（Kong, Travis） 84
斎藤環（Saito, Tamaki） 82
齋藤朝子パトリシア（Saito, Asako Patricia） 16, 115-130
サクウィーラグン、チューキギアツ（Sakveerakul, Chookiat） 208
ザンシー（Xanthe） 34
サントス、クリスティン・ミシェル（Santos, Kristine Michelle） 106
椎名ゆかり（Shiina, Yukari） 110
ジャクソン、ピーター A.（Jackson, Peter A.） 195
シュウ・ヤンルイ（徐艳蕊、Xu, Yanrui） 13, 16, 29-46, 178, 290
ジュン・サン（Jung, Sun） 90
杉本バウエンス・ジェシカ（Bauwens-Sugimoto, Jessica） 268, 270
スコチョ、カニア・アリニ（Sukotjo, Kania Arini） 268
砂田茂樹（Sunada, Shigeki） 138, 141
千田有紀（Senda, Yuki） 94
ソン・ヒジョン（Sohn, Hee-Jeong） 60, 69
田亀源五郎（Tagame, Gengoroh） 135
竹宮恵子（Takemiya, Keiko） 107-108
七日饕餮（Qiritaotie） 124
ヂォン・シーチン（郑熙青、Zheng, Xiqing） 30
チャン・フェイチー（江斐琪、Chiang, Feichi） 220
ヂャン・ウェイロン（張瑋容、Chang, Weijung） 181
ドイル、アーサー・コナン（Doyle, Arthur Conan） 35
ドゥアラ、プラセンジット（Duara, Prasenjit） 120, 127
ドナー、ヘンリケ（Donner, Henrike） 247
中村明日美子（Nakamura, Asumiko） 166
永井三郎（Nagai, Saburo） 166
長池一美（Nagaike, Kazumi） 20, 77-96, 253, 291
永久保陽子（Nagakubo, Yoko） 103-104
凪良ゆう（Nagira, Yuu） 166
夏目房之介（Natsume, Fusanosuke） 109

西原麻里（Nishihara, Mari） 100-104, 110
西村マリ（Nishimura, Mari） 102-103
パリアソッティ、ドルー（Pagliassotti, Dru） 231, 235-236
フェブリアニ、エリスカ（Febriani, Erisca） 278
フェルミン、トリシア・アビゲイル・サントス（Fermin, Tricia Abigail Santos） 20, 183, 185, 269-270
伏見憲明（Fushimi, Noriaki） 137
藤本由香里（Fujimoto, Yukari） 17, 131-150, 285, 295
プリー、ジョティ（Puri, Jyoti） 247
フロイト、ジークムント（Freud, Sigmund） 80-82, 89
ブンヤウェチウィン、プーウィン（Bunyavejchewin, Poowin） 134-135
ベルント、ジャクリーヌ（Berndt, Jaqueline） 111
ホー、ホリー（Hou, Holly） 23
ボーディネット、トーマス（Baudinette, Thomas） 22, 132, 168, 173-189, 201, 276, 291
堀あきこ（Hori, Akiko） 114, 166, 285-296
マーティン、フラン（Martin, Fran） 220
マクラケン、エレン（McCracken, Ellen） 176
マクレランド、マーク（McLelland, Mark） 214
増田のぞみ（Masuda, Nozomi） 110
溝口彰子（Mizoguchi, Akiko） 22, 24, 166, 220, 236, 292
三輪健太朗（Miwa, Kentaro） 106-107
ムニョズ、ホセ・エステバン（Muñoz, José Esteban） 187
メノン、パールヴァティ（Menon, Parvati） 259-260
メノン、ラクシュミ（Menon, Lakshmi） 21, 214, 220, 241-261, 292
守如子（Mori, Naoko） 18, 97-114, 285, 290
ヤコブズ、カトリーン（Jacobs, Katrien） 23, 38, 184
矢口史靖（Yaguchi, Shinobu） 211
山藍紫姫子（Yamaai, Shikiko） 39
ヤン・リン（杨玲、Yang, Ling） 13, 16, 29-46, 178, 290
よしながふみ（Yoshinaga, Fumi） 148
吉本たいまつ（Yoshimoto, Taimatsu） 77, 79-80, 87, 95-96
羅川真里茂（Ragawa, Marimo） 150
リー、アン（Lee, Ang） 210
リン・シ（林曦、Lin, Xi） 20
ロフェル、リサ（Rofel, Lisa） 182
ワーナー、マイケル（Warner, Michael） 14
渡辺由美子（Watanabe, Yumiko） 38, 104
ワン・ペイティ（王佩迪、Wang Peiti） 22, 84, 132-133, 214, 217-239
ン、ワイミン・ベンジャミン（Ng, Wai-ming Benjamin） 122

ジェームズ・ウェルカー　James Welker
1970年アメリカ合衆国生まれ。神奈川大学外国語学部教授。専門は日本近現代文化史、ジェンダー・セクシュアリティ、グローバリゼーション。
共編著に *Boys Love Manga and Beyond: History, Culture, and Community in Japan* (Jackson: University Press of Mississippi, 2015)、近刊予定の著書に *Transfigurations: Feminists, Lesbians, and Shōjo Manga Fans in Late Twentieth-Century Japan*、編著に *Queer Transfigurations: Boys Love Media in Asia* (ともにUniversity of Hawai'i Press) など。

BLが開く扉
変容するアジアのセクシュアリティとジェンダー

2019年10月31日　第一刷印刷
2019年11月10日　第一刷発行

編著者　ジェームズ・ウェルカー

発行者　清水一人
発行所　青土社

〒101-0051　東京都千代田区神田神保町1-29　市瀬ビル
［電話］03-3291-9831（編集）03-3294-7829（営業）
［振替］00190-7-192955

編集　真文館
印刷・製本　ディグ
装丁　大倉真一郎
装画　PenguinFrontier ©2013. Used with permission.
facebook.com/PenguinFrontier/

ISBN978-4-7917-7225-4　